古代歷史文化 研究輯刊

十六編

王明蓀 主編

第 4 冊

北朝社會文化史研究

宋燕鵬 著

國家圖書館出版品預行編目資料

北朝社會文化史研究／宋燕鵬 著 — 初版 — 新北市：花木蘭
文化出版社，2016〔民 105〕
序 4+ 目 4+220 面；19×26 公分
（古代歷史文化研究輯刊 十六編：第 4 冊）
ISBN 978-986-404-748-2（精裝）
1. 文化史 2. 社會生活 3. 南北朝
618   105014257

ISBN-978-986-404-748-2

9 789864 047482

古代歷史文化研究輯刊
十六編 第 四 冊   ISBN：978-986-404-748-2

北朝社會文化史研究

作　　者　宋燕鵬
主　　編　王明蓀
總 編 輯　杜潔祥
副總編輯　楊嘉樂
編　　輯　許郁翎、王筑　美術編輯　陳逸婷
出　　版　花木蘭文化出版社
社　　長　高小娟
聯絡地址　235 新北市中和區中安街七二號十三樓
　　　　　電話：02-2923-1455／傳真：02-2923-1452
網　　址　http://www.huamulan.tw 信箱 hml 810518@gmail.com
印　　刷　普羅文化出版廣告事業
初　　版　2016 年 9 月
全書字數　183732 字
定　　價　十六編 35 冊（精裝）台幣 68,000 元

北朝社會文化史研究

宋燕鵬　著

作者簡介

宋燕鵬，男，河北永年人，歷史學博士，副編審，現任中國社會科學院中國社會科學出版社歷史與考古出版中心副主任。2012 年 11 月～2014 年 1 月任馬來亞大學中文系暨馬來西亞華人研究中心客座研究員。主要研究北朝社會文化史、中國古代社會史、馬來西亞華人史。學術兼職：中國魏晉南北朝史學會理事，及中國唐史學會、中國宋史研究會、中國元史研究會、中國社會史學會等學會會員。著有《籍貫與流動：北朝文士的歷史地理學研究》（2011）、《馬來西亞華人史：權威、社群與信仰》（2015）、《南部太行山區祠神信仰研究：618-1368》（2015）等書。2000 年以來發表有關北朝社會文化史、中國古代社會史、馬來西亞華人史的論文 50 餘篇。主持國家社會科學基金年度項目、中國博士後科學基金（特別資助、面上資助）、中國僑聯一般項目等各級各類課題 10 餘項。

提　　要

　　本書是作者有關北朝社會文化史的相關研究合集。作者並未對北朝社會文化史作面面俱到的鋪陳，而是選取了北朝文學風氣、職官文學化、文士群體、文化機構、文士相關問題、北朝少數族、北朝社會生活、中古祠神信仰等領域來選角度做專題研究。其中，北朝文學風氣選取秀才選舉及北魏洛陽時期文學風氣爲研究對象；職官文學化選取太常（少）卿及國子祭酒爲研究對象；北朝文士群體選取北魏在南皇族和梁末入鄴城文士，及東魏文士、北齊文士的地理分佈爲研究對象；北朝文化機構選取北齊的文林館和北周的麟趾殿學士爲研究對象；北朝少數族個案選取庫狄氏和北齊趙熾進行研究；北朝生活個案則選家業和宗族制度進行探討；最後中古祠神信仰則對漢魏六朝民眾建立祠廟的心理動機、民間神祠的特點，以及西門豹信仰做了分析。以上專題研究代表了作者在北朝社會文化史領域選題的主要方面，涵蓋了作者關注北朝社會文化史的主要維度。選題專門，對深入認識北朝社會有參考價值，可以進一步推動北朝史相關領域的研究。

序　一

　　宋燕鵬教授的大著《北朝社會文化史研究》即將出版，邀請我作序，看到書稿的題名，我略有驚奇，之所以然，這首先要從與燕鵬教授的認識談起。在我的《漢代外交體制研究》出版後，因爲學術同仁聯繫，當時身爲出版社策劃編輯的宋燕鵬教授主動聯繫我，洽談一部書稿的出版事宜，並攜帶了幾本著作來寒舍交流敘談，交談中我獲悉燕鵬教授最初以魏晉史爲方向，後博士論文轉向宋史，博士後又以專門史爲側重研究了區域民間信仰問題，前些年又去馬來西亞留學一年，期間對馬來西亞華人史頗爲用心做了一番研究。這幾個斷代史或專門史，宋燕鵬教授都有不同篇幅的著述面世，可謂一步一個腳印，給我留下來深刻的印象。這次又呈現出一冊北朝史的專題研究，進一步令我感覺其學術視野之寬闊，網羅之宏富，頗感後生可畏。翻閱書稿，對於這部著作有了一些粗淺的認識，構不成對全書宏旨的揭示，這裡略談己見一二。

　　其一，該書主題明確，而視角獨特。如所週知，北朝史研究作爲一個跨代的區域史範疇，因其文化因素的傳承而在諸多方面有別於南朝的歷史，加之北朝史是較少有學者進行專門研究的斷代史，而從文化史角度來論述北朝史，更需要有很大的學術勇氣。該書並未面面俱到去掃描文化史的全部場景，而是以其中有代表性的「文學」、「文士」、「文化機構」等方面展開，這樣既能有具體的深刻切入，又能關乎主旨。實際上這三個問題或曰三位一體的三個層面恰好具有代表性，體現了北朝文化中的重要的環節。如對於前科舉時代的選舉，北朝文學的發展是具有特殊意義的，作者並因「北朝後期秀才選舉中的文學因素」的論述而得出「北齊時期文才成爲舉秀才的唯一條件」的

判斷，實際上這有助於從制度淵源角度去闡述興盛於隋唐的科舉的前史發展脈絡。全書各章實際上是獨立成篇的專題研究，包括了七個專題研究，涉及文學地理、職官制度、人物考述、文獻版本、民俗信仰等多個方面，這幾個方面一般來說都是可以獨自展開的大的主題，而書稿以文化史視角對此進行了貫穿，使章節間上下有了內在的邏輯聯繫，又體現了北朝文化史植根於相關資料的研究特徵。

其二，考證嚴密，史論結合，學術規範，文字流暢。書稿中無論北朝太常（少）卿、國子祭酒的職官任職遷轉等，還是《北朝文士群體研究》、《北朝文化機構研究》等等，這些是本書需要嚴密考證的史實鈎沉，而作者於此用心良多，並置於一個整體的行文需要中，使得論證不失匠心獨運。整體而言，全書七章內容及附錄都體現了作者在熟悉史料基礎上的細緻用心。魏晉南北朝史無疑是古史研究中最為成熟的領域，在新史學發展一百多年來，對此進行選題已然是不僅僅獨闢蹊徑能解決的一個困境，問題意識的轉變，對於史料的熟悉，都是題中之義，而對於學界已有研究的洞察則也是必須注重的一個方面，書稿這方面體現了嚴謹的學術規範性，值得充分肯定。

以上淺談一下對宋燕鵬教授大著的一點看法。從我個人治學而言，雖然從先秦到隋唐都有涉及，但看到燕鵬教授能上下貫穿更長的時段並都有專題的研究，這點令我由衷讚歎。燕鵬教授正當年富力強，是 20 世紀後十年以來逐漸成長起來的年輕學者，在這樣物欲橫流的時代，其能紮實而醉心於學術研究，孜孜不倦，真的令人欣慰。我與燕鵬教授第一次接觸，他謙謙儒雅的學者氣息與思路靈活的出版見識，就令我也感慨良多。經過新時期的發展，一方面雖然是市場經濟下，人追求的多元化，傳統文史學科並非世俗看重的顯學，另一方面卻有一種精神，讓人感覺到學術尤其特殊的生命力，而作為傳承文化的史學研究亦不可或缺。

黎虎〔註1〕

2016 年 1 月 8 日於北京

〔註 1〕北京師範大學歷史學院教授、博士生導師。

序 二

　　宋燕鵬君的學術論文集《北朝社會文化史研究》就要付梓了，他向我索序，我欣然答應了。我也想趁此機會談談對他及這本書的印象，並藉此表達祝賀之意。

　　我對燕鵬君的印象是一個研究興趣廣泛、學術視野開闊、見識敏銳、勤奮好學的年輕學者。認識燕鵬君是在 2004 年夏天昆明召開的唐史學會第九屆年會上。當時，他向我介紹說他剛從河北師範大學碩士畢業不久，畢業論文寫的是《兩漢南北朝時期的淫祠》，曾參考過我的一篇有關唐代民間淫祠的論文。當時我正在關注中古時期的民間信仰，對他的大作頗感興趣，就和他多聊了幾句，感覺他在很多問題上頗有見地。後來聽說他到河北大學攻讀博士學位，畢業論文研究的是「南宋士人與地方公益事業」。博士畢業後，他申請到首都師範大學博士後流動站從事博士後研究工作，我是他的合作導師。他的出站報告是《南部太行山區祠神信仰的社會史研究》。在博士後期間，他還應邀赴馬來西亞，在馬來亞大學作客座研究員，從事馬亞西亞華人史的研究，並出版了《馬來西亞華人史：權威、社群與信仰》。從兩漢到南宋金元，甚至近現代華人史，從國內研究到了國外，他的研究跨度和研究領域如此寬廣，這在年輕一代的學者中是很罕見的。

　　從這本書集來看，燕鵬君的研究很有深度。也許是因為他生長在北方燕趙大地的緣故，所以他一直對北朝史的研究情有獨鍾。在過去北朝史的研究中，學界比較多的關注民族的遷涉與融合、門閥士族的興衰與發展、胡化與漢化等問題，而對文士群體的研究則相對比較薄弱。幾年前，他曾送給我一本他寫的學術著作《籍貫與流動：北朝文士的歷史地理學研究》，書中他運用

歷史學、地理學、文學和社會學交叉研究的方法，通過對北朝文士的籍貫分佈與地理流動的分析，探討了北朝學術文化發展演變的線索與方向。這本書集可謂該書的姊妹篇，全書由 20 餘篇相對獨立而又有所關聯的論文組成，其中除了《論北齊文士的地理分佈——以「待詔文林館」籍貫爲考察中心》和《梁末入鄴文士之史事鈎沉》二文延續了前書探討的問題而又有所深入外，其它諸篇則另闢蹊徑，圍繞著北朝文士的選拔、任職、遷轉、機構及文風、信仰等問題展開討論，將北朝文士群體的研究繼續引向深入。

燕鵬君之所以會取得如此多的成就，是和他的博學慎思、明辨篤行精神分不開的。他一旦認準了自己的研究目標，就會鍥而不捨地堅持下去，直到做出理想的成果。現在他已經到新的工作崗位開始接受新的挑戰了，希望他能繼續發揮自己優秀的學術素養與積澱，百尺竿頭更進一步，做出更大的成就。

王永平 [註1]

2015 年教師節於北京北窪路寓所

〔註 1〕首都師範大學歷史學院教授、博士生導師。

目次

第一章　北朝文學風氣研究

第一節　北朝後期秀才選舉中的文學因素

　　眾所週知，北方文學在十六國時期進入低潮期。經過北魏後期孝文帝的漢化改革，社會上各種文學因素相應多了起來。北魏後期，由於南北文士向政治中心的相對集中，從而在洛陽形成了北朝文學的一個小高潮。隨後東魏繼承了北魏大部分的文學因素，文學的發展不僅沒有受到大的挫折，反而進一步發展，鄴下由於關東文士和南來文士的相對集中變成了當時北方的文學中心，最後以北齊後期「文林館」的設置為標誌達到頂峰。文學的繁榮，在不同的時代有其特定的時代內涵和文化原因，反過來也對社會風氣帶來很大影響。筆者以為秀才選舉重視文學才能就是不可忽視的一點。關於此點筆者尚未見有專文闡述，故略述拙見於後，以就教於方家。

一、北魏後期秀才選舉開始重視文才

　　秀才是察舉制度的重要內容之一，自從漢武帝時期開始，秀才對策對漢朝政治方針產生重大影響，而在當時策文是不以文采為主的。劉勰認為漢代諸賢良的對策是「總要以約文，事切而情舉」，「辭以治宣，不為文作」。〔註1〕東漢初年對秀才的認識則開始變為「敷奏以言，則文章可採；明試以功，則政有異跡。」〔註2〕已是文才與政績並重。但是東漢以降，秀才對策越來越看重策文的文采，甚至「魏晉以來，稍務文麗，以文紀實，所失已多。及其來

〔註 1〕黃霖：《文心雕龍彙評》，上海古籍出版社 2005 年版，第 87 頁。
〔註 2〕《後漢書》卷 3《肅宗孝章帝紀》，中華書局 1965 年版，第 133 頁。

選，又稱疾不會，雖欲求文，弗可得也。」〔註3〕秀才在幾百年間逐漸向注重文采的方向發展，已經從考察行政能力的科目變成了一種檢驗知識分子才藝的科目，這在南朝尤其明顯。《文選》中所選秀才對策的文字，務求華麗工整，顯示出秀才選舉的文學性特徵。而時人所關注的，也就是文才的高下了。

北魏繼承了秀才選舉的制度，但是也無能例外地走上重視文才的老路。由於戰爭頻仍，十六國北魏前期的文學創作達到了歷史上的一個低谷。與文學的荒蕪相伴，北魏前期秀才選舉的事例非常少，文學性並沒有大面積凸顯出來。據史料可知北魏恢復秀才選舉出現在孝文帝前。如鄭羲「弱冠舉秀才，尚書李孝伯以女妻之。高宗末，拜中書博士。」〔註4〕從中我們可以知道鄭羲舉秀才是在高宗文成帝（452～465年）末年之前。還有一準確事例稍微靠後。楊播，「君年十有五舉司州秀才……春秋六十有一，以延昌二年歲次癸巳十一月十六日寢疾薨於洛陽縣之依仁里。」〔註5〕延昌二年是公元513年，那楊播當出生在453年，其15歲是在467年，在獻文帝時期。此時秀才選舉事例很少，我們也很難看到選舉中的文學因素。倒是在孝文帝初年有不少，略舉幾例：

李彥。「高祖初，舉司州秀才，除中書博士。」（《魏書》卷三十九《李寶傳》）

杜振。「太和初，舉秀才，卒於中書博士。」（《魏書》卷四十五《杜銓傳》）

韓顯宗。「太和初，舉秀才，對策甲科」。（《魏書》卷六十《韓麒麟列傳》）

陽藻。「太和初，舉秀才，射策高第。」（《魏書》卷七十二《陽尼傳》）

李彥。「孝文初，舉秀才，除中書博士，轉諫議大夫。」（《北史》卷一百《序傳》）

郭祚。「高祖初，舉秀才，對策上第」。（《魏書》卷六十四《郭祚傳》）

由此可知大規模的秀才選舉是在孝文帝太和初年之後了，這是有其必然因素的。北魏遷都洛陽後，隨著漢化的深入，以及文士向洛陽的集中，各種文學因素開始活躍起來，如最高統治者的提倡以及朝廷內應詔賦詩活動的增多，文人間的詩賦酬唱活動的重建，南北使節相接時宴會賦詩活動的興盛等等，以上這些因素在客觀上造成了一個重視文學的社會環境。與此相應的是，

〔註3〕黃霖：《文心雕龍彙評》，第87頁。
〔註4〕《魏書》卷56《鄭羲傳》，第1237頁。
〔註5〕趙超：《漢魏南北朝墓誌彙編》，第86頁。

秀才選舉看重文才的問題在孝文帝後不久就暴露出來。北魏後期劉景安就說「今朝廷貢才，止求其文，不取其理」即是。〔註6〕筆者對正史和墓誌中的北魏秀才進行了一下統計，有80人，〔註7〕史書明確顯示具備文才的有16人，顯示有一定學業才識的有32人。士子以學習儒家經典為主，而儒家經典中就有《詩經》這部作品。因此，他們在誦讀五經的過程中，自然受到文學方面的薰陶，從而提高自身的文學修養。所以這48人可以明確認定其具有一定的文才。其餘未言明有文才，但是卻可以從史料的上下文中推斷。如崔挺「舉秀才，射策高第。拜中書博士，轉侍郎。以工書，受敕於長安書文明太后父燕宣王碑……及車駕幸兗州，召挺赴行在所，問以臨邊之略，因及文章。（孝文）帝甚悅，謂曰：『別卿以來，候焉二載。吾所綴文，以成一集，今當給卿副本。』顧謂侍臣曰：『擁旄者皆如此，何憂哉。』」〔註8〕史書不言其文才及學業，但是卻能和有較高文才的孝文帝探討文章，可見其本身的文學修養也很高。其餘史料沒有儘管直言某人有學識或文才，但是其宗族成員卻有學業文采，受到宗族氛圍的影響，據此亦可猜測其有文才。如范陽盧叔仁，史書未言其有文才或學識，但是其宗族成員盧辯「少好學，博通經籍」，〔註9〕盧文偉「有志尚，頗涉經史」，〔註10〕盧誕「博學有詞采」，〔註11〕所以我們可以推測出盧叔仁應當具有一定文才。通過以上分析，可見北魏後期秀才選舉對文才的重視程度。

二、北齊時期文才成為舉秀才的唯一條件

北齊刺史舉秀才時，基本上只看被舉者是否具有文才。首先來看一段史料，《北史》卷八十一《儒林‧馬敬德傳》：

> 河間人也。少好儒術，負笈隨徐遵明學《詩》、《禮》，略通大義。……乃詣州求舉秀才，舉秀才例取文士，州將以其純儒，無意推薦。敬德請試方略，乃策問之，所答五條，皆有文理。乃欣然舉送至京。

〔註6〕《魏書》卷66《崔亮傳》，第1479頁。
〔註7〕閻步克先生統計北魏時期的秀才大略是86人。見《察舉制度變遷史稿》，遼寧大學出版社1997年第2版，第259頁。
〔註8〕《北史》卷32《崔挺傳》，第1170頁。
〔註9〕《北史》卷30《盧同傳附兄子辯傳》，第1099頁。
〔註10〕《北史》卷30《盧觀傳附從叔文偉傳》，第1092頁。
〔註11〕《周書》卷45《儒林傳‧盧誕傳》，第807頁。

吳先寧先生在引用這段材料時，認爲「北朝社會對儒學的要求，僅作爲一種純學問的研究，即所謂『純儒』，是不行的，必須能以儒學而有『方略』，才是可以舉送的秀才。在這裡，關鍵仍然是有無經世致用的實用政治價值。」〔註12〕其實這是理解的差錯，州將不舉薦他的理由是因爲其原爲純儒，而非文士。換句話說，如果他是文士，其要求就可以滿足。而「舉秀才例取文士」這是北朝後期以來形成習慣做法。事實上，在經過策試證明了馬敬德確實有文才之後，州將就欣然將他「舉送至京」了。由此我們可見文才在北齊時期秀才選舉中的決定性地位。

這個例子說明秀才策試需要的不是「純儒」而是「文士」，這也說明士子想通過策試進入秀才行例，只學習儒家經典是絕對不夠的，還必須在通經之餘對文學有一定的研究。

《北史》卷八十三《文苑・樊遜傳》載：

> 樊遜，字孝謙，河東北猗氏人也。祖琰，父衡，並無官宦。而衡性至孝，喪父，負土成墳，植柏方數十畝，朝夕號慕。遜少學，常爲兄仲優饒。既而自責曰：「名爲人弟，獨受安逸，可不愧於心乎？」欲同勤事業。母馮氏謂之曰：「汝欲謹小行耶？」遜感母言，遂專心典籍，恒書壁作「見賢思齊」四字，以自勸勉。屬本州淪陷，寓居鄴中，爲臨漳小史。縣令裴鑒莅官清苦，致白雀等瑞，遜上《清德頌》十首。鑒大加賞重，擢爲主簿，仍薦之於右僕射崔暹，與遼東李廣、渤海封孝琰等爲暹賓客。人有譏其靖默不能趣時者，遜常服東方朔之言，陸沉世俗，避世金馬，何必深山蒿廬之下，遂借陸沉公子爲主人，擬《客難》，製《客誨》以自廣。

這段話出現在樊遜舉秀才之前，雖然劉殺鬼舉其爲秀才有可能是因爲其政績好，而不是因爲其文章寫得好，但是至少說明一點，在其舉秀才之前其文采確實不錯，乃至於最後策試「以遜爲當時第一」。並且《北齊書・樊遜傳》載有其於天保五年舉秀才所對之五策，幾乎句句用典，極雕琢藻飾之能事，策題雖關乎政務，答策則全在顯示文采。無論主考者還是應試人，顯然都不把它作爲政論來看待的。〔註13〕

〔註12〕吳先寧：《北朝文化特質與文學進程》，東方出版社1997年版，第38頁。

〔註13〕閻步克：《察舉制度變遷史稿》，遼寧大學出版社1997年版，第291頁。

其後李德林於天保八年舉秀才入鄴，其文才在這種場合適時的大為發揮。楊愔「命德林製《讓尚書令表》，援筆立成，不加治點，因大相賞異，以示吏部郎中陸卬。卬云：『已大見其文筆，浩浩如長河東注。比來所見，後生制作，乃涓澮之流耳。』卬仍命其子乂與德林周旋，戒之曰：『汝每事宜師此人，以為模楷。』時遵彥銓衡，深慎選舉，秀才擢第，罕有甲科。德林射策五條，考皆為上，授殿中將軍。」〔註14〕北齊後期在魏收死後，「李若、荀士遜、李德林、薛道衡為中書侍郎，諸軍國文書及大詔誥俱是德林之筆，道衡諸人皆不預也。」〔註15〕儘管軍國文書不是純粹的文學作品，但是對文才也有很高的要求，可以看作是文學政治功用的體現。李德林在河清中直機密省；天統中直中書，參掌詔誥；武平初別典機密。其門第不是很高，卻能長期處於機密之地，與文才是大有關係的。可見文才與秀才選舉的最終目標之關係確實非同一般。

嚴耕望先生認為北魏後期秀孝之舉實以門第為先，失秀孝之本意。周齊承之，可能亦無大改變。〔註16〕實際上與北朝沒有完整的門閥制度相應的是，秀才選舉在北齊時期並沒有被士族所壟斷。這與北朝後期整個選官制度上的寬鬆有關係。秀才之門第限制已大為放寬了，如東安人茹皓，「家素貧苦，常春夏務農，冬乃入學」的渤海南皮李鉉，鄉居讀書30年的中山安喜人馮偉，「少孤貧愛學，負笈從師」的渤海阜城人劉晝，自幼「負笈隨大儒」的河間馬敬德，廣平人荀士遜等等，都是以門第不高甚至是庶族取得秀才身份的。其中劉晝、馬敬德還都曾主動向刺史求舉秀才，並得遂所願參加策試，雖然最後並非全部被取，但刺史在推舉時顯然也並未挑剔其門第高低。〔註17〕

在北齊的22位秀才中，史書上有明確記載的士族和庶族者的比例整理如下：

名　稱	人　數	比　例
庶族	12	54.55%
士族	10	45.45%

〔註14〕《隋書》卷42《李德林傳》，中華書局1974年版，第1194頁。
〔註15〕《北齊書》卷45《文苑傳・序》，第603頁。
〔註16〕嚴耕望：《中國地方行政制度史・魏晉南北朝行政制度》，臺北「中央」研究院歷史語言研究所專刊，1990年，第658頁。
〔註17〕閻步克：《察舉制度變遷史稿》，第279頁。

很明顯庶族的比例大於士族的比例。所以我們可以說,在北齊想成為秀才首要的條件是要文筆不錯,即首先是個文學之士,而並不是首先看士子的門第之高低以及相貌。因此說,文才是北齊時期秀才選舉的唯一因素。

《北齊書》卷四十四《儒林・劉晝傳》:

> 劉晝,字孔昭,渤海阜城人也。少孤貧,愛學,負笈從師,伏膺無倦。與儒者李寶鼎同鄉里,甚相親愛,受其三禮。又就馬敬德習服氏春秋,俱通大義。恨下里少墳籍,便杖策入都。知太府少卿宋世良家多書,乃造焉。世良納之。恣意披覽,晝夜不息。……舉秀才,策不第,乃恨不學屬文,方復緝綴辭藻。……竟無仕,卒於家」。

從這段記載中我們可以想見劉晝其實是個既勤奮又聰慧的人,何以不被當政者重視呢?其實,原因很簡單,就因為其策第秀才卻不能屬文。這說明文學素養的高低就成為秀才入仕的門坎之一,秀才在入仕之前非有一定的文學素養不可。以劉晝最後「竟無仕,卒於家」來看,從某種意義上說,其「不學屬文」確實對其一生沉淪的命運起到了可說是決定性作用。「乃恨不學屬文」,成為劉晝舉第不成的教訓,也成為只重視經書不重視文學的反面教材,助長了社會上重視文才的風氣。

三、結語

從以上的分析可以知道,北朝的秀才選舉在恢復不久就走上了重視文才的老路,重新回歸秀才選舉在南朝的發展軌道。北朝後期秀才選舉重視文才,是社會重視文學的大環境下的必然現象。重視文學如果成為慣例,就會使秀才選舉以制度的力量來加強這種傾向,成為士人參加選舉的風向標。秀才對策偏重於文采,儘管是對察舉制度本身的反動,但卻是當時社會不可改易的趨勢,客觀上也對社會上的文學風氣起到了推動作用。日後科舉考試多以詩賦取人,也可以說是中古時期秀才選舉重文才的「以文取人」原則的繼承與發展。

有齊一代文學所生存的大環境是非常有利的,相對於同時期的北周來說北齊文學有更加充分的發展機遇。由此北齊文學事業如日中天,成為北朝文學成就最高的時期,代表了整整一個時代的文學。〔註18〕我想推動北齊文學

〔註18〕周建江:《北朝文學史》,中國社會科學出版社1997年版,第114頁。

發展的原因很多，但理應看到秀才選舉重文才對北朝後期文學的發展也是起到了一定的推動作用的。

第二節　北魏洛陽時期文學風氣的外在表現

眾所週知，公元 494 年孝文帝遷都洛陽，從此洛陽作爲北方政治、文化中心存在了四十餘年。文學史家袁行霈先生曾說「在某個時期，文學家們集中活動於某一地區，使這裡成爲文學的中心」。〔註 19〕對於那些選擇出仕的北魏文士來說，京城對他們具有巨大的吸引力，他們大量集中於此，這就改變了社會動盪所造成的無暇創作的狀況，洛陽就成爲北魏後期的文學中心。儘管北魏洛陽時期文學在諸多方面與南朝文學尚有一定差距，但是不可否認的是，北魏遷都洛陽之後確實造成了一種文學相對繁榮的局面。當然這種文學繁榮是在北魏平城時代的文學積纍的基礎上成長起來的，並且最終伴隨著孝文帝漢化改革而形成。此時各種與文學有關的活動相應多了起來，成爲文學發展的客觀推動力量，文學風氣開始在北魏洛陽時期的社會上層廣爲盛行，更重要的是，這種文學風氣對北朝後期文學的發展也有深遠的影響。一個時代都有與之相適應的文學風氣，而文學風氣是否盛行，外在的表現就是社會上文學活動是否頻繁。不難想像，離群索居的文士是很難有多高的文學才能的。只有文士之間互相交流、品評，文學水平才能得到提高，之後才會形成社會上廣泛的文學風氣。文學風氣形成後又反過來促進文學水平進一步提高。在孝文帝遷都洛陽後，各種文學活動頻繁出現，社會上形成一股重視文才的傾向，北方的文學風氣得到重建。筆者未見有學者專門對北魏洛陽時期的文學風氣的外在表現進行分析，故略述於後。

一、應詔賦詩成爲朝廷宴會的主要內容

北魏在平城時代，由於鮮卑文化佔據著主導地位，所以包括皇帝在內的上層社會在很長時期並未對詩歌等文學有很大興趣，文化上也只是對儒學之士情有獨鍾。〔註 20〕皇帝儘管經常在宮廷內舉行宴會，但是並不賦詩，而是舉行射箭等比賽，全然是游牧民族的風氣。隨著北魏社會文化的發展，逐漸在朝廷內的活動中增加了賦詩等文化活動。筆者所見史書中記載最早的朝廷

〔註 19〕袁行霈：《中國文學概論》，高等教育出版社 1990 年版，第 40 頁。
〔註 20〕李憑：《北魏平城時代》，社會科學文獻出版社 2000 年版，第 1～15 頁。

宴會賦詩的是在太武帝時期，「神麚三年三月上巳，帝幸白虎殿，命百僚賦詩」。〔註21〕這次集體賦詩趙逸還製作了詩序，但在太武帝時期記載上也就這一次。在這次賦詩之後，很長時期內都沒有類似記載。不能因爲沒有記載就認定是沒有，而是說明皇帝本人和大臣都不重視。直到高祖孝文帝即位，類似活動的記載才又開始出現，如在平城時期就有，「（太和十三年）秋七月……丙甲，幸靈泉池，與群臣御龍舟，賦詩而罷。」〔註22〕遷都洛陽後類似的活動就更爲普遍。下面略舉幾例，以見孝文帝後期朝廷內的文學交流之盛。

「從征沔漢，高祖饗侍臣於懸瓠方丈竹堂，（鄭）道昭與兄懿俱侍坐焉。樂作酒酣，高祖乃歌曰：『白日光天無不曜，江左一隅獨未照。』彭城王勰續歌曰：『願從聖明兮登衡會，萬國馳誠混江外。』鄭懿歌曰：『雲雷大振兮天門關，率土來賓一正曆。』邢巒歌曰：『舜舞干戚兮天下歸，文德遠被莫不思。』道昭歌曰：『皇風一鼓兮九地匝，戴日依天清六合。』高祖又歌曰：『遵彼汝墳兮昔化貞，未若今日道風明。』宋弁歌曰：『文王政教兮暈江沼，寧如大化光四表。』高祖謂道昭曰：『自比遷務雖猥，與諸才俊不廢詠綴，遂命邢巒總集敘記。當爾之年，卿頻丁艱禍，每眷文席，常用慨然。』」〔註23〕

「時詔延四廟之子，下逮玄孫之胄，申宗宴於皇信堂，不以爵秩爲列，悉序昭穆爲次，用家人之禮。高祖曰：『行禮已畢，欲令宗室各言其志，可率賦詩。』特令澄爲七言連韻，與高祖往復賭賽，遂至極歡，際夜乃罷。」〔註24〕

「車駕還洛，引見王公侍臣於清徽堂……即命黃門侍郎崔光、郭祚，通直郎邢巒、崔休等賦詩言志。」〔註25〕

「後（高祖）宴侍臣於清徽堂。日晏，移於流化池芳林之下。……因仰觀桐葉之茂，曰：『「其桐其椅，其實離離，愷悌君子，莫不令儀」。今林下諸賢，足敷歌詠。』遂令黃門侍郎崔光讀暮春群臣應詔詩。」〔註26〕

以上列舉的是幾例孝文帝洛陽時期朝廷內的賦詩活動。觀北魏一代，以孝文帝時期此類活動最多。當然這是和馮太后以及孝文帝本人對文學的熱愛

〔註21〕《魏書》卷52《趙逸傳》，第1145頁。
〔註22〕《魏書》卷7下《高祖孝文帝紀》，第165頁。
〔註23〕《魏書》卷56《鄭義列傳附子道昭傳》，第1240頁。
〔註24〕《魏書》卷19中《任城王雲傳附子澄傳》，第464頁。
〔註25〕同上書，第467頁。
〔註26〕《魏書》卷21下《彭城王勰傳》，第572頁。

有直接關係。史書說他：「才藻富贍，好爲文章，詩賦銘頌，任興而作。有大文筆，馬上口授，及其成也，不改一字。自太和十年已後詔冊，皆帝之文也。自餘文章，百有餘篇。愛奇好士，情如饑渴。待納朝賢，隨才輕重，常寄以布素之意。」〔註27〕他是北朝第一個喜愛文學的帝王。在朝廷宴會上賦詩，這樣的作品當然多以粉飾太平爲多，但不可否認這能夠使詩歌創作實踐增加，大臣必定會爲了在朝廷上做好詩而私下學習。正是在孝文帝的倡導和推動下，北魏後期，統治階級特別是拓跋貴族文學素養得到極大提高，文學創作特別是純文學創作走向繁盛，並改正了前期創作中存在的諸多不足，促進了北方文學事業的發展。〔註28〕正如明朝人王世貞所說：「北朝戎馬縱橫，未暇篇什，孝文始一倡之」。〔註29〕

高祖去世之後這樣的傳統還保持著。如胡太后「與肅宗幸華林園，宴群臣於都亭曲水，令王公已下各賦七言詩。太后詩曰：『化光造物含氣貞。』帝詩曰：『恭己無爲賴慈英。』王公已下賜帛有差。」〔註30〕「下之所行，皆從上之所好」，〔註31〕甚至有的上層人物還專門學習寫作詩賦，如胡太后還曾讓劉廞「以詩賦授弟元吉」。〔註32〕最高統治者的喜好必將對文士學習詩賦起到推動作用。

現存北魏的應詔詩作僅有盧元明《晦日泛舟應詔詩》：「輕灰吹上管，落蒉飄下蒂，遲遲春色華，婉婉年光麗。」〔註33〕盧元明「涉歷群書，兼有文義，風采間潤，進退可觀。……善自標置第，不妄交遊，飲酒賦詩，遇興忘返。性好玄理，作史子新論數十篇，文筆別有集錄。」〔註34〕他是北魏後期文人中比較著名的一位。該詩描寫細膩，華麗的春光一覽無餘，寫作技巧已經趨於成熟，反映出北魏後期詩歌創作水平的提高。

〔註27〕《魏書》卷7下《高祖孝文帝紀》，第187頁。
〔註28〕金前文：《孝文帝與北魏後期的文學發展》，《湖北師範學院學報（哲社版）》，2006年第1期。
〔註29〕丁福保：《歷代詩話續編》（下），中華書局1983年版，第1000頁。
〔註30〕《魏書》卷13《宣武靈皇后胡氏傳》，第338頁。
〔註31〕王吉祥、王英志：《貞觀政要注釋》，河北人民出版社1987年版，第288頁。
〔註32〕《魏書》卷55《劉芳列傳附子廞傳》，第1227頁。
〔註33〕逯欽立：《先秦漢魏晉南北朝詩·北魏詩》卷2，中華書局1983年版，第2215頁。
〔註34〕《魏書》卷47《盧玄傳附昶子元明傳》，第1060頁。

二、文人賦詩唱和的傳統得到恢復

賦詩唱和，這是中國古代文人的一貫傳統。而在動蕩的社會環境下，這種傳統在北方卻幾乎絕跡，更不用說純粹的文學創作了，此即後人所廣泛引述的：「然皆迫於倉卒，牽於戰陣，章奏符檄，則粲然可觀。體物緣情，則寂寥於世。非其才有優劣，時運然也。」〔註35〕在遷都洛陽後，政治穩定，經過大力推廣均田制，北方經濟得到恢復並有所發展。從此北方的儒生和文人漸漸聚向洛陽，「以文會友」的機會增加了，學者和文人們互相交流、切磋日漸頻繁。〔註36〕在這樣的環境下，文人賦詩唱和的傳統在很多場合得到恢復。

魏晉時期，人們別離之時，友朋相送，贈言贈詩，各相勉勵，互致珍重，是當時流行的風俗。因團聚而歡喜，因別離而傷心，這是中國人傳統情感的表現。而魏晉之後南朝保持著賦詩送別的傳統，北朝則相對淡化了。顏之推說：「別易會難，古人所重；江南餞送，下泣言離……北間風俗，不屑此事，歧路言離，歡笑分首。然人性自有少涕淚者，腸雖欲絕，目猶爛然；如此之人，不可強責。」〔註37〕北方人性格開朗、粗獷，情感不如南方士大夫多愁善感，送別時則顯示了一種積極向上的精神風貌。〔註38〕直至北魏後期，賦詩送別的傳統在上層社會才開始重新出現。如南安王楨「出爲鎮北大將軍、相州刺史。高祖餞楨於華林都亭。詔曰：『從祖南安，既之蕃任，將曠違千里，豫懷惘戀。然今者之集，雖曰分歧，實爲曲宴，並可賦詩申意。射者可以觀德，不能賦詩者，可聽射也。當使武士彎弓，文人下筆。』高祖送楨於階下，流涕而別。」〔註39〕中山王熙「將之部，朝賢送於河梁，賦詩言別，皆以敬憲爲最。」〔註40〕在分離時刻，人的情感被強烈激發出來，這個時候賦詩成爲表達情感的最好方式。

文人相聚，飲酒賦詩作文是其展示才華的絕好時機。遷都洛陽後，經過孝文帝的漢化，加上南來文人的傳播，南方所盛行的飲酒賦詩活動在洛陽普及開來。梁祐是南來士人，「從容風雅，好爲詩詠，常與朝廷名賢泛舟洛水，

〔註35〕《北史》卷83《文苑傳・序》，第2778頁。
〔註36〕曹道衡：《南朝文學和北朝文學研究》，江蘇人民出版社1999年版，第243頁。
〔註37〕王利器：《顏氏家訓集解》，中華書局1993年版，第83頁。
〔註38〕張承宗、魏向東：《中國風俗通史・魏晉南北朝卷》，上海文藝出版社2001年版，第160頁。
〔註39〕《魏書》卷19下《南安王楨傳》，第494頁。
〔註40〕《魏書》卷85《文苑傳・裴敬憲傳》，第1870頁。

以詩酒自娛。」〔註41〕而北方士人如成霄「亦學涉，好爲文詠……與河東姜質等朋遊相好，詩賦間起。」〔註42〕邢邵「年未二十，名動衣冠。嘗與右北平陽固、河東裴伯茂、從兄昕、河南陸道暉等至北海王昕舍宿飲，相與賦詩，凡數十首，皆在主人奴處。」〔註43〕由於漢族和鮮卑貴族的合作，使南遷的鮮卑族很快地和漢族相融合，有些鮮卑貴族也和漢族士大夫一樣流連詩酒，頗多風雅之氣。〔註44〕如臨淮王元彧「性愛林泉，又重賓客。至於春風扇揚，花樹如錦，晨食南館，夜遊後園，僚寀成群，俊民滿席。絲桐發響，羽觴流行，詩賦並陳，清言乍起，莫不領其玄奧，忘其褊郡焉。是以入彧室者，謂登仙也。荊州秀才張斐常爲五言，有清拔之句云：『異林花共色，別樹鳥同聲。』彧以蛟龍錦賜之。亦有得緋紬緋綾者。唯河東裴子明爲詩不工，罰酒一百。」〔註45〕作詩工整會獎勵，而作詩不工整要被罰酒的，文人展示了自己的才能，同時對那些不善作詩的士人也是一個刺激。這些王公附庸風雅，招攬文士，一些南士也廁身其間。〔註46〕通過這樣的場合，南北文人可以互相交流作詩的技巧，文學水平也相應得到提高。

除了聚會賦詩之外，文人間贈詩活動也增多了。如崔光爲高祖所知賞，「常曰：『孝伯之才，浩浩如黃河東注，固今日之文宗也。』」〔註47〕「太和中，依宮商角徵羽本音而爲五韻詩，以贈李彪，彪爲十二次詩以報光。光又爲百三郡國詩以答之，國別爲卷，爲百三卷焉。」〔註48〕高和仁「少清簡，有文才，曾爲五言詩贈太尉屬盧仲宣，仲宣甚歡重之。」〔註49〕李騫「博涉經史，文藻富盛。……後坐事免，論者以爲非罪。騫嘗贈親友盧元明、魏收詩曰：「幽棲多暇日，總駕萃荒坰。南瞻帶宮雉，北睇拒畦瀛。流火時將末，懸炭漸云輕。寒風率已厲，秋水寂無聲。層陰蔽長野，凍雨暗窮汀。侶浴浮還沒，孤飛息且驚。三褫俄終歲，一丸曾未營。閑居同洛涘，歸身款武城。

〔註41〕《魏書》卷71《裴叔業傳梁祐附傳》，第1579頁。

〔註42〕《魏書》卷79《成淹傳附子霄傳》，第1755頁。

〔註43〕《北史》卷43《邢巒傳虬子劭附傳》，第1588頁。

〔註44〕曹道衡：《南朝文學和北朝文學研究》，第247頁。

〔註45〕周祖謨：《洛陽伽藍記校釋》卷4，上海書店出版社2000年版，第155頁。

〔註46〕王永平：《中古士人遷移與文化交流》，社會科學文獻出版社2005年版，第193頁。

〔註47〕《魏書》卷67《崔光傳》，第1487頁。

〔註48〕同上書，第1499頁。

〔註49〕《魏書》卷48《高允傳弟推附傳》，第1092頁。

稍旅原思藿，坐夢尹勤荊。監河愛斗水，蘇子惜餘明。益州達友趣，廷尉辯交情。豈若忻蓬蓽，收志偶沈冥。」〔註50〕該詩手法純熟，內容豐富，眾多自然景物出現在託志之作中，增添了作品的淒涼意境，也表現了作者的孤苦心情。〔註51〕類似活動增加了文學創作的實踐，並且在互相贈答中得到創作技巧的提高。

三、秀才選舉中文學因素的重視

魏晉以來，選舉向來是州舉秀才，郡察孝廉。而舉秀才前提是，秀才必須有很好的文才，否則就不能被舉進京。南朝沿襲了這個傳統。北朝在恢復秀才選舉後也沿著這個方式進行。北朝察舉之中，秀才、孝廉二科是基本科目。秀才主要考試文學辭采，孝廉則主要考試經數章句。《魏書‧崔亮傳》記劉景安語：「朝廷貢秀才止求其文，不取其理；察孝廉唯論章句，不及治道。」是秀才試文而孝廉試經。又同書《邢巒傳》：「有司奏策秀孝，詔曰：秀孝殊問，經權異策，邢巒才清，可令策秀。」可知主考秀才者，亦須選擇文才清逸者。〔註52〕這是與魏晉南朝相同的習慣要求，是故走秀才出仕之途者，必須有很好的文采。如酈惲，「好學，有文才，尤長吏幹。……又舉秀才，射策高第，為奉朝請。……所作文章，頗行於世。」〔註53〕鄭羲「文學為優。弱冠舉秀才，……高宗末，拜中書博士。」〔註54〕鄭羲從孫伯猷「博學有文才，早知名。舉司州秀才，以射策高第，除幽州平北府外兵參軍，轉太學博士，領殿中御史。與當時名勝，咸申遊款。」〔註55〕郭祚「涉歷經史，習崔浩之書，尺牘文章見稱於世。……孝文初，舉秀才，對策上第，拜中書博士」。〔註56〕李璧「少好春秋左氏傳……工賞要，善尺牘。年十六，出膺州命，為西曹從事。十八舉秀才，對策高第，入除中書博士。譽溢一京，聲輝二國。」〔註57〕裴延儁「涉獵墳史，頗有才筆。舉秀才，射策高第，除著作佐郎。」〔註58〕

〔註50〕《魏書》卷36《李順傳希宗弟騫附傳》，第840頁。
〔註51〕周建江：《北朝文學史》，中國社會科學出版社1997年版，第103頁。
〔註52〕閻步克：《察舉制度變遷史稿》，第264頁。
〔註53〕《魏書》卷42《酈範傳附從子惲傳》，第952頁。
〔註54〕《魏書》卷56《鄭羲傳》，第1237頁。
〔註55〕同上書，第1244頁。
〔註56〕《北史》卷43《郭祚傳》，第1569頁。
〔註57〕趙超：《漢魏南北朝墓誌彙編》，第118頁。
〔註58〕《魏書》卷69《裴延儁傳》，第1528頁。

其從侄景融「篤學好屬文。正光初，舉秀才，射策高第，除太學博士。」
〔註59〕邢產「好學，善屬文。少時作《孤蓬賦》，爲時所稱。舉秀才，除著
作佐郎。」〔註60〕秀才選舉重視文才，在客觀上也給門第不高，但文才豐
贍的庶族提供了出仕的途徑，相應地也在社會上造成了一個重視文學創作
的環境。

四、出使南朝的使節與接待南朝使節之人對文才有較高要求

北魏後期南北通使，除了軍事對抗外，雙方文化上的對抗也頗爲處心積
慮，雙方無不在持節往返中馳騁其才辨風華，藉此宣傳和炫耀各自的文化之
盛。面對南朝文化的興盛，北魏爲了在外交上文化的對抗不會處於下風，所
以在使節的選擇上頗費心思。此即史書所云「南北通好，務以俊乂相矜，銜
命接客，必盡一時之選，無才地者不得與焉。」〔註61〕南北朝時期，雙方使
節又稱「行人」。可以肯定地說，行人們是當時的文化精英，他們代表的是
雙方的主流傾向和官方情趣。作爲一個群體，北魏行人是北魏文學的翹楚。
〔註62〕如高推，「早有名譽。太延中，以前後南使不稱，妙簡行人。游雅薦
推應選。詔兼散騎常侍使劉義隆，南人稱其才辯」。〔註63〕高允是北魏前期重
要的文人，其弟文學自當不弱。李彪「加員外散騎常侍，使於蕭賾。賾遣其
主客郎劉繪接對，並設讌樂。……彪將還，賾親謂曰：『卿前使還日，賦阮詩
云「但願長閑暇，後歲復來遊」，果如今日。卿此還也，復有來理否？』彪答
言：『使臣請重賦阮詩曰「宴衍清都中，一去永矣哉」。』賾悵然曰：『清都可
爾，一去何事？觀卿此言，似成長闊，朕當以殊禮相送。』賾遂親至琅邪城，
登山臨水，命群臣賦詩以送別，其見重如此。彪前後六度銜命，南人奇其謇
諤。」李彪是孝文帝時期在經學、文學方面比較有造詣的一個學者，「其所著
詩頌賦誄章奏雜筆百餘篇，別有集。」〔註64〕選擇他是比較正確的。在使節
出發前，孝文帝還曾對使節進行一番關照。盧昶「學涉經史，早有時譽。太
和初，爲太子中舍人、兼員外散騎常侍，使於蕭昭業。高祖詔昶曰：『卿便至

〔註59〕《魏書》卷69《裴延儁傳附仲規從子景融傳》，第1534頁。
〔註60〕《魏書》卷65《邢巒傳叔祖祐子產附傳》，第1449頁。
〔註61〕《北史》卷43《李崇傳附獎弟諧傳》，第1604頁。
〔註62〕張泉：《北魏行人的文學表現》，《福建論壇（人文社會科學版）》2002年第3
　　　　期。
〔註63〕《魏書》卷48《高允傳附弟推傳》，第1091頁。
〔註64〕《魏書》卷62《李彪傳》，第1389頁。

彼，勿存彼我。密邇江揚，不早當晚，會是朕物。卿等欲，言便無相疑難。』
又敕副使王清石曰：『卿莫以本是南人，言語致慮。若彼先有所知所識，欲見
便見，須論即論。盧昶正是寬柔君子，無多文才，或主客命卿作詩，可率卿
所知，莫以昶不作，便復罷也。凡使人之體，以和爲貴，勿遞相矜誇，見於
色貌，失將命之體。卿等各率所知，以相規誨。』」〔註65〕從這段話中，可知
孝文帝深諳南方宴會賦詩的傳統，在主使文才不高的情況下，專門對副使做
出專門的囑託。使者接應對宴之日，也往往是賦詩作文、互相觀摩之時。如
陸卬「自梁、魏通和，歲有交聘，卬每兼官宴接。在席賦詩，卬必先成，雖
未能盡工，以敏速見美。」〔註66〕這些創作活動，對於雙方文學經驗的交流
和學習觀摩，是最起直接作用的因素。〔註67〕

　　在接對南朝使節的人選上，也是以文才爲重。裴駿「弱冠，通涉經史，
好屬文，性方檢，有禮度，鄉里宗敬焉。……補中書博士。……轉中書侍郎。
劉駿遣使明僧暠朝貢，以駿有才學，乃假給事中、散騎常侍，於境上勞接。」
〔註68〕李憲「清粹，善風儀，好學，有器度。……拜秘書中散，雅爲高祖所
賞。稍遷散騎侍郎，接對蕭衍使蕭琛、范雲。」蕭琛在南朝以才學著名，范
雲是沈約好友，也是著名文人。接對這樣的南朝使節，要求本身必須要具備
文才。史書未說李憲有文學，但是其伯父李順，史書云「有文學」，其子希宗
「儀貌雅麗，涉獵書傳，有文才」，〔註69〕可證李順家族有文學傳統，故有此
授。如此才不至於在接對南朝使節時處下風。

　　從以上敘述可以看出北魏洛陽時期文學風氣得到重建不是偶然出現的
事情。孝文帝的漢化改革最終提高了漢族士大夫的社會地位，使得北方的
文化活動有很大恢復。孝文帝的改革措施中，說漢話，用漢字，行漢族的
典章制度，成爲北方漢族文化全面普及的重要因素。北魏後期「才子比肩，
聲韻抑揚，文情婉麗；洛陽之下，吟諷成群」〔17〕（P81），正是在孝文帝漢化
改革的大潮中所成長起來的必然產物。這些文學活動的恢復，使文學創作
成爲文人社會生活的一個重要方面，建安之後，文學風氣在北魏洛陽時期
得到了重建。

〔註65〕 《魏書》卷47《盧玄傳盧昶附傳》，第1055頁。
〔註66〕 《北史》卷28《陸俟傳附子彰子卬傳》，第1017頁。
〔註67〕 吳先寧：《北朝文化特質與文學進程》，東方出版社1997年版，第51頁。
〔註68〕 《魏書》卷45《裴駿傳》，第1021頁。
〔註69〕 《魏書》卷36《李順傳》，第835頁。

五、結論

　　文學雖然是藝術的一種體現形式，但是依然有自己產生、發展的獨特軌跡。北魏洛陽時期文學風氣的重建，是文學發展的必然產物。在十六國的廢墟上北朝文學重新開始，很長時期內沒有在社會上層造成普遍的文學風氣。隨著漢化的逐步深入，文學的發展步伐也隨之前進，並且在孝文帝即位後速度加快，最終在遷都洛陽後達到北朝文學發展上的第一個高潮，這個高潮的標誌就是文學風氣得到重建。

　　進一步說，同北魏對峙的南朝，劉宋時有謝靈運、鮑照、顏延之「元嘉三大家」，後有南齊「竟陵八友」，梁朝的文人與文學集團更為活躍，可以說南朝是繼承了建安之後的文學自然發展的軌跡，每個階段都是對前代的繼承與發展。如果將北魏洛陽文學放到北朝文學的發展線索上，也可以找出這個類似的坐標。只不過與同時期的南朝文學相比，北魏洛陽文學在諸多方面還不足以分庭抗禮。但由於南朝這個文學高峰的存在，倒是給北魏文學一個學習的榜樣。北魏遷都洛陽，縮短了北魏文士與南朝的空間距離。此時南朝文士開始北上，也給南北文學的交流帶來機遇，文人在互相切磋中提高了寫作技巧，南北文風在這樣的活動中也得到了初步融合。「北地三才」為代表的本土文士能在北朝後期紛紛出現，北魏洛陽時期的文學風氣就是他們賴以成長的社會土壤。更重要的是，北魏洛陽時期的文士在北魏分裂後多數轉移過渡到東魏北齊，故北朝後期唯有東魏北齊繼承了北魏多數的文學遺產。所以說，北魏洛陽時期的文學風氣為北齊文學到達北朝文學的巔峰奠定了良好的社會基礎，而這又是北朝文學演進過程中重要的一環，值得我們給予足夠的關注。

第二章　北朝職官文學化研究

第一節　北朝太常（少）卿的遷轉及其文學化 [註1]

　　《北齊書》卷四十二《邢邵傳》：「除太常卿兼中書監，攝國子祭酒。是時朝臣多守一職，帶領二官者甚少；邵頓居三職，並是文學之首，當世榮之」。不言而喻，此處的「文學」與我們現代的含義相差甚遠，不僅是指「文」，還包括「學」，亦即學問。從文學史的角度來看，太常卿、中書監和國子祭酒三個職官系統，應該是北朝三個和文學有密切關係的官職，因爲具有「文才」首先必須是建立在「學」的基礎之上的。這三個職官系統的人員選拔，伴隨著北朝漢化的歷史進程，在文學上的表現亦愈加明顯，這和北朝文學的演進亦具有很明顯的一致關係。太常的屬官有太常卿、太常少卿、太常丞、太常博士及其它。本書暫且選取有代表性的太常卿和太常少卿的資料加以彙編整理。陳寅恪先生指出「不得不詳爲考辨，蓋所以證實本書之主旨也。其第一事即宇文泰所以令蘇綽、盧辯等攀仿周官之故及其制度實非普遍於全體，而僅限於中央文官制度一部分。第二事即唐代職官乃承附北魏太和、高齊、楊隋之系統，而宇文氏之官制除極少外，原非所因襲。」[註2]我們在研究太常卿的遷轉時，應當將這些考慮進去，並試圖從這些統計研究中把握該職務遷轉前後的任職性質、品級高低、升降原因規律化、趨勢化。筆者試圖查找出

〔註 1〕本節與吳希禹合作。
〔註 2〕陳寅恪：《隋唐制度淵源略論稿》，生活・讀書・新知三聯書店 2001 年版，第 4 頁。

其文學化的證據，這個結論成立與否關係到北朝教育、門閥與政治選官的變化，且文學化本身又體現著北朝官員乃至國家的漢化過程，這些都是本書要涉及的。

一、太常（少）卿任前情況

北朝太常職掌邦國禮儀祭祀，但凡術數、方技、儀制之屬，無不綜攬，此與漢魏太常職掌並無不同。太常品秩頗高，望重而權寄甚輕，充任此職爲一時之美選。魏以異民族入主中原，前期制度胡漢雜糅，自孝文遷都以後，追求漢魏舊制，從太常屬官也可以看出這一傾向。北齊延北魏之制，北周雖極力模仿周禮，「適關隴胡漢現狀之實而已」。〔註3〕

（一）擔任太常卿之前品級情況

需要注意分析的是到北魏肅宗初品秩出現了一個調整。〔註4〕從職務遷轉而來看太常卿（少卿）任前的品級升降。將《魏書》傳記所體現的曾任太常卿、太常少卿人員做初步耙梳，詳見附錄《北朝太常卿（少卿）生卒年及官職遷轉表》。北魏歷任太常卿中，其可考前任職務品級者 36 人，品級上升者 22 人，降低者 6 人，平調者 8 人。〔註5〕上升者/下降者/平調者≈6.1/1.7/2.2。

太常少卿者，可考任前情況的有 20 人，上升者有張彝、蔣少游、趙怡、陸琇、鄭懿、盧道將、趙邕、李燮、元子正、元璨〔註6〕、元順、鄭瓊、元誨、高叔山、劉挺、李神俊、元端等 16 人，下降者陽固、元熙、蔣少游等 3 人，平調鄭伯夏一人。上升者/下降者/平調者≈8/1/0.5。品級上升所佔升降比重較大，這應當與太常卿長期作爲九卿之一以來所具有的高品級有著必然聯繫。

（二）升遷趨勢與「勞績」標準不成正相關

究其原因，整體看來與門閥政治及地方豪強的興起有著密切關係。首先說元壽安、李璞、高閭、崔光、劉芳、李世哲、裴延俊、崔亮、甄琛、游肇、

〔註 3〕同上書，第 7 頁。

〔註 4〕《魏書》卷 113《官氏志》：「世宗初班行之，以爲永制。」載世宗前後的官制變化。中華書局 1974 年版，第 2993 頁。

〔註 5〕以高允爲例，由二品中書令、五品著作郎基礎上，加了一品的太常卿一職，明顯屬於上升。降者以崔孝友爲例，職務及官號有 1 散騎常侍（散官，從第三品），2 鎮東將軍（散官，從第二品），3 金紫光祿大夫（散官，從第二品），4 仍兼尚書（職事官，第二品），5 東道行臺，至太常卿則是下降。

〔註 6〕趙超：《漢魏南北朝墓誌彙編》，天津古籍出版社 1992 年版，第 106 頁。

范紹、元固、王衍、元湛、元孝友、鄭伯猷等 16 人從地方長官流轉而來，依據當時官員課考「重外不重內」的情況以及時代情況下課考逐漸流於形式的事實，我們不否認憑藉功績升遷的案例，但除此之外，升遷的另外一種更爲重要的方式就是依仗門閥家世或者個人豪強實力謀得政治利益。這後有一種原因是主流的，有壓倒以「勞績」標準的趨勢。「平流進取」成爲一種不需努力即獲得升職機會的普遍現象，一定級別的職官只要熬年份就可以直接升級，而沒有考績之繁。〔註7〕

（三）人員來源

任前職務性質。太常卿任前爲地方職事官者有元壽安、李璞、高閭、崔光、劉芳、李世哲、裴延俊、崔亮、甄琛、游肇、范紹、元固、王衍、元湛、元孝友、鄭伯猷等 16 人，除李璞、王衍外，均爲州刺史；由中央官員遷轉而來的有元湛、尒朱菩提、崔孝芬、元泰、賈思伯、江式、姚黃眉、穆紹、盧昶、崔光、鄭義、唐和、高允、王諶、盧度世、李順等 16 人；由散官遷轉而來的有元瑞、長孫冀歸、元修、李騫等 4 人；而還有一部分是以爵位遷轉而來，有長孫紹遠、崔浩等 2 人。其餘，封勸、鄭豁、宗蠻、孫沂、元琇、袁翻、元恒、邢邵等 8 人，從筆者掌握的史料來看，目前還無法確定其位居太常卿前的職務情況。固將其任職前的職務情況做對比：地方職事官/中央官員/散官/爵位≈7/8/2/1，依次數據推之，遷轉至太常卿的官員，以中央官員（暫不論其實權與地位高下）和地方長官爲主要來源。

（四）前任職官中的特色群體及軍號問題

漢末以降實行的官員不得本地爲官的情況在北朝受到衝擊，無論大臣以功績還是地方豪強自立都是其成就地方長官的一個原因。高閭請求以軍官立長，李元忠因自己實力而自封太守。這時的官員身份的很多，加上一個軍號成爲治民又治軍的長官，反映當時職事官與軍號、戎號等並行的趨勢。（體現了戰亂的時代主題，也反映出職官體系裏武重於文的趨勢）這個團體（太常卿中地方長官出身者）體現了政治分裂，那裏會出現軍政合一的情況，有時候可能造成中央控制不強；當然也有相反情況，就是中央派出皇室去鎮守地方，此不贅述。

〔註 7〕黃惠賢：《中國政治制度通史》第 4 卷《魏晉南北朝》，人民出版社 1991 年版，第 468 頁。

（五）贈官太常

贈官為太常卿（少卿）者。獲贈為太常卿者有 2 人，為太常少卿者 7 人。太常卿中李琰之、范紹、高允等三人分別兩次擔任該職，太常少卿中無兩次任職者。

二、太常（少）卿任後情況

（一）任後品級情況

從品級角度來看，降級者有李琰之、賈思伯、崔亮、江式、穆紹、盧昶、崔光、高閭、李璞、鄭羲、元壽安、高允、王諶、盧度世、李順、崔浩 16 人；上升的有長孫冀歸、劉芳、李世哲、姚黃眉、裴延俊、游肇、元固、元恒、元修、元泰、崔孝芬、尒朱菩提、王衍、元湛、鄭伯猷等 15 人，另外，李琰之的第二個太常卿的任職為上升案例；平調者僅長孫紹遠 1 人。故，上升者/下降者/平調者≈15（16）/16/1。即無法籠統抽象出一個太常卿的品級高低遷轉規律，呈現出隨機性。

太常少卿中，品級上升者約李神俊、元端、劉挺、李義邕、元誨、元順、元璨、元子正、元熙、鄭懿、陸琇、趙怡、蔣少游、張彝 14 人，而高叔山、元悛、鄭伯夏、鄭瓊、陽固、李神雋、元忠、李燮、盧道將等 9 人無任後情況，趙邕 1 人任後為兼職。即除去無從考證的 9 人和兼職的趙邕外，其餘 14 人 100%是提升了品級。這種情況一定程度上說明太常少卿一定意義上具有了升職前過渡職務的性質。

（二）太常卿之後的職務性質

遷轉為中央官員的有崔浩、高允、鄭羲、江式、崔亮、甄琛、游肇、范紹（第一次）、賈思伯、元恒、元修、元泰、李琰之、尒朱菩提、長孫紹遠 15 人；遷轉為地方官員者有鄭伯猷、元湛、王衍、崔孝芬、元固、崔亮、裴延俊、姚黃眉、李世哲、劉芳、盧昶、崔光、高閭、李璞、長孫冀歸、王諶、盧度世、李順 18 人；李騫、邢邵、元孝友、袁翻、元琇、穆紹、唐和、元瑞、孫沂、宗燮、鄭豁、封勸等 12 人無任後職務。

太常少卿中，遷轉為中央官員的有張彝、陸琇、鄭懿、元子正、元熙 5 人；遷轉為地方官員的有蔣少游、趙怡、元璨、元順、元誨、李義邕、劉挺、元端、李神俊 9 人，共 7 刺史 2 中正；盧道將、趙邕、李燮、元忠、李神雋、陽固、鄭瓊、鄭伯夏、元悛、高叔山 10 人。

（三）太常卿的過渡性與北朝地方軍政化

從另外一個角度看，有崔浩、李順、王諶、長孫冀歸、崔光、李世哲、裴延俊、崔亮、甄琛、游肇、范紹、袁翻、崔孝芬、尒朱菩提、王衍、長孫紹遠、元湛 17 人，即有 38%轉入了相對實權的部門，其中包括 9 人爲中央的尚書、侍中的當權勢力，而地方的 8 人則都成爲軍政首領，如王衍充當西兗州刺史，勢力在上升。就此，接上邊的分析，太常少卿任後也不僅在品級呈現出上升趨勢，而且也大都有可能以此爲平臺躍居地方要職。同樣也像開始討論的，當時官員既有職事官名又有相應的軍號，與本處討論的情況一起，體現了地方政權軍政化的特點。〔註8〕如此，做出總結，相當比重的案例反映出：太常卿這一職務已經具備了官員從非權要職務轉入要害職位的過渡性。（從任前到任上再到任後基本呈現出逐步升級的趨勢）

三、北齊、北周的太常（少）卿遷轉情況

北周、北齊段由於任職太常卿一職者數量較少，而且史料不如北魏詳盡，故此放在一起討論。

（一）任前情況

第一，從何職務遷轉而來看太常卿，北齊、北周歷任太常卿中，其可考前任職務品級者，品級上升者陽休之、崔昂、崔暹、邢邵、徐之範、祖珽、皇甫璠、蔡大業、岑善方等 9 人，降低者赫連子悅、李元忠、段孝言、袁聿修、魏收、崔瞻、趙起、沈重、傅準 9 人，平調者段孝言、辛術、王士良、蕭世怡等 4 人。上升者/下降者/平調者≈9/9/4。品級上升者與下降者的比重相當，可以看出調任太常卿、太常少卿的官員升降均等，不呈現明顯趨勢。

第二，任前職務性質北齊的情況是：共 16 人，4 人擔任都官尚書、侍中等權要職務；擔任高級散官如散騎常侍、衛將軍、儀同三司、驃騎大將軍者 6 人，地方長官如刺史者 1 人。即從高級官員流轉至太常卿（太常少卿）者占到了大多數。

北周 8 人中，4 人從侍中、度支尚書等權要職務轉來，地方長官（太守）1 人，高級散官（驃騎大將軍、儀同三司）1 人。與北齊的規律基本符合。

〔註8〕閻步克：《周齊軍號散階制度異同論》，《歷史研究》1998 年第 2 期；黃惠賢著：《中國政治制度通史》第 4 卷《魏晉南北朝》，第 425 頁。

（二）任後情況

第一，從品級角度來看，可考品級變遷者中，降級者有崔昂、蕭世怡 2 人；上升的有北齊的李元忠、陽休之，魏收、邢邵、趙起、祖珽，北周的斛斯徵、王士良、皇甫璠、蔡大業等 10 人，另外，李琰之的第二個太常卿的任職為上升案例；平調者段孝言，辛術，崔瞻等 3 人。故，上升者/下降者/平調者≈10/2/3。

與北魏情況不同，這段歷史時期，太常卿任後升遷是明顯的。與北魏相似的是，這種情況一定程度上說明太常少卿一定意義上具有了升職前過渡職務的性質。

第二，任後職務性質。在北齊的情況是所有 16 人中，任三品及以上散官如儀同三司、四征將軍者 4 人；任中央三品以上職事官者有 5 人，多任吏部尚書、中書監、秘書監等；轉為地方長官者 1 人，任滄州刺史。在北周，4 人擔任高級散官，如驃騎大將軍、儀同三司、平西將軍；刺史 2 人。

四、太常（少）卿的家世、族望分析

現將北魏歷任太常卿（及其屬官）的籍貫宗族情況簡單列舉如下表：

人　物	籍　貫	宗族及前代官職情況	
1. 元燦	洛陽	景穆皇帝曾孫，陽平幽王孫，廣陵公衍子	《漢魏南北朝墓誌彙編》
2. 元熙	洛陽	景穆皇帝之曾孫，司徒獻武王世子	同上
3. 元壽安	洛陽	景穆皇帝之孫，汝陰王之第五子	同上
4. 元固	洛陽	景穆皇帝孫	同上
5. 元琇	洛陽	景穆皇帝子	
6. 元順	洛陽	恭宗景穆皇帝之曾孫	同上
7. 元悛	洛陽	父平侍中車騎大將軍司空武邑郡開國公	同上
8. 元子正	洛陽	彭城王勰後	同上
9. 元端	洛陽	高陽王雍後	《魏書》卷二十一上
10. 元誨	洛陽	高祖孝文皇帝之孫，廣平武穆王之子	《魏書》卷九
11. 元修	洛陽	廣平武穆王懷之第三子	《魏書》卷十一

12. 元瑞	洛陽	昭成皇帝後	《魏書》卷十五
13. 元禹	洛陽	陽平王熙後	《魏書》卷十六
14. 元景遵	洛陽	京兆王黎後	《魏書》卷十六
15. 元恆	洛陽	京兆王推後	《魏書》卷十九上
16. 元忠	洛陽	樂浪王萬壽後	《魏書》卷十九上
17. 元熙	洛陽	南安王楨之後	《魏書》卷十九下
18. 元泰	洛陽	高陽王雍後	《魏書》卷二十一上
19. 元湛	洛陽	廣陽王嘉後	《漢魏南北朝墓誌彙編》
20. 元孝友	洛陽	太武皇帝後	《魏書》卷十三
21. 長孫紹遠	洛陽	父稚，魏太師、錄尚書、上黨王	《魏書》卷二十五
22. 劉挺	隴西狄道	祖侍中沙州牧并州刺史，父尚書昭侯	《漢魏南北朝墓誌彙編》
23. 孫泝			《魏書》卷二
24. 王諶	太原晉陽	父橋，家貧以術自給。終於侍御中散。兄叡散騎常侍、侍中、吏部尚書	《魏書》卷十九中
25. 尒朱菩提	北秀容	尒朱榮後	《魏書》卷十
26. 長孫冀歸	代	太尉長孫嵩後，上黨王長孫觀之子	《魏書》卷二十五
27. 穆紹	代	太尉穆崇後	《魏書》卷二十七
28. 封勱	勃海蓨	冀州刺史光、右祿人夫封懿後	《魏書》卷三十二
29. 崔浩	清河	白馬公玄伯之長子	《魏書》卷三十五
30. 李順	趙郡平棘	順父系，慕容垂散騎侍郎，東武城令	《魏書》卷三十六
31. 李騫	趙郡平棘		
32. 李燮	隴西狄道	吏部尚書，散騎常侍李寶後。父翻，字士舉，祁連、酒泉、晉昌三郡太守	《魏書》卷三十九
33. 李義邕	隴西狄道	中軍大將軍、吏部尚書李寶後 。父蕤步兵校尉、東郡太守、司農少卿	
34. 李神俊	隴西狄道	中軍大將軍、吏部尚書，散騎常侍李寶後。父佐鎮南府長史，加輔國將軍	

35. 陸琇	代	父馛聊城侯，出為散騎常侍、安南將軍、相州刺史，假長廣公。	《魏書》卷四十
36. 陸希質	代	征西大將軍東平王陸俟後。父叡撫軍大將軍、平原王	
37. 唐和	晉昌冥安		《魏書》卷四十三
38. 李璞	范陽	父崇，馮跋吏部尚書、石城太守	《魏書》卷四十六
39. 盧度世	范陽涿	父玄寧朔將軍、兼散騎常侍	《魏書》卷四十七
40. 盧道將	范陽涿	玄孫。父淵秘書監、本州大中正	
41. 盧昶	范陽涿	玄子	
42. 高允	勃海	少孤	《魏書》卷四十八
43. 宗欽	金城	呂光太常卿	《魏書》卷五十二
44. 高閭	漁陽雍奴	世祖原，晉安北軍司、上谷太守、關中侯。父洪，字季願，陳留王從事中	《魏書》卷五十四
45. 游肇	廣平任	父尚書、中書令明根	《魏書》卷五十五
46. 劉芳	彭城	少孤	《魏書》卷五十五
47. 鄭羲 48. 鄭懿 49. 鄭順 50. 鄭伯猷 51. 鄭瓊 52. 鄭伯夏	榮陽開封	順為安東將軍、西兗州刺史	《魏書》卷五十六
53. 崔孝芬	博陵安平	父挺昭武將軍、光州刺史	《魏書》卷五十六
54. 薛懷徹	河東汾陰	父薛安都平南將軍、揚州刺史	《魏書》卷六十一
55. 王衍	琅邪臨沂	王肅從子	《魏書》卷六十三
56. 張彝	清河東武城	曾祖幸平陸侯，拜青州刺史。父靈真早卒	《魏書》卷六十四
57. 邢邵	河間鄚	邢巒後，巒安西將軍、梁秦二州刺史	《魏書》卷六十五
58. 李世哲	頓丘	李崇後，崇陳留公，鎮西大將軍	《魏書》卷六十六
59. 崔亮	清河東武城	依季父幼孫居，家貧	《魏書》卷六十六
60. 崔光	東清河鄃	家貧好學	《魏書》卷六十六

61. 趙邕	南陽	司空李沖之貴寵	《魏書》卷九十三
62. 甄琛	中山毋極	父凝，州主簿	《魏書》卷六十八
63. 高叔山	渤海蓚	父聰騎常侍、平北將軍、幽州刺史	《魏書》卷六十八
64. 裴延俊	河東聞喜	父崧，州主簿，行平陽郡事	《魏書》卷六十九
65. 傅豎眼	清河	父靈越爲太原太守	《魏書》卷七十
66. 陽固	北平無終	國子祭酒、幽州中正陽尼族人	《魏書》卷七十二
67. 賈思伯	齊郡益都	父元壽中書侍郎	《魏書》卷七十二
68. 李叔寶	渤海蓚	從祖金征南從事中郎	《魏書》卷七十二
69. 李述	渤海蓚		
70. 盧靜	范陽涿	盧玄之族孫。父輔，字顯元，本州別駕	《魏書》卷七十六
71. 范紹	敦煌龍勒	少孤	《魏書》卷七十九
72. 李琰之	隴西狄道	司空韶之族弟。父司空沖	《魏書》卷八十二
73. 常景	河內	父文通，天水太守	《魏書》卷八十二
74. 姚黃眉	赤亭	姚興之子	《魏書》卷八十三
75. 竇瑗	遼西遼陽	父囧，舉秀才，早卒	《魏書》卷八十八
76. 江式	陳留濟陽	父紹興，秘書郎，掌國史，趙郡太守	《魏書》卷九十一
77. 蔣少游	樂安博昌		《魏書》卷九十一
78. 王誦	太原晉陽	父橋家貧歷仕終於侍御中散	《魏書》卷九十三
79. 趙怡	南陽	趙邕，父怡	《魏書》卷九十三

（一）籍貫所屬地域及族望情況分析

　　現僅分析太常卿及太常少卿，據表格統計，來自拓跋氏皇族成員的有元璨、元熙、元壽安、元固、元琇、元順、元悛、元孝友、元誨、元子正、元修、元瑞、元恒、元忠、元熙、元泰、元湛、元端等 18 人，李爕、李義邕、李神俊、李琰之、劉挺等 5 人來自隴西狄道，前三者爲隴西李氏之後；崔光、崔亮、張彝、崔浩等 4 人爲清河人，三者爲清河崔氏之後；盧昶、盧道將、盧度世、李璞等 4 人爲范陽人，前三者爲范陽盧氏之後；封勸、高允、高叔山 4 者爲渤海人，後二者爲渤海高氏之後；長孫冀歸、穆紹、陸琇、陸希質 4 者爲代人，後二者爲陸氏之後；趙怡、趙邕爲南陽趙氏；李騫、李順爲趙郡李氏之後；有明顯士族歸屬的爲以上 43 人。

（二）柱狀圖顯示

這些人物分屬的地域及氏族，筆者試圖用柱狀圖形式列出，詳細如下圖：

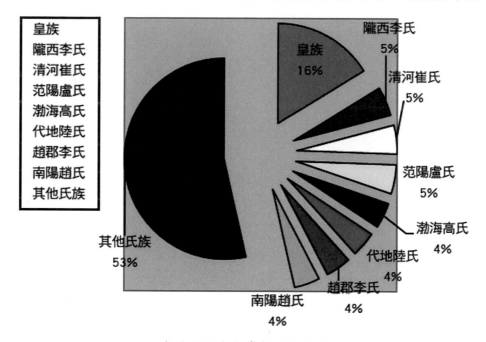

各氏族所出太常卿所佔比重

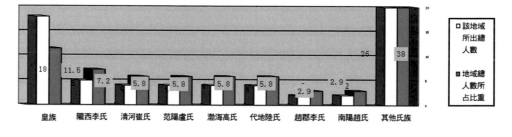

（三）太常卿籍貫、家世與「九品官人法」

皇族明顯佔據了明顯優勢，其成員擔任太常卿及太常少卿的機會遠遠大於其它氏族，地方大家族如清河崔氏、范陽盧氏等所體現的優勢也是顯而易見的。並且，在所有任職人員中，父子同時出現的情況也較多，在選官制度上，九品官人法處於核心地位。這種「他選」是重門第的，這是豪強大族勢力政治膨脹的表現，又是門閥士族壟斷仕途的一種手段，在歷史上曾經產生過深遠的影響。〔註9〕但僅就優點來言，這種制度較兩漢的鄉里舉選有著進步

〔註 9〕黃惠賢：《中國政治制度通史》第 4 卷《魏晉南北朝》，第 373～375 頁。

色彩，它代表著獨立謀求出仕機會的政治覺悟，只是在世家大族時代，它表現出的是以集團爲單位對仕途機會的內部保護和壟斷，實現一種「皇權政治的變態」。〔註10〕在隋唐科舉制到來前，它起到了一定作用。當然，作爲拓跋貴族或是其它士族成員，無論外在情況如何，其個人所受家學和受教育水平（受教育的機會）明顯要好。此在文學化章節討論。

（四）北齊、北周情況

北齊、北周，由於人數過少，所得數據不具有統計的一般規律，下文將只列出其籍貫及家庭簡單情況。

五、太常（少）卿的文學化分析

（一）北魏太常卿及太常少卿的文學化研究

首先，北魏太常卿（太常少卿）傳記中明確說明該官員的文學化程度者有崔浩、李順、高允、元壽安、鄭羲、高閭、崔光、盧昶、穆紹、劉芳、裴延俊、江式、崔亮、甄琛、游肇、李琰之、崔孝芬、王衍、長孫紹遠、李騫、鄭伯猷、邢邵 22 人，太常少卿中李神俊、劉挺、元誨、元順、元璨、陽固、元子正、元熙、盧道將、鄭懿、陸琇、蔣少游、張彝等 13 人。

其次，家學，本書詳傳記中被考察者之父輩及宗族文學情況，可以考察出太常卿中崔浩、李順、盧度世、王諶、元壽安、盧昶、江式、崔孝芬、王衍等 9 人及太常少卿中的元端、高叔山 2 人，在家世前人的文學化水平較高，顯然其個人所收到的薰陶是潛移默化的。其父輩多是博覽經史，著述當行的名流或是有著較多較好受教育機會的皇室貴族之後。

再次，明確的傳世作品、奏章、朝議等文學化活動。太常卿中李騫、崔孝芬、李琰之、賈思伯、游肇、甄琛、江式、裴延俊、劉芳、崔光、高閭、高允、崔浩等 13 人的資料裏，充分展現了該人物有著明確的文集數卷傳世，其中又可以詳細分爲朝廷表章類、文學別集類、經史創作類等作品形式。太常少卿中同樣有有元順、陽固、盧道將、蔣少游、張彝等 5 人有較爲明確的表奏、著述記載。

然後，從事與文學相關職務情況。太常卿中崔浩、李順、盧度世、王諶、高允、元壽安、鄭羲、李璞、高閭、崔光、盧昶、穆紹、劉芳、江式、崔亮、

〔註10〕田餘慶：《東晉門閥政治》，北京大學出版社 1989 年版，第 340 頁。

甄琛、李琰之、王衍、鄭伯猷、李騫20人分別擔任過文學要求較高的職務，其具體職務可分爲著作郎、中書博士、秘書監、太史等幾類。另外，由於當時南北的戰爭因素，出使等外交活動必須加入考察範圍，據統計，太常卿中參與交聘活動的有李順、盧度世、鄭羲、盧昶、李騫、鄭伯猷等 6 人，即其中約有 13%參與外交活動，而外交活動者又多是熟悉外交辭令、博古通今的大儒，其文學化水平可想而知。〔註 11〕同樣情形在太常少卿中，蔣少游、元熙、元子正、元璨、李神儁等 5 人從事過相關文學性工作，約占 21%，無出使情況。

最後，追諡情況。高允、鄭羲、高閭、崔光、穆紹、劉芳、甄琛、元泰、李琰之、王衍、元湛、李騫等 12 人諡號爲文，而可考諡號者不過 21 人，即有占 57%的人獲得諡號爲文。且依諡法：博聞多見曰『文』。「諡法曰：道德稱聞曰文。」〔註 12〕太常少卿中張彝、陽固、元端、劉挺、元誨等 5 人諡號爲文，可考諡號者 8 人。

（二）北魏太常卿（太常少卿）文學化狀況詳細

北朝政權的文學化政策的強調不算明顯。孝文帝改革政策以後，在選官方面爲積極籠絡漢族地主，對家世門第的重視做出了調整。新的統治階層對漢化直接或間接的重視，體現在重用漢人士族，並且多了一個政權維護階層。〔註 13〕下面爲說明太常卿任職者的家世問題，將其任職者的籍貫、家世等情況列表如下：

人　物	學識經歷及史傳品評	家學背景	作品、文學性政務行爲及表奏情況	曾從事與文學相關官職	追諡情況
1. 封勸					
2. 鄭豁					
3. 宗巒					
4. 孫沂					
5. 崔浩	少好文學，博覽經史	白馬公玄伯之長子	浩筮吉凶，參觀天文考定疑惑	給事秘書，轉著作郎	

〔註 11〕蔡宗憲：《南北朝交聘與中古南北互動》，博士學位論文，臺灣大學，2006 年。
〔註 12〕杜佑：《通典》，中華書局 1988 年版，第 2716 頁。
〔註 13〕毛漢光：《中國中古社會史論》，上海書店出版社 2002 年版，第 13～22 頁。

6. 元瑞				
7. 李順	順博涉經史，有才策		中書博士中書侍郎	追諡曰宣王
8. 盧度世		盧玄後稱	中書學生	諡曰惠侯
9. 王諶		父橋解天文	領太史事	無
10. 高允	性好文學		作《塞上翁詩》著《告老詩》	中書令、著作郎	諡曰文
11. 唐和				諡曰宣
12. 元壽安	弱而好學	景穆孫		秘書監	
13. 長孫冀歸			時有詔廢稅，表	
14. 鄭羲	文學爲優			中書博士秘書監，使於劉準	諡曰宣加諡文靈
15. 李璞				中書博士	諡曰穆
16. 高閭	博綜經史，文才俊偉		命造《鹿苑頌》、《北伐碑》		諡曰文侯
17. 崔光	家貧好學，晝耕夜誦		依五音而爲五韻詩，贈李彪	中書博士著作郎	諡文宣公
18. 盧昶	學涉經史	盧玄後		秘書丞，使蕭昭業	諡曰穆
19. 穆紹	好經術	父定州刺史		秘書監	諡曰文獻
20. 劉芳	篤志墳典		著《窮通論》與王肅論文學	中書博士國子祭酒	諡文貞
21. 李世哲					
22. 姚黃眉					諡曰獻
23. 裴延俊	涉獵墳史，頗有才筆		世宗不事墳籍。延俊上疏諫		
24. 江式	少專家學	六世祖善蟲篆詁訓	洛京宮殿諸門板題，皆式書也	著作佐郎	
25. 崔亮	傭書自業			中書博士	諡曰貞烈
26. 甄琛	頗學經史，稱有刀筆		琛上表所著文章，時有理詣	中書博士	諡文穆
27. 游肇	幼爲中書學生博通經史		蕭衍軍主徐玄明斬張稷，肇表		
28. 范紹					

29. 賈思伯				
30. 元琇		（固父）		
31. 元固		景穆孫、汝陰王六子		
32. 袁翻				
33. 元恒			歷位太常卿、中書監、侍中	諡曰宣穆公
34. 元修				諡武敬公
35. 元泰				諡文孝
36. 李琰之	經史百家無所不覽		修國史,《國書》	國子祭酒秘書監	諡曰文簡
37. 崔孝芬	博學好文章	崔挺中書博士、中書侍郎	所著文章數十篇	
38. 尒朱菩提				
39. 王衍	名行器藝亞於誦	王肅族人		著作佐郎	諡曰文獻
40. 長孫紹遠	雅好墳籍,聰慧過人	文安縣子		
41. 元湛				諡曰文獻
42. 元孝友				
43. 邢邵	博覽書傳文才幹略			
44. 鄭伯猷	博學有文才,早知名			太學博士國子祭酒
45. 李騫	博涉經史,文藻富盛		《釋情賦》贈友魏收等詩	使於蕭衍	諡曰文惠

太常少卿

人　物	學識經歷及史傳品評	作品、文學性政務行為及表奏情況	曾從事與文學相關官職	追諡情況
1. 張彝	有風氣,歷覽經史	有表		諡文侯
2. 蔣少游	性機巧,頗能畫刻。有文思	《文集》十卷	中書博士	諡曰質

3. 趙怡			
4. 陸琇	雅好讀書		
5. 鄭懿	涉歷經史，善當世事		諡曰穆
6. 盧道將	涉獵經史，風氣謇諤	所為文筆數十篇	諡曰獻
7. 趙邕			
8. 李爕			
9. 元忠			
10. 元熙	好學博通，善言理義	秘書監	
11. 元子正	遂能搜今閱古，博覽群書	中書	
12. 李神儁			
13. 陽固	博覽篇籍，有文才	太尉西閣祭酒。治書	諡曰文
14. 元燦	專綜東觀，墳經大序	擢秘書佐郎遷司徒主簿	
15. 元順	通《杜氏春秋》，恒集門生	上《魏頌》，文多不載。	
16. 鄭瓊			
17. 元誨	理識淹長，氣韻通雅		諡曰文景王
18. 鄭伯夏			
19. 元悛			
20. 高叔山	先人高聰涉獵經史頗有文才		
21. 李義邕			
22. 劉挺			諡曰文貞〔註14〕
23. 元端	獻文孫，丞相高陽王長子		追諡曰文
24. 李神俊	篤好文雅，老而不輟	司徒祭酒	

〔註14〕「書同班子，靜類楊生，德穆芷蘭，言成潘沐。颺颺共松風等韻，爛爛與岩電齊明。乃□諮故實，斟酌世典，不墜斯文，號為稱職。」《漢魏南北朝墓誌彙編》，第 90 頁。

（三）北齊、北周的太常卿文學化情況

鑒於兩朝史料有限，不可能如北魏的統計模式一致。也只是將其列出於下表。北齊的太常卿文學化體現在傳記材料中，有明確記載的有 9 人文化水平較高，多有「好文章」之類的評價。留有作品者有 5 人，其中不乏魏收、邢邵等當世大儒。北周 8 人中，6 人獲得過史書文學性質的評價，有作品記載者 3 人。兩朝表奏朝議情況不如北魏頻繁。詳見下表：

北齊

姓　名	籍　貫	家　世	史料文學品評及作品情況
赫連子悅		勃勃後	
李元忠	趙郡柏人	父顯甫，安州刺史	元忠粗覽史書及陰陽數術，解鼓箏，兼好射彈，有巧思
陽休之	右北平無終人	父固，魏洛陽令	休之俊爽有風概，少勤學，愛文藻，弱冠擅聲，爲後來之秀
崔昂	博陵安平人	七歲而孤	少好章句，頗綜文詞
薛光熾	河東汾陰人	父寶集，定陽太守	
段孝言	姑臧武威人	山東大行臺、大都督榮子	
辛術			少明敏，有識度
袁聿修			
崔逞	博陵安平人	父穆，州主簿	主議《麟趾格》
魏收	鉅鹿下曲陽人	父子建，贈儀同、定州刺史	《庭竹賦》、修國史、《封禪書》、《南狩賦》、《聘遊賦》、《皇居新殿臺賦》、《懷離賦》
邢邵	河間鄭人	父虯，魏光祿卿	頓居三職，並是文學之首，當世榮之
崔瞻	清河東武城人	父東兗州刺史萐歷覽群書，兼有詞藻	聰明強學，有文情。瞻詞韻溫雅，南人大相欽服。聘陳使主
趙起	廣平人也	父達幽州錄事參軍	
徐之範	丹陽人	父雄事南齊蘭陵太守	
祖珽	范陽狄道人	父瑩，魏護軍將軍	珽神情機警，詞藻遒逸
趙彥深	雲南陽宛人	父奉伯，仕魏位中書舍人、行洛陽令	

北周

姓　名	籍　貫	家　世	史料文學品評及作品情況
斛斯徵	河南洛陽人	父椿，太傅、尚書令	徵幼聰穎，五歲誦孝經、周易，識者異之。及長，博涉群書，尤精三禮，兼解音律
王士良	太原晉陽人	父延，蘭陵郡守	
皇甫璠	安定三水人	父和，本州治中	
蕭世怡		梁武帝弟鄱陽王恢子	幼而聰慧，頗涉經史
沉重	吳興武康人	弱歲而孤	及長，專心儒學，從師不遠千里，遂博覽群書，尤明詩、禮及左氏春秋
蔡大業	濟陽考城人	大寶少孤，而篤學不倦，善屬文	性寬恕，學涉經史，有將命材，屢充使詣闕
傅準	北地人	父誗，湘東王外兵參軍	準有文才，善詞賦。所著文集二十卷
岑善方	南陽棘陽人	父昶，散騎侍郎	善方有器局，博綜經史，善於辭令。文集十卷

（四）北朝太常卿文學化與教育、漢化的關係

　　總結教育情況，北朝太常卿文學化並非都有很高水平。北魏 45 人中有 14 人記載有作品流傳，約占 31%；若加上少卿，該比重降到 26%。北齊、北周分別爲 25%、38%。這裏估計是比較樂觀的。名望大者不多。門閥政治流行，包括太常卿在內的官員梯隊裏，多藉重門第而進階，學校教育流於形式。但官員文學化程度水平的上升無疑是漢化的映像，具有積極意義。

六、結論

　　北朝太常卿的遷轉，從前職升遷至太常卿具有一定趨勢性，折射出「平流進取」的政治惰性。該職務體現了一種過渡性，即向地方軍政長官或者中央權要職務的遷轉的過渡。任太常卿之前後有一個特色鮮明的群體，較多曾在要害任職的官員轉爲太常卿，或者由太常卿轉爲中央官員、刺史或者其它，也有例外存在。任太常卿之前後官員的身份擁有多重職官稱號，戎號泛濫，地方軍政權力合一，推知各個政權面臨較多的軍事威脅，文武在朝廷的地位可能較以前有變化。案例中的進階模式壓倒性的反映了「九品官人法」的客觀存在，皇族與地方士族佔據了相當比重。無論在個人品評、家學淵源上分

析，還是從當朝表奏、作品流傳來看，職官文學化的趨勢比較明顯，擔任太常卿一職，必須具備較高的文學水平。同樣，其它職官的文學化程度也相應得到提升，也反映了北朝政權的漢化進程。在北朝漢化的浪潮下，文學頁得到了快速的飛躍，並且在北朝後期達到了較高的程度，在以太常卿爲代表的職官系統的人員選拔上，也體現了這一點。這也是北朝後期社會文學風氣濃厚的具體表現之一。

第二節　北朝國子祭酒的遷轉及其文學化〔註15〕

十六國時期的中國北方不僅是經濟遭到了破壞，文化教育也受到嚴重影響。北朝時期，北魏實現了北方的統一，呈現出一派繁榮發展的局勢，尤其是北魏孝文帝改革之後，北方的社會政治經濟全面發展。治世重文治；亂世重武功。孝文帝推行漢化政策，在人才的選拔上大量起用漢族地主文人。所以在文化教育方面，作爲教育機構最高長官的國子祭酒，其任職人員多是漢氏有威望之人，只有一兩個是宗室貴族，並且擔任者必須具備很高的文學水平和文化素養。

國子祭酒是國子學的最高長官，國子學隸屬太學。經歷了動蕩的十六國時代的北方中國，到北朝時期，國子學的地位已然高於太學，北齊正式建立中央專門的教育機構——國子寺，作爲長官的國子祭酒也發生了變化。

總體來說，北朝雖不重視學校教育，但對國子祭酒一職還是相當重視的。通過對這個歷史時期國子祭酒任職人員的分析，從他們任此職前後的職官以及職官的職權，品級三個方面分析國子祭酒的遷轉規律。通過對任職人員身份和自身具備的素質來分析其文學化影響。

一、國子祭酒任前及任後官職的考察

北魏是「五省」制，即尚書、中書、門下、集書、秘書省，北齊沿襲魏制，北周也只是對秘書省做稍微的改動。也就是說整個北朝時期都是「五省」制，五省各有長官，各司其職。而只作爲教育機構長官的國子祭酒一職的遷轉與「五省」都有聯繫。下面是按照職官的分類，對任職者擔任國子祭酒的前任和後任職官以及將來職官的分別考察，來解析國子祭酒的遷轉規律。

〔註15〕本節與白雲燕合作。

（一）任職者擔任國子祭酒時的前任職官

針對與五省的關聯，擔任國子祭酒的前任職官按多寡也可分為四類：

第一是屬於集書省的諸官，有散騎常侍、通直散騎常侍、散騎侍郎。如北魏太和年間的劉芳兩次擔任國子祭酒，而在擔此職之前就曾任通直散騎常侍。還有北魏的鄭道昭、祖瑩、鄭伯猷、李業興等人也都擔任過散騎諸官，比重占 30%。北齊時期，武平年間，張雕也是在散騎常侍的職位上加國子祭酒。而天保初，崔劼在擔任國子祭酒之前兼通直散騎常侍。

第二是屬門下省的侍中和黃門侍郎，此類比重占 20%。北魏孫惠蔚「又兼黃門侍郎，遷中散大夫，仍兼黃門。久之，正黃門侍郎，代崔光為著作郎，才非文史，無所撰著，唯自披其傳注數行而已。遷國子祭酒、秘書監，仍知史事」。〔註16〕而同是宗室貴族的元延明、元略都是除侍中、領國子祭酒，如元略「即授侍中左衛將軍加車騎大將軍，尋遷驃騎大將軍儀同三司領國子祭酒，俄陟尚書令」。〔註17〕當然還有李琰之、曹升以及北齊的司馬膺之、杜臺卿都任職黃門郎。

第三是屬中書省的中書侍郎。此類中只有三人，他們是北魏的李琰之、北齊的崔劼、杜臺卿，比重占 10%。李琰之由國子博士轉中書侍郎，然後遷國子祭酒。崔劼以中書侍郎兼通直常侍的基礎上加國子祭酒。

第四是屬於秘書省下的秘書著作郎，也稱「大著作」。曹魏著作郎隸屬中書省，元康二年（292 年），晉惠帝認為「秘書既典文集」，著作郎應改屬秘書省，故稱「秘書著作」。後來，秘書「別自為省，而猶隸秘書」。〔註18〕任此職者有北魏的陽尼、孫惠蔚和北齊的杜臺卿，比重也是 10%。

當然除此四類外也有個例。有雖是南朝梁世宗氏因侯景之亂在北齊為官的蕭祗歷位太子少傅，領平陽王師，封清河郡公。齊天保初，授右光祿大夫，領國子祭酒。有以地方行政官職遷國子祭酒者，北齊的源彪以秦州刺史加儀同三司，而後徵領國子祭酒。還有一人身兼多職，如李琰之在任國子祭酒之前的官職是中書侍郎、司農少卿、黃門郎。杜臺卿「歷中書、黃門侍郎，兼大著作、修國史」。〔註19〕

〔註16〕《魏書》卷 84《孫惠蔚傳》，中華書局 1974 年版，1853 頁。
〔註17〕趙超：《漢魏南北朝墓誌彙編》，第 237 頁。
〔註18〕《晉書》卷 24《職官志》，中華書局 1974 年，第 725 頁。
〔註19〕《北齊書》卷 24《李琰之傳》，中華書局 1972 年版，第 347 頁。

　　分析北朝時期任職者擔任國子祭酒時的前任職官，可以看出國子祭酒一職的擔任與集書省和門下省的關聯較大，30%出自集書省，20%出自門下省，二者比重已佔了一半，這與二省的職能密不可分。

（二）任職者擔任國子祭酒時的職官及其後任職官

　　這一方面的研究大體可從五個方面分析：

　　第一是遷秘書監。很多人在擔任祭酒之後遷入秘書省，如北魏的鄭道昭、孫惠蔚、李琰之、祖瑩和北齊的崔劼、源彪。如孫惠蔚在擔任國子祭酒時因元顥之事免官，但後除秘書監。北齊的杜臺卿的後任職官是著作郎，當時此職亦隸屬於秘書省。

　　第二是授左右光祿大夫和金紫光祿大夫。其實把光祿大夫作為其後任職官研究並非妥當，因為針對不同人員分析，光祿大夫出現在國子祭酒的前任或後任，甚至在擔任國子祭酒時。但總體來說，因品級比國子祭酒高，任職者往往是擔任國子祭酒時或其後任職官時加上這一品級較高卻無實權的職官。《魏書》卷四十四中鄭伯猷在前廢帝初超授征東將軍、金紫光祿大夫，領國子祭酒，後除車騎將軍、右光祿大夫。《北齊書》卷四十四《馬敬德傳》中馬敬德「武平初，猶以師傅之恩，超拜國子祭酒，加儀同三司、金紫光祿大夫，領瀛州大中正」。〔註20〕除此外授予此職者還有崔光，北齊的蕭祗、司馬膺之。其中個例是韓子熙在擔任國子祭酒之時的前任職官就已授予此值職，劉芳之子劉廞前後任都加光祿大夫。

　　第三是授予將軍、大將軍之稱號。在北朝魏、周之際，軍號與散官的「雙授」一度成為「時尚」。〔註21〕尤其是北魏後期幾乎到了濫授的程度，所以擔任國子祭酒者雖不外出領兵打仗，但也有將軍之號，尤其是其後任職官常被授予驃騎將軍、車騎將軍等。《漢魏南北朝墓誌彙編》中皇族元延明、元略都是以驃騎大將軍領國子祭酒。唐耀的銘文中「孝昌中，為侍中尚書令車騎大將軍儀同三司左光祿大夫領國子祭酒」，「俄遷奉車都尉寧朔將軍」。〔註22〕此外，劉廞、韓子熙擔任國子祭酒後授予驃騎將軍，鄭伯猷是車騎將軍。散官與將軍號的「雙授」更混淆了文武職類，從制度上說都不正規，都非「常態」。

〔註20〕《北齊書》卷 44《馬敬德傳》，第 590 頁。

〔註21〕閻步克：《南北朝的散官發展與清濁異同》，《北京大學學報（哲學社會科學版）》2000 年第 2 期。

〔註22〕趙超：《漢魏南北朝墓誌彙編》，第 248 頁。

北齊統治者基於這種考慮，曾對「雙授」現象力加整飭。〔註23〕所以北齊時期，除邢邵在擔任國子祭酒之前授驃騎大將軍，其它任職人員無將軍號。

第四是加儀同三司、開府。西晉時期，二者是一種特殊的榮譽和權力，是方鎮大員、統兵將領羊祜這樣士族出身的將軍才能授予的。〔註24〕北魏、北齊時期，開府儀同三司雖已逐漸演化成為官號，但它仍然主要是將軍和左右光祿大夫的加官，不甚雜濫。此官是任職者在擔任國子祭酒時的加官，只是提高了榮譽和地位，並無什麼實際權力。崔光在領國子祭酒後，加儀同三司。上文提到的元延明、元略、唐耀也都加儀同三司，元延明更是加開府。北齊時期的張雕也是加國子祭酒，假儀同三司，待詔文林館，後除侍中，加開府。

第五是領州中正。南北朝時期，各州也置中正。《通典》說：中正「齊梁亦重，後魏有之；北齊郡縣皆有。本州中正，以京官爲之」。〔註25〕中正的主要任務是品評人物，照例 3 年一清定，即 3 年進行一次對全國人物品第的大調整。南北朝時期，各州也置中正。國子祭酒的職責也是爲國家培養和輸送人才，二者職責有相通之處，故常以國子祭酒兼領中正。如北魏的陽尼、祖瑩都曾以國子祭酒兼幽州中正，劉芳領徐州大中正，鄭道昭領滎陽中正，北齊的馬敬德以國子祭酒領瀛洲中正。

由以上分類，可以得知，任職在擔任國子祭酒時及以後的職官或是遷入秘書省，作秘書監，職權很高，這一比例爲 20%；或是加光祿大夫、將軍、開府儀同三司等諸散官，榮譽地位很高，其比重較大占 50%；同時與其職能相符，個別任職者會兼領一州中正，因是兼領，所以比重較小，爲 16.67%。當然還有其它個例如任太守、刺史等。

（三）任職者擔任國子祭酒後的將來職官的考察

北朝時期，任職者在擔任國子祭酒後，最差的仕途是免官或死於任上，未再作官。如陽尼因賄賂被免官。最好的仕途是或加散官以提高名譽地位，這是大多數任職者的道路。或遷中書令、太常卿，以提高權利，其比例較小，爲五分之一。而《北齊書》中邢邵「累遷太常卿、中書監，攝國子祭酒。是時朝臣多守一職，帶領二官甚少，邵頓居三職，並是文學之首，當世榮之」。

〔註23〕 閻步克：《周齊軍號散階制度異同論》，《歷史研究》1998 年第 2 期。
〔註24〕 黃惠賢：《中國政治制度通史》第 4 卷《魏晉南北朝》，第 425 頁。
〔註25〕 《通典》卷 32《職官・總論州佐》，第 286 頁。

〔註 26〕所以說在北朝教育雖不受重視，但國子祭酒一職對仕途的升遷有重要的階梯作用，尤其是對士族文人而言。

二、從職權方面分析國子祭酒任前、任後之官職

在傳統官僚等級架構中，存在著職事官、散官、勳官、爵號等等不同序列，它們各有其用，相輔相成。「勳以敍功」，這主要是指軍功；「爵以定崇卑」，古老的「爵」號為官僚身份塗抹上了貴族色彩；職事是帝國軍政的最基本單位，王朝對「有才有能」者，應該「隨其所堪，處以職位」；對才能欠優卻「有功有勞」者，則升遷其散官而已。〔註27〕

魏晉以降士族政治、門閥特權扭曲了官僚政治，「分官設職」更多地基於「優惠考慮」而非「效率考慮」，職事官之外委積繁衍出了五光十色的名號、散職，一人擁有多種頭銜屢見不鮮，由此而導致的職、官、名號的分離。「散官」是冗散無事之官，仍有員限，未能擺脫「職位」性質。「職事官」有職、有位、有權、有責，乃是真正的「文官」。北朝時期，諸將軍、諸大夫皆以為散職，而國子祭酒以其教學、薦人、整肅學風等職責貴為實職，但其擔任者也常被授予散官。下面就從散職和實職方面分析國子祭酒的遷轉變化。

（一）任職者擔任國子祭酒時的前任職官的職權分析

上文中我們已經分析任職者在擔任國子祭酒時的前任職官主要是集書省的諸散騎常侍、侍郎和門下省的黃門郎、侍中，以及中書省的中書侍郎兼秘書省的著作郎，這些都是實職。總結得出任職者的前任職官，從職權分析有三種情況：一種是都是實職，比重大約為 53.33%。如鄭道昭在擔任國子祭酒之前任通直散騎常侍、司徒諮議參軍，二者皆為實職。再者盧辯在擔任國子祭酒前「歷位給事黃門侍郎，領著作，加本州大中正」，〔註28〕其職官都是實職。二種是以實職加散職，必須有一實職，比重為三分之一。劉芳在第二次為官時，任國子祭酒之前為輔國將軍、太尉長史，前者為將軍號、散官，後者為實職。三種是任職者以勳官加散職或實職，有崔光、韓子熙、婁寶、劉志四人。如崔光以特進，封光博平縣開國公，以勳官加散職是。劉志「拜大

〔註26〕《北齊書》卷 36《邢邵傳》，第 477 頁。
〔註27〕閻步克：《品位與職位——秦漢魏晉南北朝官階制度研究》，中華書局 2002 年版，第 15 頁。
〔註28〕《北史》卷 30《盧辯傳》，第 453 頁。

丞相府墨曹參軍，封華陰縣男，邑二百戶。加大都督、撫軍將軍，轉中外府屬，」〔註29〕是以勳官加實職。

（二）任職者擔任國子祭酒時所兼其它職官的職權的分析

因爲國子祭酒本身就已是實職，所以與其前任職官分析一樣，都是實職，或是以實職加散職。如祖瑩以國子祭酒領給事黃門侍郎、幽州大中正，三者均是實職。《北齊書》中的馬敬德於武定初超拜國子祭酒，加儀同三司、金紫光祿大夫，領瀛洲大中正，以兩個實職加兩個散職。再如北周的盧誕「太祖又以誕儒宗學府，爲當世所推，乃拜國子祭酒。進車騎大將軍，儀同三司」，〔註30〕也是以實職加散職。

此階段任職者擔任國子祭酒以及當時所兼職官都是實職的占三分之二，以國子祭酒等實職加散職的比重爲三分之一。與其前任職官相比，散職的變化不大，職官都是實職的比重增加百分之十左右。可見擔任國子祭酒的任職者實際職權的擴大，進一步說明統治者對這一職官的重視，這對文人仕途的發展有重要幫助。而與其前任職官相比光祿大夫、儀同三司等散官的授予人數的增加，將軍號的授予人數相比減少，北齊將軍授予者更是沒有。因國子祭酒是教育機構的長官，其任職者多是士族文人大儒，所以說明其文學榮譽地位的逐步提高，文化素養水平提高。

（三）任職者擔任國子祭酒時的後任職官的職權分析

與上面兩種趨勢不同，其後任職官的職權有所變化：散官與實官的分離，即其後任職官都是散官或都是實職，二者不相雜。換種說法是一種是名譽地位的提高，一種是權力的擴大。如崔光擔任國子祭酒後任車騎大將軍、儀同三司，二者皆爲散職。此外還有唐耀、劉歊、鄭伯猷、韓子熙、司馬膺之都是以散官任，這一類在任職者中占20%。而劉芳、元延明、元略、李業興、李琰之、崔劼等人都是實職，這一類占53.33%多。像崔劼任祭酒後的職官是南青州刺史、秘書監。其中有一個例是崔勉，在擔任祭酒後除散騎常侍、征東將軍、金紫光祿大夫、定州大中正，實散皆有，但因其是兼祭酒一職，所以我認爲應不予考慮在內。

〔註29〕《周書》卷36《劉志傳》，第649頁。
〔註30〕《周書》卷45《盧誕傳》，第806頁。

通過對職權的分析，我們可以得出國子祭酒在職權方面的遷轉變化：國子祭酒一職使權利和名譽地位既分離又融合。它一方面使人獲得極高的榮譽地位，如任太常卿。北魏太常為上卿之首，又是「清官」，擁有極高威望的之人有皇帝任命才可。另一方面可以使人擁有極大的權利。遷秘書監既是「清官」，又是重要的實職，遷中書令更是為仕途發展鋪路。因為魏晉南北朝時期是「三公九卿」制向「三省六部」制過渡時期，無論是制度，還是權力，總之三省正逐步掌握實權。而把二者融為一體的便是北齊的邢邵，任太常卿、中書監、國子祭酒三職，為文學之首，世人榮之。所以說國子祭酒一職對文人仕途有較大的幫助，促進教育的發展，所任者皆文學大儒，使文人和統治者極為重視。

三、從品級的升降分析國子祭酒的遷轉

北魏太和中，孝文帝定《職令》。職令分職官為九品，每品又分正從兩等，正從又各分為上、中、下三階，則一品之中，分為兩等六階，九品則為 18 等 54 階。太和二十三年（499 年），孝文帝再定《職令》，宣武帝即位後頒行。這個職令仍分九品，每品均有正、從兩等，從正四品開始，每品正、從，又分上、下兩階。北齊襲魏制，似無上、下階之分。北周作九命之典，九命均為「正命」與「命」兩等，仍然是九品 18 班制之變名。〔註31〕

國子祭酒一職，在太和改制以前為右從第四品上，改制以後升為右從第三品。下面通過考察任職者在擔任國子祭酒時，以及之前之後的職官的品級，來分析國子祭酒的遷轉。

（一）任職者擔任國子祭酒時的前任職官的品級分析

由上文分析，我們已經知道，其前任職官多為散騎常侍、通直散騎常侍、黃門侍郎或是中書侍郎兼著作郎等這些實職，還有一些是將軍、光祿大夫、儀同三司等散職。通過介紹這些職官的品級來分析其前任職官的品級。首先，從實職方面說，散騎常侍為右從第三品，通直散騎常侍為右第四品。黃門侍郎初為右第三品中，「太和十八年降黃門秩，依魏晉舊事」，〔註32〕為右第四品。侍中為右第三品。中書侍郎為右第四品上階，著作郎為右從第五品。其它實職如諮議府參軍為右第四品。北齊的蕭祗的前任職官為太子少傅，其品

〔註31〕黃惠賢：《中國政治制度通史》第 4 卷《魏晉南北朝》，第 418 頁。

〔註32〕《魏書》卷 113《官氏志》，第 2995 頁。

級爲右第三品。馬敬德任職的國子博士爲右第五品。其次，從散職方面說，光祿大夫、特進、驃騎大將軍、車騎大將軍、衛將軍均爲右第二品，儀同三司爲右從第一品。因爲國子祭酒是從第四品上升爲從第三品，所以經過分析可以得出：從實職方面看，任職者由某職官遷爲國子祭酒的品級變化不大，多爲平遷。從散職方面看，任職者由某職官遷爲國子祭酒的品級變化較大，且散職品級都較高，所以爲降品。但散職沒有實權，只是一種加官，不是很重要。

　　由於上文已分析國子祭酒的前任職官有兩種爲都是實官或以實官加散官，加之對其品級的分析，我們可以得出國子祭酒必須具備一定的實際能力，因上文已得出任實職的比重是 53.33%，可見對任職者實際能力有很高的要求。或者具備很高的名望，散官的品級高正好說明這一點，其中任職者人數占三分之一，可見對其聲望也有一定的要求。

（二）任職者擔任國子祭酒時所兼其它職官的品級分析

　　這一類的分析與其前任職官的分析大體相同，其所兼其它職官多爲散職，但品級均較高，爲儀同三司、光祿大夫、大將軍等職。所兼實職有侍讀、州中正、黃門侍郎等。散職的品級上面都已說過，下面講一下實職的品級。中正的品級沒有祭酒高，諸州中正視從第五品，諸州大中正視第五品。黃門侍郎也爲第五品所。以說與其前任職官的品級分析，變化不大，散官品級較高，實官品級較低。但北齊的邢邵以太常卿、中書監，攝國子祭酒，可謂職權、品級都發展到頂峰，也是國子祭酒任職者發展的最高點。

（三）任職者擔任國子祭酒時的後任職官的品級分析

　　任職者擔任國子祭酒時的後任職官從職權方面分析都是實職或都是散職。首先從實職方面說，多爲遷秘書監或侍中，這一類比重占 50%。二者均爲右第三品，國子祭酒是右從第三品，所以是升品。另外，還有元延明的後任職官是大司馬，爲右第一品。元略的後任職官是尚書令，爲右第二品。二人均爲皇族，得以任顯職。當然也有降級的。如北齊的杜臺卿，任國子祭酒後除著作郎，其品級爲從第五品，比之祭酒要低。其次從散職方面講，其散職有從一品的儀同三司，有品級爲第二品的驃騎將軍、車騎將軍、衛將軍、左右光祿大夫，有從二品的金紫光祿大夫，這一類比重占 20%。可以看出，雖然在散職方面變化不大，但從實職方面，其品級正不斷提高，直至以後的中書監、太常卿。雖也有降級，但它說明了國子祭酒的遷轉的總體趨勢。

通過從品級方面分析國子祭酒的遷轉，我們得出結論：國子祭酒任職者均加有品級較高的散職，雖無實權，但有極高的榮譽地位，如儀同三司、特進。從實職方面則大多數是按部就班的升遷，最終逐步擴大實權，掌握更重要的權力。如遷中書令、中書監。所以說凡任職國子祭酒者均具有極高威望、地位。因國子祭酒是教育機構的長官，爲國家培養和輸送人才，敦化民風，所以他必須具有較高的文化水平、道德素養，才能履行其職責。所以下面將要對國子祭酒任職者具備的具體條件進行分析，也就是對國子祭酒的文學化研究。

四、國子祭酒的文學化研究

如前所述，國子祭酒一般選任具有極高威望或較高文化水平的人擔任。下面則從國子祭酒的職能與文學的關係、任職者的家世及個人狀況方面分析國子祭酒的文學化。

（一）國子祭酒的職能與文學的關係

北朝史料中對於國子祭酒的職能沒有明確的記載，但我們可以通過任職者的活動總結出其職能。

1、講經授課、培養選拔人才的教育職能

北魏教育的核心是儒學，其特點是以經術爲先，皇帝們紛紛帶頭尊孔學經，所以講經的任務落在了作爲國家最高教育機構長官的國子祭酒的肩上。北魏的劉芳擔任國子祭酒後，「咸陽王禧等奉申遺旨，令芳入授世宗經」。〔註33〕崔光擔任國子祭酒後「太師、高陽王雍等奏舉光授肅宗經」。〔註34〕這既符合孝文帝的漢化政策，又促進了教育的發展。他們還兼有給國家輸送人才的職能，這就能整體上提高了官僚階層的文學水平。許多國子祭酒任職者也兼任中正一職，這也爲國家選拔和推薦人才。

2、整肅學風

北魏的鄭道昭遷國子祭酒後，就官學管理無章可依、無法可循的狀況，上表要求朝廷施行學令，使選授有依，生徒可準，「臣竊以爲：崇治之道，必也須才；養才之要，莫先於學。今國子學堂房粗置，弦誦闕爾。城南太學，漢魏《石經》，丘墟殘毀，藜藋蕪穢。遊兒牧豎，爲之歎息；有情之輩，實亦

〔註33〕《魏書》卷55《劉芳傳》，第1221頁。
〔註34〕《魏書》卷67《崔光傳》，第1492頁。

悼心；況臣親司，而不言露。伏願天慈回神紆眄，賜垂鑒察。若臣微意，萬一合允，求重敕尚書、門下，考論營制之模，則五雍可翹立而興，毀銘可不日而就。樹舊經於帝京，播茂範於不朽。斯有天下者之美業也」。〔註35〕北魏的劉芳爲國子祭酒，上表力主開設四門小學，朝廷從之。

　　還有個別職能如議禮的職責。崔勉「尋除安南將軍、光祿大夫、兼國子祭酒，典儀注」。〔註36〕

　　國子祭酒的職能和文學是密不可分的。首先，擔任者必須具備很高的文學水平，這樣他才能更好發揮其傳授知識和選拔的職能。其次，因爲是以儒家學說爲教材，所以被培養與選拔之人的文學素養也是很高的，他們幾乎可以免試入官，這就在整體上提高了官僚的文化水平，體現了「職官文學化」的發展趨勢。

（二）從家世門第方面分析國子祭酒的的文學化

　　就時代背景而言，門閥士族占統治地位的魏晉南北朝，家世門第是選官的主要條件之一，名門望族更容易被選任。北朝雖多爲少數民族建立的政權，重軍功不重家世。但自孝文帝改革實行漢化政策以來，爲積極籠絡漢族地主，在選官方面不得不優先考慮家世門第。統治者重視漢文化，而國子祭酒作爲教育機構，更是擔有漢化的重任。所以大多數國子祭酒由士族文人擔任，既達到了漢化的目的，又籠絡了漢族地主，鞏固統治。下面爲說明國子祭酒任職者的家世問題，將其任職者的籍貫、家世等情況列表如下：

人　物	祖　籍	家世及父祖官位	資料來源
陽尼	北平無終人		《魏書》卷七二《陽尼傳》
劉芳	彭城人	祖該，劉義隆征虜將軍、青徐二州刺史。父邕，劉駿兗州長史	《魏書》卷五五《劉芳傳》
鄭道昭	滎陽開封人	父義，北魏秘書監	《魏書》卷五六《鄭義傳》
崔光	東清河鄃人	父靈延，劉駿龍驤將軍、長廣太守，與劉彧冀州刺史崔道固共拒國軍	《魏書》卷六七《崔光傳》
孫惠蔚	武邑武遂人	六世祖道恭爲晉長秋卿	《魏書》卷八四《孫惠蔚傳》

〔註35〕《魏書》卷56《鄭義傳》，第1240～1241頁。
〔註36〕《魏書》卷57《崔挺傳》，第1269頁。

元延明	河南洛陽熙寧里	高宗文成皇帝之孫，顯祖獻文皇帝季弟，安豐王之長子，高祖孝文皇帝從父昆弟	《漢魏南北朝墓誌彙編》
王翊	琅邪臨沂人	祖奐，齊雍州刺史	《北史》卷四二《王肅傳》
元略	河南洛陽都鄉照文裏人	大魏景穆皇帝之曾孫，南安惠王之孫，司徒公中山獻武王之第四子	《漢魏南北朝墓誌彙編》
唐耀	魯郡鄒人	始祖伊祁之苗裔，周大將軍唐莊之胄，漢司空公子眞之後	《漢魏南北朝墓誌彙編》
李琰之	隴西狄道人	族兄司空韶，從父司空沖雅	《魏書》卷八二《李琰之傳》
祖瑩	范陽遒人	祖嶷，進爵爲侯，位馮翊太守。父季眞，位中書侍郎	《魏書》卷八二《祖瑩傳》
劉廞	彭城人	父芳爲太常卿，兄懌爲宰輔	《魏書》卷五五《劉芳傳》
鄭伯猷	滎陽開封人	祖羲，北魏秘書監，父胤伯自中書博士遷侍郎，轉司空長史	《魏書》卷五六《鄭羲傳》
崔勔	博陵安平人	父孝芬，北魏車騎大將軍、左光祿大夫，仍尚書。後加儀同三司、兼吏部尚書	《魏書》卷五七《崔挺傳》
曹升	北海人		《魏書》卷七九《曹升傳》
韓子熙	昌黎棘城人	祖麒麟，北魏冠軍將軍、齊州刺史，假魏昌侯，父興宗，爲北魏秘書中散	《魏書》卷六十《韓麒麟傳》
婁寶	代人	祖大拔，封鉅鹿子	《北史》卷十二《樓伏連附曾孫寶傳》
盧辯	范陽涿人	兄景欲曾爲中書郎、國子博士	《北史》卷三十《盧同附景裕弟辯傳》
劉志	弘農華陰人	祖善，魏弘農郡守、北雍州刺史。父瑰，汝南郡守，贈徐州刺史	《周書》卷三六《劉志傳》
李業興	上黨長子人	父玄紀，並以儒學舉孝廉	《魏書》卷八四《李業興傳》
蕭祗	建鄴人	梁武弟南平王偉之子	《北齊書》卷三三《蕭祗傳》
盧誕	范陽涿人	曾祖晏，博學，善隸書，有名於世。祖壽，太子洗馬；後入魏爲魯郡守	《北史》卷三十《盧誕傳》

李希仁	趙郡平棘人	父憲，魏揚州刺史。兄希宗，中外府長史	《魏書》卷三六《李順傳》
崔劼	東清河郡人	祖靈延，宋長廣太守。父光，魏太保	《北齊書》卷四二《崔劼傳》
邢邵	河間鄭人	魏太常貞之後。父虯，魏光祿卿	《北齊書》卷三六《邢邵傳》
司馬膺之	河內溫人	叔父，東魏尚書左僕射。兄，潁州刺史	《北史》卷五四《司馬子如附兄子膺之傳》
馬敬德	河間人		《北齊書》卷四四《馬敬德轉》
源彪	西平樂都人	父子恭，魏中書監、司空，文獻公	《北齊書》卷四三《源彪傳》
張雕	中山北平人		《北齊書》卷四四《張雕傳》
杜臺卿	中山曲陽人	父弼，魏膠州刺史	《北齊書》卷二四《杜臺卿傳》

從上表可知，北朝國子祭酒的任職者的出身狀況大可分爲四類：

第一種是出身於名家大姓，他們是以官宦爲標識，以文化爲特徵，且比重較大，爲 53.33%。如有彭城劉氏、博陵崔氏、清河崔氏、榮陽鄭氏、趙郡李氏、隴西李氏、范陽盧氏、中山杜氏等，這其中也包含了北朝時期最爲著名的「崔盧李鄭」四大家族。這些任職者的家族具有高度文化素養和深刻的社會影響力，而任職者本身又具有較高的文化素養和政治才幹，這正符合國子祭酒的職能需要，所以這一類任職者的比重很大。

第二種是出身於普通的官宦家庭，其中包括祖瑩、婁寶、劉志、李業興、司馬膺之、源彪 6 人，占比重 20%。雖然這些人的父祖或兄也有在朝爲官的，但還不能稱之爲名家大姓，因爲他們沒有雄厚的土著根基，沒有深刻的社會影響力。但他們具備很高的文化素養，這樣就可以擔任國子祭酒一職，因爲國子祭酒的一大職能是爲國家教育培養人才。上述六人無一不是聰穎好學、博列群書之人，而父兄在朝爲官又爲他們進入仕途奠定了基礎。

第三種是皇室宗室，有北魏的皇族元延明、元略和在北齊爲官的南朝皇族蕭祗，占十分之一比重。北魏孝文帝實行漢化政策後，皆要求皇室成員學習漢族文化，所以二元的文化素養應該是很高的。例如元延明「博見多聞，少耽文雅，強於記錄，其詩賦銘誄，咸頌書奏，凡三百餘篇，著五經宗略，詩禮別義，註帝王世紀，及列仙傳，合一百卷，大行於世」〔註37〕蕭祗是因

〔註37〕趙超：《漢魏南北朝墓誌彙編》，第 254 頁。

侯景之亂而來北方做官的，擔任過太子少傅、國子祭酒等職，後死於北方。他本是南朝漢族皇室成員，其道德文化素養自不在話下，足以勝任國子祭酒一職。

第四種是當代儒學之士，有陽尼、孫惠蔚、曹升、馬敬德、張雕，占18.33%。他們雖沒有家族門第做後盾，亦沒有在朝中做官的父兄，但他們依靠自己的努力，勤奮好學，博通古籍，是自己具備很高的文學素養，成為當時著名的儒學之士。以至於被統治者重視而進入仕途，擔任國子祭酒等職官。如孫惠蔚「魏初已來，儒生寒官，惠蔚最為顯達」。〔註38〕再如張雕「家世貧賤，而慷慨有志節，雅好古學。精力絕人，負篋從師，不遠千里。遍通《五經》，尤明《三傳》，弟子遠方就業者以百數，諸儒服其強辨」。〔註39〕

通過以上四種分類，我們可以發現一個共同點，那就是國子祭酒的擔任者都有很高的文化水平和文學素養，無論是皇室世族還是普通的學者。這既符合國子祭酒的職能需要，又體現了職官對於文學水平的需要。

（三）從任職者的個人素質方面分析國子祭酒的文學化

北朝國子祭酒一般用學問較好的文人擔任，他們多是「博學多通」之士，下面以列表的形式表明：

人 物	個人情況	資料來源
陽尼	「少好學，博通群籍，與上谷侯天護、頓丘李彪同志齊名」。以學藝文雅為秘書著作郎，碩學博識，舉為國子祭酒，後免官。「有書數千卷，所造《字釋》數十篇」	《魏書》卷七二《陽尼傳》
劉芳	芳「聰敏過人，篤志墳典，著《窮通論》」，「才思深敏，特精經義，博聞強記，兼覽《蒼》、《雅》，尤長音訓，辨析無疑」	《魏書》卷五五《劉芳傳》
鄭道昭	「少而好學，綜覽群言」，道昭「好為詩賦，凡數十篇」。歷中書學生，遷秘書郎，拜主文中散、中書郎，任國子祭酒，後遷秘書監	《魏書》卷五六《鄭羲傳》
崔光	「家貧好學，晝耕夜誦，傭書以養父母」，參撰國書，「巡方省察，所經述敘古事，因而賦詩三十八篇」，光以德報怨，歷任中書博士、侍郎、著作郎，修國史。後遷中書監，封光博平縣開國公，領國子祭酒	《魏書》卷六七《崔光傳》

〔註38〕《魏書》卷84《孫惠蔚傳》，第1854頁。
〔註39〕《北齊書》卷44《張雕傳》，第594頁。

孫惠蔚	惠蔚年十三，粗通《詩》、《書》及《孝經》、《論語》；十八，師董道季講《易》；十九，師程玄讀《禮經》及《春秋》三《傳》。周流儒肆，有名於冀方	《魏書》卷八四《孫惠蔚傳》
元延明	「博見多聞，少耽文雅，強於記錄，其詩賦銘誄，咸頌書奏，凡三百餘篇，著五經宗略，詩禮別義，注帝皇世紀，及列仙傳，合一百卷，大行於世」	《漢魏南北朝墓誌彙編》
王翊	「風神秀立，好學有文才。位中書侍郎，頗銳於榮利」	《北史》卷四二《王肅傳》
元略	「高朗幼標，令問夙遠。如璧之質，處琳琅以先奇；維國之楨，排山川而獨。遊志儒林，宅心仁苑，禮窮訓則，義周物軌，信等脫劍，惠深贈紵，器博公琰」	《漢魏南北朝墓誌彙編》
唐耀	聰慧自然，機穎天發，文蔡珠琬，韻等金球	《漢魏南北朝墓誌彙編》
李琰之	「早有盛名，時人號曰神童」，歷任國子博士、中書侍郎、司農少卿、黃門郎，修國史，後遷國子祭酒，秘書監、太常卿，「少機警，善談，經史百家無所不覽」	《魏書》卷八二《李琰之傳》
祖瑩	「瑩年八歲，能誦《詩》、《書》；十二，為中書學生。好學耽書，以晝繼夜」，以才名拜太學博士，以文學見重，其文集行於世	《魏書》卷八二《祖瑩傳》
劉廞	「好學強立，善事當世」，歷尚書郎、太尉屬、中書侍郎、國子祭酒，「出帝於顯陽殿講孝經，廞為執經，雖訓答論難未能精盡，而風采音制足有可觀」	《魏書》卷五五《劉芳傳》
鄭伯猷	伯猷「博學有文才，早知名」，「與當時名勝，咸申遊款。蕭宗釋奠，詔伯猷錄義」	《魏書》卷五六《鄭羲傳》
崔勉	勉「頗涉史傳，有几案才」，初為太學博士，後任諮議府參軍、兼國子祭酒，官至散騎常侍、定州大周正等	《魏書》卷五七《崔挺傳》
曹升	以學識清立見知，歷治書侍御史、黃門郎、散騎常侍。出帝世，國子祭酒	《魏書》卷七九《曹升傳》
韓子熙	「少自修整，頗有學識，弱冠，未能自通」，撰《顯忠錄》，兩次任著作郎，封歷城縣開國子，後衛侍中、國子祭酒	《魏書》卷六十《韓麒麟傳》
婁寶	「性淳樸，好讀書」，歷著作郎，監修國史事，後授祭酒、太子少傅	《北史》卷十二《樓伏連附曾孫寶傳》

盧辯	少好學，博通經籍，注《大戴禮》，「周文帝以辯有儒術，甚禮之，朝廷大議，常召顧問。遷太子少保，領國子祭酒」	《北史》卷三十《盧同附景裕弟辯傳》
劉志	「少好學，博涉群書，植性方重，兼有武略。魏正光中，以明經徵拜國子助教」，「世宗雅愛儒學，特欽重之，事無大小，咸委於志」	《周書》卷三六《劉志傳》
李業興	「業興少耿介。志學精力，負帙從師，不憚勤苦。耽思章句，好覽異說。」「後乃博涉百家，圖緯、風角、天文、占候無不詳練，尤長算曆」，後成《戊子曆》，愛好墳籍，鳩集不已，手自補治，躬加題帖，其家所有，垂將萬卷	《魏書》卷八四《李業興傳》
蕭祇	少聰敏，美容儀，「歷位太子少傅，領平陽王師，封清河郡公」，後授右光祿大夫，領國子祭酒	《北齊書》卷三三《蕭祇傳》
盧誕	幼而通亮，博學，有詞采，周文帝又以誕儒宗學府，爲當世所推，乃拜國子祭酒	《北史》卷三十《盧誕傳》
崔劼	劼少而清虛寡欲，好學有家風，歷尙書儀曹郎、秘書丞，修起居注，中書侍郎、國子祭酒，後「除中書令，加開府，待詔文林館，監撰新書」	《北齊書》卷四二《崔劼傳》
邢邵	十歲便能屬文，雅有才思，聰明強記，日誦萬餘言，後「廣尋經史，五行俱下，一覽便記，無所遺忘。文章典麗，既贍且速」，博覽墳籍，無不通曉，晚年尤以《五經》章句爲意，窮其指要	《北齊書》卷三六《邢邵傳》
司馬膺之	美鬚髯，有風貌，好學，厚自封植，神氣甚高。歷中書、黃門侍郎，膺之及諸弟並有人才	《北史》卷五四《司馬子如附兄子膺之傳》
馬敬德	「少好儒術，負笈隨大儒徐遵明學《詩》、《禮》，略通大義而不能精。遂留意於《春秋左氏》，沉思研求，晝夜不倦，解義爲諸儒所稱。教授於燕、趙間，生徒隨之者眾。」	《北齊書》卷四四《馬敬德轉》
源彪	文宗學涉機警，少有名譽。後爲涇州刺史。「文宗以恩信待物，甚得邊境之和，爲鄰人所欽服」。後領國子祭酒，遷秘書監	《北齊書》卷四三《源彪傳》
張雕	「家世貧賤，而慷慨有志節，雅好古學。遍通《五經》，尤明《三傳》，弟子遠方就業者以百數，諸儒服其強辨」。魏末，以明經召入霸府	《北齊書》卷四四《張雕傳》
杜臺卿	臺卿文筆尤工，見稱當世。「歷中書、黃門侍郎，兼大著作、修國史。武平末，國子祭酒，領尙書左丞」。隋徵爲著作郎	《北齊書》卷二四《杜臺卿傳》

　　從表中可以看出彭城劉芳、劉欽、清河崔光、博陵崔勔、洛陽元延明、河間邢邵等人皆是高門士族中有才能者，這些人可謂博學多識。他們不僅爲當時培養了不少對國家有用的棟樑之才，也爲後世留下不少傳世詩篇佳作。如「北地三才」之一的邢邵爲後世留下不少詩篇，有《思公子》《七夕》《應詔甘露》等。還有北魏的李業興造《甲子元曆》《九宮行棋曆》，爲後代曆法作出了重要貢獻。

　　通過上面兩方面的分析，我們可以看出，國子祭酒的任職者多爲家世好的或博學多識之士，兩者兼有則更好，以完成其職能。但隨著門閥士族的衰落，國子祭酒的選任也以重門第向重德才轉變，如北齊的馬敬德、源彪都不是高門望族，無父任官，只是依靠自己的努力，成爲著名的儒學之士，得任國子祭酒。這也說明任職者首先必須具備很高的文學水平，正體現了職官文學化的發展趨勢，爲隋唐科舉取士的發展奠定了基礎。

人　物	年　代	前任官職	國子祭酒時官職	後任官職
陽尼	太和六年	【職事官】秘書著作郎（第五品上）	國子祭酒（第四品上）幽州中正	後免官
劉芳	494 年（太和十七年）	【職事官】通直散騎常侍（第四品中）	國子祭酒	去官。世宗時遷中書令，祭酒如故，後轉太常卿。
	499 年（太和二十二年）	【散官】輔國將軍（第三品上）、【職事官】太尉長史	【職事官】散騎常侍（第二品下）、國子祭酒、【職事官】徐州大中正	【職事官】侍中（第二品上）
鄭道昭	503 年（景泰三年）	【職事官】通直散騎常侍、司徒諮議參軍（第四品）	國子祭酒（從第三品）	【職事官】秘書監（第三品）、【職事官】榮陽邑中正
崔光	511 年（永平四年）	【散官】特進（第二品）、（封）光博平縣開國公	國子祭酒	【散官】車騎大將軍、【散官】儀同三司（從一品）
孫惠蔚	511 年（永平四年）	【職事官】黃門侍郎（第三品中）、【職事官】著作郎（從第五品）	國子祭酒、【職事官】秘書監（第三品）	（封）棗強縣開國男
元延明	516 年	【散官】鎮南將軍、【職事官】侍中（第三品）	【散官】衛將軍（第二品）、【職事官】侍中，（領）國子祭酒	【職事官】（兼）尚書右僕射（從一品中）

	528 年	徐州刺史、【職事官】（第三品）、【散官】驃騎大將軍（第二品）、【散官】儀同三司（從一品）	侍中、驃騎大將軍、開府儀同三司、（領）國子祭酒、【職事官】尚書令（從一品中）	【職事官】大司馬（右第一品）
王翊	523 年	【職事官】中書侍郎（第四品上）濟州刺史	【職事官】散騎常侍（從第三品）、【散官】金紫光祿大夫（從二品），國子祭酒	
元略	525 年	【職事官】侍中（第三品）、【散官】左衛將軍（從二品上）、（加）【散官】車騎大將軍（第二品）	【散官】驃騎大將軍（第二品）、【散官】儀同三司（從一品）、（領）國子祭酒	【職事官】尚書令（第二品）
唐耀	526 年（孝昌中）	十數年中，闔門觀書，不交世務	【職事官】尚書令、【散官】車騎大將軍右（第二品）、【散官】儀同三司（從一品）、【散官】左光祿大夫（第二品）、國子祭酒	【散官】奉車都尉（從五品）、【散官】寧朔將軍（從四品）
李琰之	526 年（孝昌中）	【職事官】中書侍郎（第四品上）、司農少卿、黃門郎	國子祭酒	【職事官】秘書監（第三品）、（兼）【職事官】七兵尚書，後遷太常卿
祖瑩	527 年	【職事官】散騎侍郎（從五品）	國子祭酒、（領）【職事官】給事黃門侍郎（第三品中）【職事官】幽州大中正	（元顥入洛）【職事官】殿中尚書
劉廞	528 年	【散官】光祿大夫（第二品）、【散官】安南將軍	國子祭酒	【散官】驃騎將軍、【散官】左光祿大夫（第二品）
鄭伯猷	531 年（普泰元年）	【職事官】散騎常侍（從三品）【散官】平東將軍	【散官】征東將軍、【散官】金紫光祿大夫（從二品）、國子祭酒	【散官】車騎將軍、【散官】右光祿大夫（第二品）

崔勔	531 年（普泰中）	【職事官】尚書右中兵郎中、【職事官】（兼）尚書左丞（從四品）	【散官】光祿大夫（第二品）、（兼）國子祭酒	【職事官】散騎常侍（從三品）、【散官】金紫光祿大夫（從二品）【職事官】定州大中正
曹升	532 年	【職事官】黃門郎、散騎常侍（從三品）	國子祭酒	
韓子熙	534 年（天平初）	（封）歷城縣開國子、【散官】衛將軍（第三品）、【散官】右光祿大夫（第二品）	【職事官】侍讀、國子祭酒	【散官】驃騎將軍、【散官】衛大將軍（第二品）
婁寶	535 年（大統元年）	【職事官】著作郎（從第五品）、封平城縣子	國子祭酒、侍中，儀同三司，（兼）【職事官】太子少傅（第三品）	
盧辯	537 年	【職事官】給事黃門侍郎（第四品），【職事官】著作郎（從五品），范陽大中正	【職事官】太子少保（右六卿），（領）國子祭酒	【職事官】太常卿（右三卿）、太子少傅（右六卿），轉少師
劉志	537 年（大統三年）	大丞相府墨曹參軍、封華陰縣男、（加）大都督、撫軍將軍，（轉）中外府屬	國子祭酒	幕府司錄
李業興	543 年（武定元年）	【職事官】侍讀、【職事官】（兼）散騎常侍（從三品）、【散官】中軍大將軍	國子祭酒、【職事官】（仍）侍讀	【職事官】太原太守
蕭祗	550 年（天保初）	【職事官】太子少傅（第三品）	【散官】右光祿大夫（第二品）、（領）國子祭酒	
盧誕	552	【散官】征東將軍、【職事官】散騎常侍（從三品）	國子祭酒，【散官】車騎大將軍、儀同三司（從一品）	【職事官】秘書監（第三品）
李希仁	549 年（武定末）		國子祭酒、（兼）【職事官】給事黃門侍郎（第三品中）	

崔劼	550 年（天保初）	【職事官】中書侍郎（第四品上）、【職事官】（兼）通直散騎常侍（從五品）	【職事官】給事黃門侍郎（第三品中）、（加）國子祭酒	【職事官】南青州刺史、【職事官】秘書監（第三品）
邢邵	557 年	【散官】驃騎大將軍、【職事官】西兗州刺史	【職事官】太常卿、【職事官】中書監（從二品），（攝）國子祭酒	【散官】特近
司馬膺之	560 年	【職事官】黃門侍郎（第四品）	國子祭酒	【散官】金紫光祿大夫（從二品）
馬敬德	570 年（武平初）	【職事官】國子博士（第五品）	國子祭酒，【散官】儀同三司（從一品）、【散官】金紫光祿大夫（從二品）、【職事官】（領）瀛州大中正	
源彪	571 年（武平二年）	【職事官】秦州刺史、【散官】儀同三司（從第一品）	國子祭酒	【職事官】秘書監（第三品）
張雕	572 年（武平三年）	【職事官】侍讀，【職事官】散騎常侍（從三品）	（加）國子祭酒、【散官】（假）儀同三司（從一品）	【職事官】侍中（第三品）
杜臺卿	576 年（武平末）	【職事官】中書、黃門侍郎，（兼）大著作（第四品上）	國子祭酒，【職事官】（領）尚書左丞（從四品）	【職事官】著作郎（從五品）

第三章　北朝文士群體研究

第一節　北魏在南皇族考

　　北魏是北朝第一個王朝，是繼前秦第二次統一北中國的少數民族王朝。前秦淝水敗後，東晉乘機收復了黃河以南的大片領土。北魏建立時，並未同東晉接壤。395 年參合陂大敗後燕之後，陸續攻佔了今河北境內的大片土地，最南到達鄴城。這時才與東晉在今河南地區接界。劉裕滅南燕和後秦，使北魏最終於 417 年同東晉全面對峙，但隨即是與宋、齊、梁的先後對峙，直到分裂爲東、西魏。在兩國對峙的情況下，一方的人由於不同的原因跑到對方境內，在歷史上屢見不鮮。但這些人很少被注意，故本人對北魏到南方的皇族作些許分析，試述拙見於後，以就教於方家。

一、北魏皇族到南方的時間和原因

　　本人翻檢《魏書》、《北史》、《梁書》和《南史》，發現史書中明確記載的北魏到南方的皇族有 22 人，且全部爲道武帝的後代。這些人到達南方的時間先後不一，並且原因也不盡相同，待遇與結局也有差別。爲了作細緻的分析，下面分幾個小部分加以闡述。

（一）到達南方的時間

1、元翼兄弟

　　《梁書》卷二《武帝中》：「（天監四年）三月癸未·魏宣武帝從弟翼率其諸弟來降。」天監四年爲 505 年。《魏書》卷二十一《咸陽王椿傳子翼附傳》：「翼乃與弟昌、曄奔於蕭衍。」當在此時。元樹，《梁書》本傳云在天監八年。

（509 年），其子元貞當亦同來。「翼弟顯和，昌弟樹，後亦奔於衍」。〔註1〕
元顯和似與元樹同時到江南。

2、東平王元略

史書沒有明確記載其人梁時間。據《魏書》卷十九下《南安王楨傳孫略
附傳》及卷九《肅宗紀》所載分析，應是在524～575 年間到達江南（在元法
僧入梁前）。

3、元法僧及子景隆、景仲

「（普通元年正月）庚申，魏鎮東將軍、徐州刺史元法僧以彭城內附」。
〔註2〕普通元年為525 年。二子亦同來。

4、元稚及子元善

「又庶長子稚，……又死之後，遂亡奔蕭衍」。〔註3〕又死於525 年，稚
當於此年到梁。元善「少隨父至江南」。〔註4〕

5、元慶和

「大通元年，冬十月庚戌，魏東豫州刺史元慶和以渦陽內屬」。〔註5〕大
通元年為527 年。

6、元願達

「（大通二年）夏四月辛丑，魏郢州刺史元願達以義陽內屬」。〔註6〕《魏
書》敘此事前接汝南王悅等三王，而《梁書》行文三王反在其後，蓋因郢研
接梁境，故願達入梁在前。

7、汝南王悅及子潁、北海王顥及子冠受：臨淮王彧

《魏書》卷十《孝莊帝紀》：「（建義元年夏四月）是月，汝南王悅、北海王
顥、臨淮王彧前後奔蕭衍。」「前後」二字，指三王來南的先後順序為汝南王悅、
北海王顥、臨淮王彧。建義元年為528 年。元悅子潁「與父俱奔梁」。〔註7〕元
冠受，「顥以事意不諧，遂與子冠受率左右奔於蕭衍」。〔註8〕冠受與父元顥同來。

〔註1〕《魏書》卷21《咸陽王禧傳子翼附傳》，第540 頁。
〔註2〕《梁書》卷3《武帝下》，第69 頁。
〔註3〕《魏書》卷16《京兆王黎傳叉附傳》，第408 頁。
〔註4〕《北史》卷16《京兆王黎傳叉孫善附傳》，第599 頁。
〔註5〕《梁書》卷3《武帝下》，第71 頁。
〔註6〕同上書，第72 頁。
〔註7〕《北史》卷19《汝南王悅傳》，第719 頁。
〔註8〕《魏書》卷21上《北海平王詳傳子顥附傳》，第565 頁。

8、安豐王廷明

「顯敗，（延明）遂將妻子奔蕭衍」。〔註9〕元顥入洛到失敗僅數月，俱在529 年。

9、潁川郡王斌之

「（孝武）帝入關，斌之奔蕭衍」。〔註10〕孝武入關在 534 年。斌之入梁亦在此年。

10、元羅

「（大同元年十一月）魏梁州刺史元羅降」。〔註11〕大同元年爲 535 年。

（二）到江南的原因

這些人都到了江南，但是原因卻不盡相同，試析之，有如下幾種：

1、因「家難」而南奔江南

「家難」亦即「家禍」。元翼兄弟五人，其父咸陽王禧是孝文長弟，受到孝文重用，並於孝文死後受遺詔輔政。世宗親政，謀反放賜死。其子翼「後會赦，詣闕上書，求葬其父，頻年泣請，世宗不許」。〔註12〕元翼兄弟的怨恨之情是可想而知的，「翼乃與弟昌、嘩奔於蕭衍」。〔註13〕元樹到江南的原因，用他的話是：「我往因家難，不能死之，寄食江湖，受到爵命」。〔註14〕一片感慨。東平王略與兄中山王熙並爲清河王懌親信，元叉殺元懌，中山王熙起兵失敗，與三子同時遇害，故略潛行到江南。「雖在江南，自以家禍，晨夜哭泣，身若居喪」。〔註15〕元稚在「叉死之後，遂亡奔蕭衍」。〔註16〕亦爲「家難」。

2、因避亂或避禍而來江南

元願達到南在大通二年（528 年）四月。這月，尒朱榮大殺皇室，致局動蕩，故元願達爲避戰禍，恰逢梁北伐，就投降了，汝南王悅「聞（尒朱）榮肆毒於河陰，遂南奔蕭衍」。〔註17〕北海王顥開始被任爲相州刺史抵禦葛

〔註 9〕《魏書》卷 20《安豐王猛傳子延明附傳》，第 530 頁。
〔註 10〕《魏書》卷 20《安樂王長樂傳孫斌之附傳》，第 526 頁。
〔註 11〕《梁書》卷 3《武帝紀下》，第 79 頁。
〔註 12〕《魏書》卷 21《咸陽王禧傳子翼附傳》，第 540 頁。
〔註 13〕同上。
〔註 14〕《北史》卷 19《咸陽王禧傳子坦附傳》，第 693 頁。
〔註 15〕《魏書）卷 19 下《南安王楨傳孫略附傳》，第 506 頁。
〔註 16〕《北史》卷 16《京兆王黎傳叉附傳》，第 408 頁。
〔註 17〕《魏書》卷 22《汝南王悅傳》，第 593 頁。

榮。他北上時正值尒朱榮入洛陽，「顥以葛榮南侵，尒朱縱害，遂盤桓顧望，圖自安之策……以事意不諧，遂與子冠受率左右奔於蕭衍」。〔註 18〕臨淮王或爲東道行臺抵禦蕭衍。「會尒朱榮入洛，殺害元氏。或撫膺慟哭，遂奔蕭衍」〔註 19〕。穎川郡王元斌之，「出帝時……委以腹心之任。帝入關，斌之奔蕭衍」。〔註 20〕出帝即孝武帝，與高歡不和。斌之爲出帝腹心，恐遭不測，故南奔。

3、在政治上背叛了現政權，已無立足之地者

元法僧爲元叉親信，被任爲東徐州刺史。524 年六鎮起義開始。「法僧遂據鑲稱帝，誅鋤異己，立諸子爲王，欲議匡復。既而魏亂稍定，將討法僧。法僧懼，乃遣使歸款，請爲附庸」。〔註 21〕安豐王延明，在孝莊帝時爲兼尚書令、大司馬。但在元顥入洛後，身爲魏國大臣，竟然「受顥委寄，率衆守河橋」。〔註 22〕他的所作所爲必然要引起孝莊帝和尒朱榮的憤恨。隨著元顥失敗，延明也失去立足之地，只好投奔蕭衍。

4、對北魏朝廷無好感，在梁軍外逼的形勢下舉城投降

元慶和是北魏東豫州刺史。《魏書》本傳云：「爲蕭衍所攻，舉城降之。」而卷九《肅宗紀》云：「以城南叛。」《梁書》云：「以渦陽內屬」。〔註 23〕從以上可發現，元慶和投降是帶有一些主動色彩的。原因是其祖父曾「坐貪殘」而受到孝文帝削除官爵的嚴厲處罰。〔註 24〕元慶和必然對此事產生不滿情緒。在蕭衍的外逼下就投降了。元羅爲元叉之弟，元叉之死必然會令元羅在兄弟情懷上對北魏政權產生不滿情緒。「孝靜初，蕭衍遣將圍逼，羅以州降」。〔註 25〕

二、北魏皇族到梁朝後的待遇及對他們的利用

梁武帝給予這些元氏皇族的待遇是很高的。本人以爲原因有以下幾個：第一，這些人出身北魏皇族，而元氏在北魏社會中被定爲一等姓氏，相當於這時南方的王謝袁蕭四姓，理應受到高級的待遇，故梁武帝將他們封王封公，

〔註 18〕《魏書》卷 21 上《北海平王詳傳子顥附傳》，第 564 頁。
〔註 19〕《魏書》卷 18《臨淮王譚傳子彧附傳》，第 420 頁。
〔註 20〕《魏書》卷 20《安樂王長樂傳孫斌之附傳》，第 526 頁。
〔註 21〕《梁書》卷 39《元法僧傳》，第 553 頁。
〔註 22〕《魏書》卷 20《安豐王猛傳子延明附傳》，第 530 頁。
〔註 23〕《梁書》卷 3《武帝紀下》，第 71 頁。
〔註 24〕《魏書》卷 19 上《汝陰王天賜傳》，第 450 頁。
〔註 25〕《北史》卷 16《京兆王黎傳又弟羅附傳》，第 408 頁。

賞賜豐厚。第二，南遷洛陽的鮮卑貴族，到此時已基本完成封建化過程，其漢化程度較高。士族社會重士人的談吐舉止，容貌風雅。而元氏皇族由於從小就受到正規良好的教育，就與江南士族在外在氣質上具有一定共同性，也就容易受到他們的尊重。第三，梁武帝以對這些人的待遇爲榜欅，來吸引更多的失意皇族和將領來爲其所用。

在這些皇族中，史書記載擔任官職的有 13 人。任職情況可分三類：第一種是僅在朝內任職，如元曄、元貞、元昌等人；第二種是既在朝廷內任職，又會外放州郡，如元樹、元法僧、元景隆、元景仲、元慶和、元願達、元羅；第三種是僅在外任職，如元翼、元稚、元略等人。

以上所說的僅是梁武帝任用這些皇族的一個方面。另一方面就是讓這些人領兵「北伐」。即以元氏皇族爲將，給其兵馬，進攻北方。梁武帝在位期間以元氏皇族爲將領的北伐有五次：普通五年（524 年）元樹；大通二年（528年）元顥；中大通二年（530 年）元悅；中大通四年（532 年）元法僧（未行）；中大通六年（534 年）元慶和。梁武帝封這些人爲魏王或魏主，以其爲北方人熟悉北方情況，並且可以以北魏皇族的身份相號召。這反映了梁武帝意欲控制北方的野心。這一點周一良先生已經提到。〔註26〕

但是我們還應看到，梁武帝的這些政策有其局限性。這些皇族雖得到很高待遇，但並非人人都能得到司空、太尉等高官。梁武帝對南逃的皇族大都封王封公，但一般是虛封，其封號都在北方。在中央僅元法僧被封爲太尉等十八班的高官。在地方上多被任爲青冀、郢、湘、衡、廣等州的刺史都督。周一良先生曾經指出，從《隋書·百官志》所列十八班官級中諸州別駕班次的高低就可看出各州的重要程度。〔註27〕揚州一等，南兗二等，荊江雍郢南兗三等，湘豫司益廣青衡四等，北徐北兗梁交南梁五等；越桂寧霍六等。除郢州外俱屬四等，級別不算低也不算高。其中任郢州刺史有元樹、元法僧；衡州刺史有元略、元景隆、元慶和〔註28〕；湘州刺史有元願達；廣州刺史有

〔註26〕周一良：《魏晉南北朝史箚記》，中華書局 1985 年版，「王敦桓溫與南北民族矛盾」、「東晉南朝地理形勢與政治」二條。

〔註27〕同上。

〔註28〕《魏書》卷 19 上《汝陽王天賜傳孫慶和附傳》並未說元慶和曾任衡州刺史。筆者結合《梁書》卷 3《武帝紀下》、卷 29《邵陵攜王綸傳》、卷 32《蘭欽傳》、《南史》卷 53《劭陵王綸傳》考證，得出結論：元慶和在大同元年之前和大同六年後兩次任衡州刺史。

元景隆、元景仲；青冀二州刺史有元冀、元稚、元羅。既然梁武帝對北魏皇族在地方上的任用是有限度的，那為何又會把元樹、元法僧任為和荊州同級的郢州呢？這應從梁武帝的計劃來考慮。荊揚二州是南朝的立國之本，梁武帝無論如何也不敢將荊州給北魏南逃的皇族。且梁武帝又想北，郢州正北偏西就是洛陽，正是直取的最佳地點。荊州又可就近監視郢州，這算是梁武帝的一片苦心吧。

這些皇族有的老死江南，有的回到北方，有的呆了很長時間，有的僅數月，有的善終，有的被殺。按到南方先後為序敘述於下：

1、元翼兄弟

元翼「謀舉州入國，為衍所移」，〔註29〕當老死江南。而《北史》云「謀舉州入國，為梁武帝所殺」，〔註30〕這當是實情。元昌「為衍直閣將軍」，〔註31〕最後死於江南。元曄「卒於秣陵」。〔註32〕元樹在中大通四年（532年）北伐時被魏軍所執，死於北方。元貞在還北葬父後「還於江南」。〔註33〕但史書沒有交待何時死，僅透露他在侯景亂時為蕭義理收葬事，〔註34〕後事不詳。元顯和「卒於江南」。〔註35〕

2、東平王略

「（孝昌二年五月）前給事黃門侍郎元略自蕭衍還朝」，〔註36〕死於河陰之變。

3、元法僧及二子

元法僧大同二年（536年）老死江南，元景隆死於第二次赴廣州任職途中，元景仲於侯景亂時為陳霸先所攻自縊死。

4、元稚及子元善

元稚死於江南。元善隨父到江南，值侯景亂後到關中。

〔註29〕《魏書》卷21《咸陽王禧傳子翼附傳》，第540頁。

〔註30〕《北史》卷19《咸陽王禧傳子翼附傳》，第692頁。

〔註31〕《魏書》卷21《咸陽王禧傳子翼附傳》，第540頁。

〔註32〕同上書，第541頁。

〔註33〕《魏書》卷21《咸陽王禧傳子翼弟樹附傳》，第540頁。

〔註34〕《梁書》卷29《南康簡王績傳子會理弟義理附傳》，第430頁。

〔註35〕《魏書》卷21《咸陽王禧傳子翼附傳》，第540頁。

〔註36〕《魏書》卷9《肅宗紀》，第243頁。

5、元慶和

據《魏書》卷十九上《汝陰王天賜傳孫慶和附傳》，最後死於江南。

6、元願達

據《梁書》卷三十九本傳，大同三年（537年）卒於江南。

汝南王悅及予穎。史書只云元悅於建義元年（528年）四月到南方，但並未明確交待何時北歸。筆者據《梁書》《魏書》《北史》有關記載考證，得出結論：元悅於中興二年（532年）四月回到北方（在安定王退位之後，孝武帝即位之前，俱在四月），在十二月被殺。其子穎「與父俱奔梁，遂卒於江左」。〔註37〕

北海王顥及子冠受。元顥建義元年（528年）四月入梁，當年十月還北，第二年五月入洛陽，七月失敗被殺。其子冠受「戰敗被擒」，〔註38〕不知結果。

臨淮王彧。建義元年（528年）四月入梁。「（武泰元年七月）臨淮王彧自江南還朝」，〔註39〕在江南呆了不到4個月。回朝後曾任司徒公等職。永安三年（530年）十二月爲尒朱兆所殺。

7、安豐王延明

元顥入洛陽，延明投奔他。元顥失敗，延明攜妻子奔梁，死於江南。

8、穎川郡王斌之

孝武帝入關，斌之奔梁。「大統二年，還長安，任尙書令」。〔註40〕大統二年爲536年。

9、元羅

《北史》卷十六本傳云其在侯景亂後因周文帝相求而回長安。侯景失敗在553年。到關中後除開府儀同三司、侍中、少師，襲爵江陽王。最後老死關中。

除以上20多位皇族有事跡可考外，尙有元世儁、元頹、元思虔、元義等人，他們來歷不明，行爲無考。另外，侯景亂時「諸元子弟封王者十餘人」。〔註41〕這十餘人已無由得得知。

〔註37〕《北史》卷19《汝南王悅傳》，第719頁。
〔註38〕《魏書》卷21上《北海王祥傳子顥附傳》，第565頁。
〔註39〕《魏書》卷10《孝莊紀》，第259頁。
〔註40〕《北史》卷19《安樂王長樂傳孫斌之附傳》，第684頁。
〔註41〕《梁書》卷56《侯景傳》，第852頁。

侯景爲何如此厚封元氏，我以爲當是出於共同的民族心理。侯景意欲籠絡在江南的同族來共同反對漢族統治下的梁朝。但是這些人雖然官高爵尊，卻「止從人望，非腹心任也」。〔註42〕其中這些人是否死於戰亂不得而知。從侯景亂中被封爲太傅的元羅在亂後回到關中來看，似封王的十餘人並未被殺，因其並未掌叛中的實權，僅相號召而已。倒是叛亂中爲侯景作戰的元顥等人，倒是有被殺的可能。

三、北魏皇族在梁代南奔的原因

綜觀這 20 多位皇族，他們奔梁的時間在 505～535 年之間，也就是梁朝的大部分時闊。那爲何在東晉、宋和齊沒有呢？我以爲大方面的原因有以下幾個：

第一，從北魏的發展歷史看。北魏自 386 年建國，到 439 年滅北涼最終統一黃河流域，北方一直有它的外部敵人。當然這時正是北魏向上發展的時期，北魏的內部矛盾處於次要地位。北魏皇族乃至整個鮮卑貴族都是團結一致，合力對外的，雖時有政治鬥爭，也僅是局限於宮廷內部，並未產生多大的政局動盪。且這時的北魏塞帝也始終注意籠絡利用不同民族的各類人才。故這一時期並沒有皇族（或將領）南逃的事發生。統一北方後，北魏剩下的主要外部敵人是南方的宋和以後的齊。這時南北方在社會生活各個方面都還有巨大的差異，南北方民族矛盾是當時的主要矛盾。所以對於鮮卑族，在民族心理上對南朝就有排斥，稱之爲「島夷」，同樣南方也稱北方爲「索虜」。在這種情況下，北魏人是不會投向江南的。幾十年後到了孝文帝的漢化改革，定姓族，推行漢式文化教育，使南北方的貴族有了共同的文化根基，這樣南北方不同民族政權的對峙就漸漸變成了封建割據政權的對峙，故北魏的皇族將領由於不同原因就會逃奔江南。太和二十年（496 年）夏四月甲辰，「廣州刺史薛法護南叛」，〔註43〕開將領南叛之端。孝文帝實行了一系列推動社會進步的措施，經過二十多年的發展，宣武帝時社會矛盾上升，鮮卑貴族腐化墮落，統治階級內部衝突上揚。隨著北魏政權內部矛盾的擴大化，最後尒朱榮入洛，河陰之變大殺百官貴族，北魏徹底分崩離析，內部的凝聚力再也不會出現，皇族南逃在所難免。

〔註42〕《南史》卷 80《賊臣侯景傳》，第 2012 頁。

〔註43〕《魏書》卷 9 下《高祖下》，第 179 頁。

　　第二，從南朝方面來看。在宋、齊時與北魏處於嚴重對立的狀況之下，廣大的南僚將士對北魏將領有很深的仇恨，所以北魏人到江南幾乎只有死路一條。到了梁朝，以梁武帝爲首的官僚統治集團對北魏降人的態度發生了重大變化。即鑒於當時南朝將才的匱乏，想辦法招徠北魏將領爲己所用。這是一個重大的人才任用上的變化。因爲在宋、齊兩代有多個皇帝常常因猜忌麗溢殺將帥，造成將才貧乏，極大地削弱了南方的軍事實力。無辜被殺的將帥劉宋有撞道濟、沈慶之、柳元景；南齊有垣崇祖、張敬兒、荀伯玉、沈文季、蕭懿。經過宋、齊兩代的誅殺，南朝的傑出將領幾乎被殺戮殆盡。至梁朝前期，尚有韋叡、陳慶之等幾個名將支撐局面，到梁朝中後期，朝中能征善戰的將帥幾乎設有了。〔註44〕在這空前危險的情況下，梁武帝想要補充將才有兩條路：一條是從中下級軍官中選拔充實高級將領；另一方面是接納北魏投降的皇族將領。對於前一條需經耐婀的考驗，而後者可直接拿來用。梁武帝最終選擇了後者。大致說來，梁武帝對待北魏皇族的態度是基本正確的。元氏皇族一般都受過良好的正規漢式教育，具有很高的文化修養，所以對於江南士族來說，雖然彼此是兩個民族，但是共同的文化背景還是可以接受。對於北魏南逃的皇族，梁武帝一般都會恰當地任用。如果皇族在北魏作過將軍或刺史，同樣梁武帝也會任命他們爲將軍或刺史，發揮他們在這方面的經驗，將這些皇族納入自己的人才任用軌道，令其爲自己的政權服務，這個決策還是合算的。正是梁朝在人才任用上的這個變化，才會有「威德所漸，莫不懷來，其皆殉難投身，前後相屬」〔註45〕的結果。

　　第三，從北魏南逃皇族本身來說。他們身受良好正規的漢式教育，加上又是皇族，具有高貴的氣質。前面已經提到，他們與南朝士族有共同的文化根基，所以不會在南朝產生強烈的不適應感。他們跑到南方一般都因自己在本國已無法立足而到江南來。他們並不是眞心願意在江南呆一輩子，所以在北方稍稍穩定或是蕭衍在他們的請求下允許北歸時，他們還是毫無留戀地回到北方。如穎川郡王斌之、東平王略、臨淮王彧、北海王顥、元善、元羅。他們在南方還是非常思念北方故國的，梁武帝的寬鬆態度給了他們自由選擇的餘地。

〔註44〕 張連生：《試論六朝用將的經驗和教訓》，《揚州師院學報（社科版）》1995年第1期。

〔註45〕 《梁書》卷39「史臣曰」，第564頁。

綜上所述，北魏皇族南逃俱在梁武帝時期，往往因家難，或避亂，或因背叛或對朝廷無好感，在梁圍逼下投降而到江南。在梁的待遇頗高，封王封公。也會被任爲地方刺史掌一方權力，但有其局限性。梁武帝對其管理是比較寬鬆的，如自己要求回到北方，一般是不會阻攔的。

這些人是南北朝歷史中的特殊群體，他們在當時的南北關係中扮演了一種特殊角色。

第二節　梁末入鄴文士之史事鉤沉

南北朝間，先是北魏與宋、齊、梁的對峙，後是東魏北齊與梁、陳的對峙。雙方都有人逃到對方境內，以取得政治避難。出於各種目的，彼此雙方一般情況下都給予這些逃來之人較高的待遇，成爲南北朝後期政治舞臺上一道特殊的景象。北魏孝文帝去世不久，梁代齊。北魏開始和梁不斷交戰，互有勝負，雙方不斷有邊境將領投降，相應地雙方也沒有外交往來。一直到東魏天平四年（537 年）東魏才派遣行人使於梁朝。這就爲雙方的文化交流打開了大門。在梁朝末年侯景之亂前後，大批梁朝士人因各種原因來到鄴城，其中不乏文才優秀者。這部分文士在南北朝後期的文學交流中做出了自己的貢獻。對其文學上的貢獻，學者已有所闡發。梁末入鄴之文士甚多，至於這個群體在北方的境遇，筆者則未見有專文闡述。〔註46〕試述於後，以就教於方家。

一、梁末文士入鄴之原因及時間

梁末士人北奔的情況各不相同，由於史書記載的缺失，多數南來士人都湮滅在歷史的塵埃中已無從得知。但是現存史料還是能從上述有限的士人記

<hr>

〔註46〕筆者所判定文士的標準是在《北齊書》等正史《文苑傳》中者，或者史書說其「善屬文」之類記載，或有作品留世者。關於梁末入鄴文士的研究，筆者所見沈冬青《梁末羈北文士研究》（臺灣大學中國文學研究所 1974 年度碩士論文）當屬研究本問題較早者，但將北齊北周一概而論，與本書闡述目標詳略有別。大陸學者專文研究的僅有鍾濤《梁季入北文人述略》（《青海師範大學學報〔哲學社會科學版〕》1991 年第 3 期），該文雖然分別對東魏北齊、西魏北周的梁末文士進行分析，但明顯對進入東魏北齊文士那部分分析不夠。其它相關研究則有來琳玲《南北朝流寓士人探微》（南京師範大學 2006 年度碩士論文）亦將北齊與北周一同闡述，並未對東魏北齊的南來士人作出專門的解讀。周建江《北朝文學史》（中國社會科學出版社 1997 年版）只重點敘述了入西魏北周的梁末文士，而未具體論述入東魏北齊的這部分文士。

載中，可以約略總結出來梁末入鄴文士的類型。對於梁朝蕭氏皇族流入北朝的原因，曹道衡先生曾認爲大致有三種途徑：一種是在「侯景之亂」中不願歸降而主動投向東魏，後來成了北齊文人的；有西魏攻克今四川一帶時投降或被俘的；也有江陵陷落時入關的。〔註47〕這是著眼於蕭氏整體的流動而言，但如果將東魏北齊作爲一個單獨的投奔目標來看，就不再是曹先生所考量的那樣，連蕭氏皇族流入東魏北齊的原因就不止一個。

第一類，「侯景之亂」中投奔東魏。

蕭正表。《魏書》卷十二《孝靜帝紀》：武定「七年春正月戊辰，蕭衍弟子北徐州刺史、封山侯蕭正表以鍾離內屬，封蘭陵郡開國公、吳郡王。」武定七年爲公元549年，這是現存最早的詳細北奔記錄。蕭正表爲蕭正德之弟，正德附侯景已爲人知，處境艱難，正表爲避禍，故降東魏。這反映了梁宗室內部的矛盾。〔註48〕

蕭祗。《魏書》卷十二《孝靜帝紀》：武定七年「三月丁卯，侯景克建業，還以蕭衍爲主。衍弟子北兗州刺史、定襄侯蕭祗，相譚侯蕭退來降。衍江北郡國皆內屬。」《南史》卷五十二《南平元襄王偉傳附祗傳》：「侯景亂，與從弟湘潭侯退謀起兵內援，會州人反城應景，祗遂奔東魏。」時間亦在549年。此處北兗州之人在侯景亂梁之際寧願應侯景，由此迫使蕭祗蕭退出奔東魏。

蕭放。《北齊書·文苑傳》云「隨父祗至鄴」，亦在武定七年（549年）。

蕭退。《北齊書》本傳「建鄴陷，與從兄祗俱入東魏」。建鄴陷，即上引「侯景克建業」，在武定七年（549年）。

蕭漑。隨其父親蕭退至鄴城。在武定七年（549年）。

明少遐。《北史》卷八十三《明克讓傳叔少遐附傳》：「博涉群書，有詞藻。仕梁，位都官尙書。入齊，甚爲名流王元景、陽休之等所禮。」《梁書》卷三《武帝紀》云太清三年四月「青冀二州刺史明少遐、東徐州刺史湛海珍、北青州刺史王奉伯各舉州附東魏。」據此可知其奔東魏的時間在太清三年（549年）。

諸葛潁。《隋書》卷七十六本傳云「侯景之亂，奔齊」。當在548～549年之間。

第二類，在梁末戰亂被執。

〔註47〕曹道衡：《蘭陵蕭氏與南朝文學》，中華書局2004年版，第241頁。
〔註48〕李萬生：《侯景之亂與北朝政局》，中國社會科學出版社2003年版，第105頁。

荀仲舉。《北齊書·文苑傳》云「從蕭明於寒山被執」。《南史》卷七《梁本紀中》云太清元年「冬十一月，東魏將慕容紹宗大敗蕭明於寒山，明被俘執。」荀仲舉被俘當是此時，太清元年爲 547 年。

江旴。《北齊書·文苑傳》云「梁末給事黃門侍郎，因使至淮南，爲邊將所執，送鄴。」北齊佔有淮南之地在梁元帝覆滅後。《北齊書》卷四十五《顏之推傳》：「侯景之亂，齊氏深斥梁家土宇……至孝元之敗，於是盡矣，以江爲界也。」江旴至淮南，證明此時尚未被北齊佔領，梁元帝被殺在 554 年，所以江旴到北齊時的「梁末」應爲 550～554 年之間。

第三類，原是蕭莊、王琳集團成員，在王琳失敗後隨之投靠北齊。蕭莊再次入鄴，封特進、開府儀同三司，梁王。〔註49〕其它的士人還有：

袁奭。《北齊書·文苑傳》云「蕭莊時，以侍中奉使貢。莊敗，除琅琊王儼諮議」。蕭莊失敗在《北齊書》卷五《廢帝紀》云乾明元年二月「是月，王琳爲陳所敗，蕭莊自拔至和州」。乾明元年是 560 年。而同書卷三十三《蕭明傳》云蕭莊天保九年三年即帝位於郢州，「明年莊爲陳人所敗，遂入朝」。天保十年是爲 559 年。《陳書》卷三《世祖紀》云天嘉元年二月景申，「太尉侯瑱敗王琳於梁山，敗齊兵於博望，……王琳及其主蕭莊奔於齊。」天嘉元年爲 560 年。另《北齊書》卷四《文宣紀》云天保十年九月還曾「使酈懷則、陸仁惠使於蕭莊」，故而王琳與蕭莊同入鄴當爲 560 年。《北齊書·蕭明傳》所述爲誤。袁奭雖先前到過鄴城，但眞正留在鄴城亦當在此時。

朱才。《北齊書·文苑傳》云「蕭莊在淮南，以才兼散騎常侍，副袁奭入朝。莊敗，留鄴。」他留鄴的時間當亦在 560 年。

劉仲威。《陳書》卷十八本傳云「蕭莊僞署御史中丞，隨莊入齊，終於鄴中。」入鄴當亦在 560 年。

第四類，江陵陷落之後投奔北齊。

顏之推。《北齊書·文苑傳》僅述其經歷危難到達鄴城，但未明言之推奔齊的具體時間。繆鉞先生在《顏之推年譜》裏將奔齊時間繫在天保七年（556 年），〔註50〕姑從之。

〔註49〕 《南史》卷 54《元帝諸子傳》，中華書局 1975 年版，第 1345 頁。《北齊書》卷 33 云其被封爲侯，未知與《南史》孰是。
〔註50〕 繆鉞：《顏之推年譜》，載氏著《讀史存稿》，生活·讀書·新知三聯書店 1963 版，第 214 頁。

蕭愨。《北齊書・文苑傳》云「天保中入國」，當在江陵陷落之後至鄴。

蕭泰。《北史》卷二十九《蕭泰傳》：「時陳武帝執政，徵爲侍中，不就。乃奔齊，爲永州刺史。」陳霸先執政爲 556 年。

蕭世怡。《周書》卷四十二本傳云「時陳武帝執政，徵爲侍中。世怡疑而不就，乃奔於齊。除車騎大將軍、散騎常侍。尋出爲永州刺史。」保定四年（563 年）投降北周。

還有出使羈留鄴城者，在陳朝建立後，這些士人便離開北齊回到江南。如徐陵、何之元。

除了以上史書記載鑿鑿者外，尚有史書缺載者。如出土的《齊太尉中郎元府君（洪敬）墓誌》就是由「梁尚書比部郎譙國桓柚」作序，而由袁奭作銘。〔註51〕這個桓柚即是梁末入北之士人無疑。從這個例子可以想見，很多梁末入北之文士都沒有留下任何記載。另外，有學者將徐之才也放到梁季士人之列，〔註52〕竊以爲不妥。徐之才入洛陽是在北魏後期孝昌二年（526 年），此時爲梁朝中期，而非末年。所以筆者認爲徐之才可以看作北魏後期入北文士，而不能作爲梁末文士看待。

由以上分析來看，梁末文士入鄴的類型主要有四種，時間在 547 年到 560 年之間。這些人成爲北齊文士的重要組成部分。

二、梁末入鄴文士之境遇

北齊政權雖然接納了這些南來文士，但並未將這些南來士人放到一個積極主動任用的地位。在梁末入鄴文士中，東魏北齊所給予的政治待遇是不同的。

由於東魏北齊前後期對江南的政策有所不同，所以對待這些南來文士的態度也不盡相同。李萬生先生認爲整個東魏北齊從天平元年（534 年）至乾明元年（560 年）是東魏北齊的積極進取時期，而以後則是北齊政權的維持現狀及衰亡的時期。〔註53〕在前期，東魏北齊欲利用南來的梁朝宗室在建康建立傀儡政權，因而給予這些人很高的政治禮遇。如蕭正表在投奔鄴城的路上「道

〔註51〕羅新、葉煒：《新出魏晉南北朝墓誌疏證》，第 176 頁。

〔註52〕鍾濤：《梁季入北文人述略》，《青海師範大學學報（哲學社會科學版）》1991 年第 3 期。

〔註53〕李萬生：《論東魏北齊的積極進取——兼論東魏北齊歷史的一種分期法》，《史學月刊》2003 年第 1 期。

授蘭陵郡開國公，食邑五千戶，封吳郡王。……亦既入朝，特蒙殊禮，即拜車騎大將軍、侍中、特進、開府儀同三司、太子太保，甲仗一百人，班劍廿，加羽葆鼓吹一部，王公如故。賜甲第一區，布帛肇計，紅粟萬鍾，田畜車輿，靡不必備。」〔註54〕可見北齊給予蕭正表很高的待遇，可惜他到東魏很快就去世了。〔註55〕除他之外，蕭祗「歷位太子少傅，領平陽王師，封清河郡公。齊天保初，授右光祿大夫，領國子祭酒。……卒。贈中書監、車騎大將軍，揚州刺史。」蕭退卒於金紫光祿大夫，為從二品。「大夫」在北齊依然屬於散官，「用人俱以舊德就閒者居之」。〔註56〕

其餘南來文士就沒有這麼好的待遇了，史書記載這些南來文士多是在北齊後期任職。如明少遐在武成帝時為中庶子，僅為第四品。在前述《齊太尉中郎元府君（洪敬）墓誌》中作序的桓柚只是說自己為「梁尚書比部郎譙國桓柚」，作銘的袁奭稱自己為「梁侍中袁奭」。前述袁奭在蕭莊失敗後入齊，「除琅邪王儼諮議」。高儼為武成帝第三子，武成帝時封東平王，天統五年（569年）二月改封琅邪王，十一月為大司馬，武平二年（571年）四月為太保，九月被殺。據《隋書》卷卷二十七所載北齊官制，三公府諮議參軍事為從第四品，袁奭所任「琅邪王諮議」當為太保諮議（從第四品），在571年4月～9月間。元洪敬死於河清四年（565年），此時袁奭署自己為「梁侍中」，只能是因為當時沒有北齊任命的官職，否則不可能在墓誌中不具列北齊官銜。據此可知桓柚與袁奭在入鄴後很長時間內沒有被任命實際職務，故而只能稱自己在梁朝的官銜。從中我們可以想像一部分南來文士的生活境遇。

在《北齊書》卷四十五《文苑傳》中保存著相對完整的「待詔文林館」的名單。文林館設置於北齊後主武平三年（572年），徵召當時眾多文士到鄴城，加以「待詔文林館」的頭銜。名單係有原任官職，一部分梁末入鄴文士亦在其中。〔註57〕從這個名單看，梁末入鄴文士在北齊後期多為地方官以及散官。如江旰在入文林館之前為鄭州司馬（從第四品），顏之推為趙州功曹參

〔註54〕 《魏故侍中、使持節、都督徐陽袞豫濟五州諸軍事、驃騎大將軍、徐州刺史、司空公、蘭陵郡開國公、吳郡王銘》，載趙超編《漢魏南北朝墓誌彙編》。

〔註55〕 《北史》卷29《蕭正表傳》云封其為蘭陵郡王，與墓誌、《魏書》記載互異，筆者以為墓誌、《魏書》為確。

〔註56〕 《隋書》卷27《百官中》，第752頁。

〔註57〕 宋燕鵬、高楠：《論北齊文士的地理分佈——以「待詔文林館」籍貫為考察中心》，《中國歷史地理論叢》2006年第4期。

軍（從第六品）；袁奭、劉仲威爲中散大夫（第四品），〔註58〕朱才爲國子博士（第五品），諸葛漢（即諸葛穎）爲太學博士（從第七品）。北齊後期朝廷已經放棄經略江南，對待梁朝皇族也沒有再像以前那樣優待。如蕭愨僅爲齊州錄事參軍（從第六品），武平中還曾擔任太子洗馬（從第五品），蕭慨爲前西兗州司馬（從第五品），蕭退爲著作佐郎（從第五品），蕭放在入文林館之前繼承了父親蕭祗的爵位，後主初爲通直郎（從第六品）。〔註59〕可見這些皇族的官品都不高。

　　眾所週知，高歡父子統治核心集團是六鎮鮮卑。儘管東魏政權是高歡在鎮壓北魏末年農民起義，以及消滅尒朱氏的過程中，廣泛吸納山東士族參加到其政權中而建立的。作爲統治基礎的六鎮鮮卑和山東士族有千絲萬縷的聯繫。但是梁末入鄴文士卻始終處於這個核心的外圍。總的來看在 560 年之後，梁末入鄴文士普遍被北齊朝廷冷落了。〔註60〕

三、梁末入鄴文士之活動

　　這些南來文士基本上都有一個共同的特長，就是都具備包括文學在內的一定文化造詣。這成爲他們在北齊後期得以任職鄴城的主要理由。在北齊放棄經略江南後，這些文士被納入北齊的官員隊伍中，多各就它職。

　　武平三年（573 年）祖珽奏請後主設置文林館，徵召文士到鄴城，當時號稱「操筆之徒，搜求略盡」。〔註61〕文林館的設置，就爲這些文士發揮自己的特長提供了機會。文林館能夠設置的原因是什麼呢？谷川道雄先生認爲是在北齊後期的政治鬥爭中，祖珽感到有必要加強自己勢力才以「待詔文林館」

〔註58〕 中散大夫，《隋書》卷 27 記載北齊官制時缺載。按閻步克先生的研究，北齊時的諸大夫恢復到了舊有狀態，他們依舊是散官，而非階官。（見《品位與職位》，中華書局 2002 年版，第 536 頁。）因此北齊時的大夫品級當和北魏後期的相同。《魏書》卷 113《官氏志》記載北魏後期的中散大夫爲第四品，暫從之。

〔註59〕 通直郎，《隋書》卷 27 記載北齊官制時缺載。同書卷 28 載隋初官制，通直郎爲從第六品。隋朝官制多繼承北齊舊制，通直郎的品級應該與北齊後期的品級相當。暫從之。

〔註60〕 同時期北上的非文士，如趙徵興，原爲豫州刺史，入鄴後，除中散大夫，北齊建立，除平南將軍（第三品）、太中大夫（從第三品）、金鄉縣開國侯（從二品）。（《北齊趙徵興墓誌》，見羅新、葉煒：《新出魏晉南北朝墓誌疏證》，第 179～180 頁。）儘管品級要高一些，但是依然沒有實職。

〔註61〕 《北齊書》卷 45《文苑傳》，第 604 頁。

的名義召集文人到鄴城。〔註 62〕筆者以爲除了這一點之外，還有其它的客觀原因必須要提到。這就是在北朝文學史的發展階段上，北齊其實是北朝後期集南北之大成的階段。北齊的文學風氣和文學成果要比北周濃厚得多，如果沒有這個文學發展的現狀，也不可能有文林館的設置。

文林館學士們的主要成就是集體編撰了類書《修文殿御覽》。雖然這個《御覽》不是由梁末南來文士單獨修成，但南來文士在文學等諸多方面皆有特長，其中必然也有他們的重要貢獻。此外劉仲威還單獨著有《梁承聖中興略》十卷，該書明顯是其在鄴下回憶梁元帝江陵舊事而作。

《禮記》云：「學而無友，則孤陋而寡聞。」南方僑姓士族多有文辭，他們在鄴下與北方文士互相唱和，交流文學技巧。南朝梁新的文學技巧在此時與北方文學風氣得到碰撞，南北文風得到初步融合。蕭氏以皇族文才也不在其它士族之下，他們沒有了復國的希望，不再沈湎於過去歲月的思念，而是以一種輕鬆的人生態度安然處之，隨遇而安是他們健康心理的表現。因此他們寄情於輕豔的生活，作品充滿了上層人士的情懷。如蕭慤就有「芙蓉露下落，楊柳月中疏」這樣意境清新、風格蕭散的名句。蕭氏之詩文多婉約、清麗之辭，給以豪放爲風氣的北方注入了新的活力。在《北齊書·文苑傳》中就記載有不少南來文士，他們應該也有很高的文才。遺憾的是他們的作品多散失，我們除了知道他們文學優長外，再具體的細節就無從得知了。

在北齊代北鮮卑貴族與漢族士族矛盾趨向尖銳之際，文林館的建立造成以祖珽爲首、使武人側目相視的文人陣營，從而加劇了文武之爭。〔註 63〕南來文士在無意中捲入了這場政治鬥爭之中。東魏北齊最大的一次毒戮文士的慘案，發生在後主武平三年（573 年）。當時祖珽由於與鮮卑勳貴的政爭失敗被黜爲北徐州，極端仇視漢人的韓長鸞以崔季舒爲同黨，亦欲出之。恰巧這時後主高緯將要行幸晉陽，季舒與張雕與從駕文官聯名進諫，勸高緯不要行幸。這本是一次極普通的進諫，亦未必不是出於公心，但韓長鸞借題發揮，說他們要造反。於是後主深信不疑，即召已署名文官集於含章殿，以侍中崔季舒、張雕，散騎常侍劉逖、封孝琰，黃門侍郎裴澤、郭遵爲首，並斬之於殿庭，韓長鸞令棄其屍於漳水。其餘同署名者，加以鞭撻。這批人有多少，史無明載。逃脫這次大難的有文林館主持顏之推。之推掌知文林館事，「不欲

〔註 62〕〔日〕谷川道雄：《隋唐帝國形成史論》，上海古籍出版社 2004 年版，第 212 頁。
〔註 63〕黃永年：《六至九世紀中國政治史》，上海書店出版社 2004 年版，第 32 頁。

令耆舊貴人居之」，於是爲鮮卑勳貴所嫉，常欲害之。當崔季舒等將進諫時，深諳世故的顏之推取急還宅，故未連署。及後主召集諫人，之推也被喚人，勘其無名，方得免禍。以後顏之推作《觀我生賦》，述及這段慘痛的遭遇，哀婉感憤之極。〔註64〕遭遇這次政治鬥爭之後，眾多的「待詔文林館」也多就他職，南來文士如蕭退卒於司徒從事中郎，蕭放累遷太子中庶子、散騎常侍等即是。

四、梁末入鄴文士之最終命運

梁末入鄴文士最終的結局怎樣？如果只是從文獻記載來看，多數記載停止在北齊滅亡前，以後沒有任何活動記錄。僅有顏之推和諸葛穎、朱才、江旰有比較詳細的下落。顏之推在周末任御史上士，開皇中爲太子學士。諸葛穎「周武平齊，不得調，杜門不出者十餘年。……晉王廣素聞其名，引爲參軍事，轉記室。及王爲太子，除藥藏監。煬帝即位遷著作郎，甚見親幸。」〔註65〕朱才「齊亡，客遊信都而卒。」江旰「齊亡，逃還建業」。〔註66〕

周、隋政權雖然原則上也承認北齊的資蔭，但對一般舊齊士人來說，「齊資」往往得不到承認，山東士人對周隋政權的疏離，不願意與當局合作，實與周隋朝廷的「東西之限」、「關中舊意」有關。周隋政權始終沒有對他們平等地開放仕途。〔註67〕南來士族在北周末年和隋朝初年也當作舊齊士人看待，無意中被捲進政治歧視中。如諸葛穎前述「周武滅齊，不得調，杜門不出者十餘年」的境遇就是這種歧視所造成的。此外我們尙能知曉隋初還存在的文士還有荀仲舉和蕭愨。荀仲舉曾寫有《銅雀臺》：「高臺秋色晚，直望已凄然。況復歸風便，松聲人斷弦。淚逐梁塵下，心隨團扇捐。誰堪三五夜，空對月光圓。」〔註68〕該詩貼近生活，借京城銅雀臺的荒廢，想見山河已改，託心跡於歷史，則具有一種深厚及蒼茫感，格調渾厚。這是南來詩人中的精彩之筆。鄴城在楊堅平定尉遲迥後被毀，相州刺史治所南遷到現在的安陽。荀仲舉能寫出這樣的詩歌，證明在 580 年尉遲迥被平定後，他還曾到鄴城故地憑弔往事。但是他肯定沒有入仕隋朝，故而史書上也就沒有他的任何蹤跡

〔註64〕 孔毅：《東魏北齊的文士及其命運》，《貴州師範大學學報（社會科學版）》1995年第 1 期。
〔註65〕 《隋書》卷 76《文學‧諸葛穎傳》，第 1734 頁。
〔註66〕 《北齊書》卷 45《文苑傳》，第 626 頁。
〔註67〕 牟發松：《舊齊士人與周隋政權》，《文史》2003 年第 1 期。
〔註68〕 逯欽立：《先秦漢魏晉南北朝詩‧北齊詩》卷 1，第 2267 頁。

了。《隋書》卷三十五《經籍四》：「記室參軍《蕭愨集》九卷」。按照《隋書》的記載原則，凡是在隋朝去世的作者官銜之前不帶朝代名稱，故而這個「記室參軍」應該是隋朝的官銜，也證明蕭愨至少在隋初尚存。可想而知，肯定還有一些南來文士在周末和隋初依然存在，只是最後沒有在新王朝裏獲得入仕的機會，史書也就難以寫上一筆了。

第三節　東魏文士的地理分佈

　　眾所週知，北魏在孝文帝遷都洛陽後，洛陽成爲北方的政治中心，一大批有文才的士人因入仕而集中到這裏，漸漸地在洛陽形成一個文化中心。北魏後期文人集中於洛陽，這就改變了社會動蕩所造成的無暇創作的狀況。儘管北魏後期文學尚未比南朝文學有更高的水平，但是不可否認的是，作爲漢化改革的重要成果之一，北魏遷都洛陽，確實造成了一種文學相對繁榮的形勢。但是隨著尒朱榮入洛，隨即發動了河陰之變，「衣冠殲盡」，大批文士被殺，北朝文學的發展進程被人爲減弱，但這僅僅是減弱，並未完全阻斷文學的進程。因爲文學藝術一臻成熟就會產生價值取向的自主性，從而與同時期的政治生活保持或近或疏遠的距離。東魏儘管時間短暫，但由於繼承了北魏多數的文化遺產，北魏後期的文學活動和文學風氣在東魏繼續延續著，並且在北魏與北齊之間起到了承上啓下的作用。地理分佈分兩個層面，一個是從文士的籍貫考察，這是「靜態」的一面；另一方面是從文士的流動考察，這是「動態」的一面。筆者尚未見到有學者對此問題進行闡述，故從上述兩個方面入手，探討東魏文士的地理分佈，以求證鄴下文壇的二次初步形成。

一、東魏文士的籍貫分佈

　　筆者耙梳史料，確定在東魏短暫的 18 年中，頗爲活躍的文士前後有 69 位。儘管無法確定一個具體時間的文士的數量，但是相對集中的時間還是能窺到一點當時文士地理分佈的信息。衡量一個地區本土文學的總體水平是發達、一般還是落後，隸籍該地區的文學家數量的多少，是最重要的指標之一。〔註 69〕按照籍貫分佈，出身山東士族的占絕大多數；其次是漢化的少數族；再次是地方士族、關中士族和南來士族。籍貫上地理分佈的不平衡，這是北魏分裂後社會歷史環境所造成的。下面按所佔比例依次闡述。

〔註69〕　胡阿祥：《魏晉本土文學地理研究》，南京大學出版社 2001 年第 1 版，第 6 頁。

（一）東魏文士之山東士族

東魏文士中出身山東士族的有 47 人，占 68.12%。

山東士族占東魏文士的絕大多數，這有其必然的因素。首先，是因爲東魏政權的統治範圍在山東地區。東魏政權是高歡在鎮壓北魏末年農民起義，以及消滅尒朱氏的過程中，廣泛吸納山東士族參加到其政權中而建立的。作爲統治基礎的六鎮鮮卑和山東士族有千絲萬縷的聯繫。儘管河陰之變中很多山東文士被殺，但如果沒有當地山東士族的積極參與，高歡也難以取得勝利。山東士族作爲統治基礎，在文壇上必然也顯示出佔據多數的特徵。

山東士族很多士族家族在文學上的成就十分醒目，「北地三才」中的邢邵與魏收自不待言。其它可被稱作文士的，清河崔氏有 6 人，博陵崔氏有 3 人，范陽盧氏有 3 人，河間邢氏有 3 人，趙郡李氏有 4 人，范陽祖氏有 3 人，滎陽鄭氏有 4 人，河東裴氏有 3 人，渤海封氏有 2 人，鉅鹿魏氏有 3 人，右北平陽氏有 2 人，北海王氏有 2 人等等。如清河崔氏，崔㥄「歷覽群書，兼有辭藻，自中興之後，迄於武帝，詔誥表檄多㥄所爲。」〔註70〕其子崔瞻「聰明強學，有文情，善容止」，〔註71〕崔仲文「有學尚」〔註72〕，其弟叔仁在臨刑前「賦詩與諸弟訣別」，〔註73〕可知亦是有文才的。崔肇師「涉獵經史，頗有文思」〔註74〕；崔劼「少清虛寡欲，好學有家風」，〔註75〕在北齊末曾爲「待詔文林館」，亦有相當的文才。河間邢氏除邢邵外，尚有邢亢「頗有文學」，〔註76〕邢昕「好學，早有才情，……既有才藻，兼長几案……所著文章，自有集錄。」〔註77〕鉅鹿魏氏除魏收外，還有魏長賢「博涉經史，辭藻清華」，〔註78〕魏季景「清苦自立，博學有文才……所著文筆二百餘篇」。〔註79〕可見山東士族家族成員多擅文之士是很普遍的現象。

〔註70〕《北齊書》卷 23《崔㥄傳》，中華書局 1972 年版，第 335 頁。
〔註71〕《北齊書》卷 23《崔㥄傳子瞻附傳》，第 335～336 頁。
〔註72〕《北齊書》卷 23《崔㥄傳弟仲文附傳》，第 337 頁。
〔註73〕《魏書》卷 69《崔休傳附子仲文傳》，中華書局 1974 年版，第 1527 頁。
〔註74〕《北史》卷 44《崔亮傳附崔肇師傳》，中華書局 1974 年版，第 1635 頁。
〔註75〕《北史》卷 44《崔光傳附崔劼傳》，第 1623 頁。
〔註76〕《魏書》卷 65《邢巒列傳附弟晏傳》，第 1449 頁。
〔註77〕《魏書》卷 85《文學·邢昕傳》，第 1873 頁。
〔註78〕《北史》卷 56《魏長賢傳》，第 2041 頁。
〔註79〕《北史》卷 56《魏季景傳》，第 2043 頁。

（二）東魏文士之漢化少數族

東魏文士中出身漢化少數族的有 7 人，占 10.14%。

經過孝文帝漢化改革後，很多少數族成員在文學上都有一定造詣，成位北魏後期文壇的一支生力軍。尤其是北魏皇族元氏，不少成員以政治身份頗似當時文壇領袖，如清河王懌、中山王熙等皆是，政權中樞內如元順等在北魏後期文學的繁榮裏盡展風采。但是隨著政局的變化，不少在文學上頗有造詣的文士都被殺，使得漢化少數族在文士中的比重下降。其實不作詩並不意味著不會作詩，沒有詩歌保留下來並不意味著不寫詩歌。元氏皇族如濟陰王元暉業、元文遙父子是東魏時期在文學上造詣較高者。陸氏也是漢化比較成功的少數族。陸卬「少機警，美風神，好學不倦，博覽群書，五經多通大意。善屬文，甚爲河間邢邵所賞。……所著文章十四卷，行於世。」〔註80〕陸操「高簡有風格，早以學業知名，雅好文。」〔註81〕陸彥師「少以行檢稱。及長好學，解屬文。」〔註82〕源彪爲匈奴禿髮氏後裔，宇文忠之也是匈奴族單于之遠屬，「涉獵文史，頗有筆箚」，〔註83〕二人是保留下來的較少漢化少數族文士之一。

（三）東魏文士之關中士族

東魏文士中出身關中士族的有 4 人，占 5.8%。

關中士族在東魏文壇上的人數是比較少的。大部分關中士族在北魏末年的大分裂中，選擇了西魏，主要原因在於他們的祖籍在關中。只有少數的關中士族因爲不同的原因選擇追隨了高歡。如華陰楊愔，其家族在北魏末年幾乎遭到尒朱氏帶來的滅頂之災，「家門遇禍，唯有二弟一妹及兄孫女數人，」〔註84〕因高歡與尒朱兆兄弟不和，故投奔到其麾下。西魏宇文泰奉行鮮卑化的民族政策，使純粹的文學在當時不被人所重視；相反東魏時期卻繼續延續著北魏洛陽時期的文學風氣。由於政治地位比較高，在東魏的關中文士更多的時候像是文壇領袖。楊愔「能清言，美音制，風神俊悟，容止可觀。……愔所著詩賦表奏書論甚多，誅後散失，門生鳩集所得者萬餘言。」〔註85〕陸

〔註80〕 《北齊書》卷35《陸卬傳》，第469頁。
〔註81〕 《北史》卷82《陸俟傳附麗從孫操傳》，第1022頁。
〔註82〕 《北史》卷82《陸俟傳附杏弟彥師傳》，第1019頁。
〔註83〕 《魏書》卷81《宇文忠之傳》，第1795頁。
〔註84〕 《北齊書》卷34《楊愔傳》，第456頁。
〔註85〕 《北齊書》卷34《楊愔傳》，第454頁、第460頁。

西李神儁「風韻秀舉，博學多聞，朝廷舊章及人倫氏族，多所譜記。篤好文雅，老而不輟，凡所交遊，皆一時名士。」〔註 86〕故在北朝文壇上，在西魏的關中士族不占主流地位，而在關東的關中士族卻有比較高的聲譽。

（四）東魏文士之地方士族與非士族

地方士族有 5 人，占總數的 7.25%；餘非士族者及籍貫不明者有 4 人，占總數 5.8%。

同南朝門閥社會相比，北朝並非門閥士族一統天下，因爲北朝沒有形成南朝僵化的門閥體制。地方士族儘管在社會上受到高門士族的排擠，但一些有才能的地方士族也能在中央政權取得一定的地位。而以文學爲進階之工具者不乏其人。如樂安孫搴「少勵志勤學，……太保崔光引修國史，頻歷行臺郎，以文才著稱。……孫騰以宗情薦之，未被知也。會太祖西討，登風陵，命中外府司馬李義深、相府城局李士略共作檄文，二人皆辭，請以搴自代。……搴援筆立成，其文甚美。高祖大悅，即署相府主簿，專典文筆。」〔註 87〕從史書記載中我們能夠發現，孫搴被高歡重用，很大程度上得益於他的文才。

非士族儘管在社會地位上處於底層，但是北朝時期依然給予了非士族人員以很大的發展空間，其中以文才進階成爲重要的途徑之一。這在著名的「北地三才」中的溫子昇身上充分體現出來。他雖然自稱是東晉溫嶠後裔，但其「家世寒素」，並且爲廣陽王淵賤客，在馬坊教諸奴子書，這些活動充分說明了他非士族的身份。他「長乃博覽百家，文章清婉……作《侯山祠堂碑文》，常景見而善之，故詣淵謝之。景曰：『頃見溫生。』淵怪問之，景曰：『溫生是大才士。』淵由是稍知之。」年二十二歲，中尉、東平王匡博召辭人，以充御史，同時射策者八百餘人。「於是預選者爭相引決，匡使子昇當之，皆受屈而去。……遂補御史，……臺中文筆皆子昇爲之。」〔註 88〕從史書對溫子昇的早年的敘述中可以發現，在他出仕的過程中，文才起到絕對關鍵性的作用，如果沒有文才的支撐，他亦無由後來成爲中書舍人、中軍大將軍。

〔註 86〕《魏書》卷 39《李寶傳附東弟神儁傳》，第 896 頁。
〔註 87〕《北齊書》卷 24《孫搴傳》，第 341 頁。
〔註 88〕《魏書》卷 85《文苑溫子昇傳》，第 1875 頁。

（五）東魏文士之南來士族

東魏文士中南來士族僅有 2 人，占 2.94%。

在北朝孝文帝之後，南北對峙發生新的變化。南北雙方各有叛逃對方境內者，尤其是南來士族對孝文帝漢化改革起到重要的推動作用。在文學上，南方的文學風氣和技巧也在北魏後期北方文士中頗爲盛行。這方面王肅就是其中典型代表。在東魏時期，南來士族可以稱得上文士的，僅有王肅的侄子王衍與侄孫王儔康。王衍「名行器藝亞於誦」，其兄王誦「學涉有文才，神氣清儁，風流甚美」，〔註89〕可惜於河陰遇害。王誦之子儔康，亦「性清雅，頗有文才」。〔註90〕可見南來的琅琊王氏在北方保持著文學上的傳承。北魏後期南來士族多數在北魏末期被殺，如蕭寶夤在關中叛亂被殺，蕭綜亦在戰亂中身亡，河陰之變更是南來士族的災難，故而南來士族在東魏時期人數最少，所佔比例就最小。

由上面可知，在東魏時期，山東士族是文壇主體，其次是漢化少數族，再次是關中士族和地方士族，最後是南來士族，而南來士族是北魏後期南來士族的後裔。下面用圖表顯示：

表 1：東魏文士來源分佈比例表

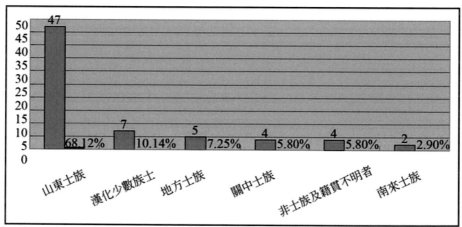

在短暫的東魏時期，文壇上基本是北方士族的天下，北魏後期南來士族帶來的南方文學風氣大多已經被北方士族所吸收，此時那些南來士族已多去世，南朝梁的新的文學因素尚未在北方大量傳播開來。所以可以認爲東魏時期是北魏後期文學成果的集中，同時也是對南朝宋齊文學因素的消化時期。

〔註89〕 《魏書》卷 63《王肅傳附從子誦傳》，第 1412 頁。
〔註90〕 《北史》卷 42《王肅傳附從子誦傳》，第 1541 頁。

等到北齊建立梁朝滅亡後，才開始了又一次大規模的南朝士族北奔的情況，梁朝新的文學因素才開始在北齊廣泛傳播。所以東魏是北朝後期文學承上啓下的重要時期。

二、東魏文士的轉移與鄴下文壇的二次形成

在社會動盪的環境下，人口流動加速，文士廁身其間。但文士首先是政客，幾乎所有的活動都是圍繞著政治中心進行。正如文學史家袁行霈先生所說「在某個時期，文學家們集中活動於某一地區，使這裏成為文學的中心」。〔註91〕鄴城由於成為東魏的都城，客觀上造成了文士的集合，這就為鄴下出現建安之後的二次文學繁榮創造了條件。

此時轉移的中心必然是政治中心，東魏時期轉移目的地是都城鄴。這主要是隨著孝武帝西遷，北方正式分裂為東魏、西魏開始的。士族在這場東西分裂中，都要做出自己的選擇，這種政治上的選擇主觀上是從家族利益著眼，但在客觀上卻造成了文士的轉移與相對集中。見下表：

表2：東魏文士地理轉移表

流動方向	人　數	比　例
有鄴城經歷者	55	79.71%
轉移目的鄴城者	46	66.67%
先在洛陽，後到鄴城者	29	42.03%
先在地方，後到鄴城者	15	21.74%
有晉陽經歷者	16	23.19%
長期在地方者	5	7.25%

在東魏文士69人中，有55人曾在鄴城居住過，占總數的79.71%；其中到達鄴城不再轉移的有46人，占總數的66.67%，這部分文士是構成東魏時期鄴下文士的主體。北魏末期東西分裂時從洛陽轉移到鄴城的有29人，占總數的42.03%，這部分是東魏繼承北魏後期文士的主要部分；而東魏文士來自本地的也有15人，占總數的21.74%。可見鄴城的文士，多數是從洛陽轉移過去的。

〔註91〕 袁行霈：《中國文學概論・總論》第三章《中國文學的地域性與文學家的地理分佈》，高等教育出版社1990年版，第40頁。

　　從本地轉移到鄴城的多是山東世家大族成員。如博陵崔氏，崔昂起家源於「世宗廣開幕府，引爲記室參軍」，〔註92〕世宗當時在鄴城，崔昂任職記室參軍必須到鄴城；崔肇師「釋褐開府東閣祭酒，轉司空外兵參軍，遷大司馬府記室參軍。」〔註93〕崔肇師看其釋褐爲官之初的履歷，也多在鄴城。這些山東士族本來多數在家鄉，在都城轉移到鄴城的時候，才被東魏高歡父子從本地徵召做官。從上述例子可以發現，文士的活動以在朝中任職爲指歸，天平初東魏遷都鄴城成爲文士轉移的一個風向標。由此可以看出政治中心對文人的吸引力。另外一個轉移中心是晉陽。晉陽是高歡的霸府所在，最終轉移到晉陽的有 16 人，占總數的 23.19%。不過晉陽爲東魏實際上的政治中心，軍國要務煩瑣，文士多在軍國文書上大展才能，而在純文學上多無突出成就。

　　以最終的轉移目的地來看，圖表顯示如下：

表3：東魏文士轉移目的地示意圖

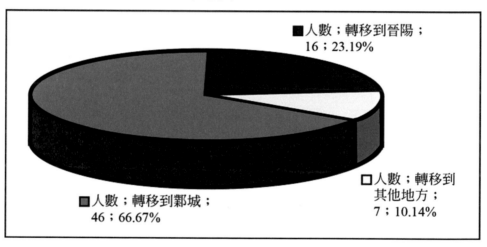

　　細分來看，山東士族從洛陽轉移到鄴的有 15 人，還有 4 人曾從洛陽轉移到鄴任職，而後轉移其它地方。山東士族從本地徵召到鄴的有 13 人，另有 1 人曾從地方轉移到鄴而後轉移其它地方。可見東魏文士的主體山東士族原本是北魏後期洛陽文壇的主力，加上本地文士的參與，造成東魏時期文壇上的山東士族的興盛形勢。從洛陽轉移到晉陽的山東士族很少，僅有 3 人，可見山東士族文士在高歡霸府裏的比重並不高。

〔註92〕　《北齊書》卷30《崔昂傳》，第 410 頁。
〔註93〕　《北齊書》卷23《崔悛傳子瞻附傳》，第 338 頁。

　　與北魏後期相比，東魏的建立使山東地區的文士在政權中的比重增大，客觀增強了山東文士對東魏北齊文學的影響。鄴由於成爲都城而形成文士相對集中的局面，爲文學形勢的相對興盛提供了機會。鄴下在建安之後，由於文士的相對集中，又出現了一次文學興盛的局面，十六年東魏文學展示了絢麗的色彩，〔註94〕這就爲北齊文學達到北朝文學的頂峰創造了前提條件。

三、結論

　　綜上所述，東魏文士以山東士族爲主力，占總數的 68.12%；轉移到鄴城的文士也占總數的 66.67%。鄴城成爲北朝後期北方文士相對集中的地點，建安之後，鄴下文壇在東魏時期再一次初步形成。這是本書的主要結論。

　　近代以來的文學史著作論及北朝文學，多將東魏北齊一起論述，沒有注意到東魏文學在北魏與北齊文學間的承上啓下的地位。此時儘管沒有南來文士的加入，但北魏後期的文學風氣，多數由東魏的文士繼承，由此使得東魏文學相對西魏來說，要活潑地多，也更有生氣。歷來論北朝北土作家，多是「北地三才」，而忽視了北魏後期社會對文學的推崇，以及文學風氣的廣泛盛行，而這是「三才」賴以成長和成名的環境因素。如果沒有眾多文士的存在，也就不會有「三才」的出現。北魏末年遷移到鄴城的眾多文士成爲北朝後期文學興盛的人才基礎。東魏繼承了多數北魏後期的文士，由此使得東魏文學成爲北齊文學得以繼續進步的前提條件。

　　進一步說，在梁末期的 550 年前後，由於侯景之亂和西魏滅梁元帝，西魏和北齊先後接納了不少南來文士。歷史給予了東、西魏文學相同的機遇。儘管西魏北周有庾信、王褒，但由於關中整體上並沒有東魏那樣的文士基礎，一兩個南來大文士也並不能帶動整個社會的文學風氣大踏步的前進。與此相反的是，由於有眾多本土文士，在東魏時期延續了北魏後期文學的風氣後，北齊第二次雜糅了南來新的文學因素，並設立了文學機構——文林館，鄴下文學集團在事實上第二次出現，從而使鄴城成爲南北朝末期北方事實上的文學中心，也由此成就了北齊文學在北朝文學史上的地位。

〔註94〕周建江：《北朝文學史》第五章《東魏北齊文學》，中國社會科學出版社 1997
　　　　年版，第 116 頁。

東魏文士地理分佈與流動一覽表

士族群體	籍貫	姓名	任職情況	轉移類型
山東士族 46	博陵安平人 3	崔昂	起家「世宗廣開幕府，引爲記室參軍」	3
		崔季舒	神武親簡丞郎，補大行臺都官郎中	4
		崔暹	先爲趙郡公定州開府諮議。後兼丞相長史。遷左丞、吏部郎，武定元年，遷御史中尉	3
	清河東武城人 6	崔㥄	由鄉里隨高祖起義，以爲諮議參軍。高祖入洛爲黃門郎。以貪污逃竄還鄉。天平初爲侍讀，監典書，尋除徐州刺史，罷州，除七兵尚書、清河邑中正	3
		崔仲文	魏高陽太守、清河內史。興和中爲丞相掾	4
		崔叔仁	仕魏爲潁州刺史	5
		崔瞻	刺史高昂召爲主簿，清河公岳開府西閣祭酒。高祖還晉陽，爲相府中兵參軍，轉主簿	4
		崔肇師	釋褐開府東閣祭酒，轉司空外兵參軍，遷大司馬府記室參軍	3
		崔劼	魏末累遷中書侍郎，興和三年兼通直散騎常侍使梁	3
	范陽涿人 3	盧文偉	范陽太守，中興初爲安州刺史，天平末，行東雍州事，轉行青州事	5
		盧恭道	州辟主簿，天平初特除范陽太守	5
		盧元明	出帝時爲中書侍郎。居洛東緱山。太平末兼吏部郎中，副李諧使蕭衍，還拜尚書右丞	1
	河間人 3	邢邵	永安初爲中書侍郎介朱入洛，與楊愔避嵩高山。與梁通和，徵入朝	1
		邢亢	齊文襄王大將軍府屬，又轉中外府屬	3、4
		邢昕	永熙末入爲侍讀，遷鄴乃歸河間。天平初赴鄴	1
	趙郡柏人 4	李渾	東郡太守，天保初太子少保	5
		李繪	司徒高邑從事中郎，徵至鄴。天平初爲丞相司馬	1
		李係	齊獻武王從子永樂爲濟州刺史，聞而請與相見，待以賓友之禮。及永樂薨，係送葬還都，舉爲尚書南主客郎	3

	李騫	殷州大中正、尚書左丞，以本官兼散騎常侍使梁，後除給事黃門侍郎，卒	3
河東聞喜人 3	裴伯茂	永熙中，廣平王文學。天平初遷鄴	1
	裴景融	永安中爲著作佐郎，元象中儀同高岳以爲錄事參軍	1
	裴讓之	天平中舉秀才，累遷屯田主客郎中	1
范陽遒人 3	祖珽	并州倉曹參軍，神武中外府功曹	4
	祖孝隱	散騎常侍、迎梁使	3
	祖鴻勳	司徒法曹參軍，轉廷尉正，去官歸鄉里。齊神武曾徵召到并州，位至高陽太守	2
渤海蓨縣人 2	封孝琬	永熙三年開府參軍事。天平中司徒主簿。武定中顯祖開府主簿，遷從事中郎將，領東宮洗馬	1
	封孝琰	年十六州主簿，釋褐秘書郎	3
滎陽開封人 4	鄭述祖	歷司徒左長史、尚書、侍中、太常卿、丞相右長史	2
	鄭元禮	世宗引爲館客，歷太子舍人	3
	鄭伯遒	前廢帝征東將軍領國子祭酒。久之爲護軍將軍。元象初使蕭衍，還爲南青州刺史，以貪贓被廢	1
	鄭頤	初爲太原公東閣祭酒	3
鉅鹿下曲陽人 3	魏季景	太昌中給事黃門侍郎，定州大中正。天平初因遷都，遂居柏人西山。元象初使蕭衍，還歷人司農卿、魏郡尹	1
	魏長賢	宦學洛中，孝靜北遷，亦徙居鄴。舉秀才，除汝南王悅參軍事	1
	魏收	永安中中書侍郎，歸鄉，徵召至鄴使梁。還至晉陽爲中外府主簿。後入鄴爲散騎常侍修國史	2、1
右北平無終人 2	陽昭	齊文襄府墨曹參軍	3
	陽休之	隨賀拔勝奔南。後歸東魏天平二年達鄴，赴晉陽爲世宗開府主簿，次年爲世宗行臺郎中。元象初爲尚書左民郎中，武定二年爲中書侍郎	2、1
北海劇人 2	王昕	太尉汝南王悅騎兵參軍。累遷東萊太守。後爲常侍加金紫光祿大夫，遷秘書監	1

		王晞	隨神武到晉陽，補中外府功曹參軍帶常山王演友	2
	中山毋極人 2	甄楷	孝莊時中書侍郎，齊文襄儀同府諮議參軍	1
		甄密	參中山王英軍事，孝靜初衛尉卿，出爲北徐州刺史	1
	廣平人	宋世良	殿中侍御史，詣河北括戶。出除清河太守	5
	彭城人 2	劉騭	文襄王爲儀同開府，以爲府屬。武定初，轉中書舍人	1
		劉逖	郡辟功曹，州命主簿。魏末徵詣霸府，世宗以爲永安公濬開府參軍	4
	太山矩平人	羊肅	武定末儀同、開府、東閣祭酒	3
	河東汾陰人	薛孝通	太昌中中書侍郎，興和二年，卒鄴	1
	清河東武城人	張宴之	累遷尚書二千石郎中。復爲高岳都督中兵參軍兼記室	
關中士族 4	華陰人	楊愔	大行臺右丞，尋逃亡。後爲太原公開府司馬，轉長史，復授大行臺右丞，遷給事黃門侍郎，武定末，超拜吏部尚書，加侍中、衛將軍，侍學典選	2、1
	隴西成紀人	李璵	釋褐太尉行參軍，累遷司徒右長史。遷鄴、累遷驃騎大將軍、徐州刺史	1
		李神儁	莊帝時殿中尚書，轉中書監、吏部尚書。出帝時散騎常侍、驃騎大將軍、左光祿大夫、儀同三司。孝靜初行并州事。尋爲肆州刺史，入爲侍中	1
	隴西狄道人	辛術	解褐司空胄曹參軍。再遷尚書右丞，出爲清河太守，追授并州長史，武定元年，除東南道行臺尚書	1、2
漢化少數族 7	西平樂都人	源彪	天平四年涼州大中正，文襄攝選爲尚書祠部郎中	1
	洛陽人	元暉業	司空、太尉、特進、領中書監、錄尚書事	1
		元文遙	起家員外散騎常侍，後爲太尉東閣祭酒。武定中，文襄徵爲大將軍府功曹	1
		宇文忠之	釋褐太學博士。天平初中書博士，武定初尚書右丞	1
	代人	陸印	起家員外散騎常侍，歷文襄大將軍主簿，中書舍人，兼中書侍郎，以本職兼太子洗馬。除中書郎，修國史	1

		陸操	仕魏聘梁，還爲廷尉卿，後徙御史中尉	1
南來士族 2	琅琊臨沂人	陸彥師	魏襄城王參軍事	1
		王儦康	齊文襄王中外府祭酒	1
		王誦	光祿大夫、廷尉卿、度支七兵二尚書，孝靜初侍中	1
地方士族 8	太原人	溫子昇	建義中爲中書舍人，永熙中爲侍讀兼舍人、鎮南將軍、金紫光祿大夫，至鄴遷散騎常侍、中軍大將軍、領本州大中正。齊文襄王引爲大將軍諮議參軍	1
	范陽人	李廣	御史崔暹精選御史，兼御史，修國史	3
	河東北猗氏人	樊遜	屬本州淪陷，寓居鄴中，爲臨漳小吏。縣令擢爲主簿。爲右僕射崔暹賓客	3
	樂安人	孫搴	自檢校御史再遷國子助教。修國史，頻歷行臺郎。後爲高祖相府主簿	2
	河內人	常景	永安時黃門侍郎，普泰初車騎將軍、右光祿大夫、秘書監。天平初遷鄴後除儀同三司。武定八年薨	1
	中山曲陽人	杜弼	孝昌初，太學博士，帶廣陽王驃騎府法曹行參軍，行臺度支郎中。還爲光州曲城令，遷中軍將軍，北豫州驃騎大將軍府司馬。左遷下灌鎮司馬。元象初征爲大丞相府法曹行參軍，署記室事，轉大行臺郎中。高祖引典掌機密。武定中，遷衛尉卿	2、1
	昌黎棘城人	韓子熙	孝武初領著作，天平初侍讀國子祭酒，元象中加衛大將軍	1
	頓丘人	李諧	位中書侍郎，天平末使梁，還任秘書監，卒大司農	1

轉移類型：1. 洛陽轉移到鄴；2. 洛陽轉移到晉陽；3. 本地轉移到鄴；

4.本地轉移到晉陽；5. 轉移地方；6. 鄴到晉陽。

第四節　北齊文士的地理分佈——以「待詔文林館」籍貫爲考察中心 [註95]

眾所週知，一代文學並非以一人之力可以支撐，需眾多文學家共同來展現。只有本土文學家大批出現，才可以視爲一時一地文壇之風貌。在南

[註95] 本節與高楠合作。

北朝後期，綜觀北齊、北周、陳三個政權，陳已步入沒落，文學也缺乏生氣；北周民族氣息濃厚，本土作家並沒有大量出現；與北周不同的是，北齊的文學在初步雜糅南朝和北朝文學風範之後，一大批本土作家已經成長起來。〔註96〕在北齊後期，還設置了中國歷史上第一個文學機構——「文林館」，並設「待詔文林館」官銜，授予當時有文學之士。當時號稱「操筆之徒，搜求略盡」。〔註97〕文林館內之「待詔」人數並非固定的，由於資料的嚴重散失，我們無法得知每個時間段內具體的人數。但是由於存在時間短並且總的人數保留了下來，我們還是可以依此來探討一段時間內北齊文學家的一些信息。衡量一個地區本土文學的總體水平是發達、一般還是落後，隸籍該地區的文學家數量的多少，是最重要的指標之一。〔註98〕本書即以掛有「待詔文林館」官銜者籍貫為中心，探討北齊文士的地理來源分佈，以此求證北齊文壇的主力軍。

筆者耙梳史料，發現曾經帶「待詔文林館」銜的文人前後實有 68 人，〔註99〕（見附表）以社會身份來看，士族是主體，有各級士族身份的 61 人，其餘非士族以及籍貫不明者有 7 人。以士族群體來看，在文林館中，山東士族佔優勢地位，其次是南來士族，其餘是那些非士族、代北漢化士族、關中士族、地方士族。這種情況是北朝社會歷史環境所造成的。下面按所佔比例依次闡述。

一、山東士族之「待詔文林館」

出身山東士族的有 36 人，占總數的 52.94%。山東士族占文林館內學士之多數，這有其必然的因素。

首先，是因為北齊政權的統治範圍在山東地區。作為統治基礎的六鎮鮮卑和山東士族有千絲萬縷的聯繫。北齊政權是高歡在鎮壓北魏末年農民起義，以及消滅尒朱氏的過程中，廣泛吸納山東士族參加到其政權中而建立的。

〔註96〕 幾乎各斷代文學史著作均認為北朝除「北地三才」和庾信、王褒外，沒有高水平的作家。其實是那一時代作家作品散失給我們帶來的錯覺。我們應以唐初史學家對他們的認識為出發點，而不應以現代眼光審視。

〔註97〕 《北齊書》卷 45《文苑傳》，中華書局 1972 年版，第 604 頁。

〔註98〕 胡阿祥：《魏晉本土文學地理研究》，南京大學出版社 2001 年版，第 6 頁。

〔註99〕 以入「文林館」即為「待詔文林館」計，《北史》與《北齊書》中的《文苑傳》載前後有 62 人，加上《文苑傳》缺載的 6 人，實際為 68 人。清代學者姚振宗在《隋書經籍志考證》（二十五史補編本）也認為是 62 人，失於統計。

如果沒有山東士族的積極參與，高歡也難以取得勝利。山東士族作爲統治基礎，在文壇上必然也顯示出佔據多數的特徵。

其次，文學是文化的一種藝術表徵。一個區域文風是否興盛，與該區域文化傳統的久暫有關；文學家成就的大小，則往往視乎文化土壤的深厚抑或淺薄；至於文學家數量的多少，又常常與文化家族的眾多或寡少密切相關。〔註 100〕北朝文化中心一直在山東地區，五世紀後河北文學的再度復蘇，緣於河北政局的趨向穩定與社會經濟的逐漸恢復。儘管河北地區向來是以經學傳家，並非以文學傳世，但以經學爲代表的文化基礎，給了北朝後期河北地區士族以文學上的後勁。唐長孺先生說漢族士族家族在北朝的政治紛亂中，並未將文化拋棄，他們往往是文化傳家，將文化作爲自身層次的標誌。〔註 101〕這其中自然包括文學在內。不過總體和南朝相比，北朝文學長期處於衰頹的狀態中，眞正的文學作品很少出現，長期的政治軍事鬥爭，給人們以沉重的心理壓力，文人也無暇去顧及思維與意識上的變化。盛行的是那些軍國書檄之類的應用文，充滿文學色彩的文學作品是被忽視的。此即「章奏符檄，則粲然可觀；體物緣情，則寂寥於世」也。〔註 102〕經過北魏長期的休整和發展，到太和年間，文學終於達到了北朝一個小小的高潮。北魏文學進入全盛期，出現了大作家、大作品，絲毫不遜色於南朝梁文學。〔註 103〕在經歷了北魏末年大起義之後，東魏北齊政權保持了一個相對和平的環境。山東士族在這場文學的高潮中，表現出了很高的水平。

山東士族很多士族家族有多人入館，在文學上的成就十分醒目。如右北平陽氏，就有陽休之、陽俊之、陽闢彊、陽師孝四人先後入館；趙郡李氏就有李犖及李孝貞、李孝基兄弟；北海王氏就有王晞和姪子王和先後入館。山東士族的詩歌多富有情致。陽休之《春日詩》：「遲遲暮春日，藹藹春光上。柔露洗金盤，輕絲綴珠網。漸看階苜蔓，稍覺池蓮長。蝴蝶映花飛，楚雀綠條響。」〔註 104〕借春光春景的柔和，寫萬物在春日下的流動，洋溢著一片春機。除了這類詩歌描寫入微外，還有詩人筆下的詩歌意境呈現出比同時期的

〔註 100〕胡阿祥：《魏晉本土文學地理研究》，第 81 頁。
〔註 101〕參看唐長孺：《魏晉南北朝隋唐史三論》，武漢大學出版社 1993 年版，第 204
　　　　～227 頁。
〔註 102〕《北史》卷 83《文苑傳》，第 2778 頁。
〔註 103〕周建江：《北朝文學史》，第 71 頁。
〔註 104〕逯欽立：《先秦漢魏晉南北朝詩・北齊詩》卷 2，第 2281 頁。

陳朝和北周更爲闊大的氣質。劉逖《秋朝野望》：「駐車憑險岸，飛蓋歷平湖。菊寒花稍發，蓮秋葉漸枯。向浦低行雁，排空轉噪烏。若將君共賞，何處減城隅。」〔註105〕該詩對仗工整而有情致。北方季節變化明顯，秋高氣爽，萬物寥落，使詩人筆下有了遼闊的風格。

二、南來士族之「待詔文林館」

南來士族有 12 人，占總數的 17.65%。

在南北朝對峙的形勢下，很多持不同政見或是被打擊的將領和士族都相繼逃到敵對方。在北魏遷都洛陽後，開始了大規模的北方將領南逃的情況，其中既有皇族也有大士族。〔註106〕繼而北魏後期南方士族開始以各種原因到北方，在東魏和北齊時數目依然很可觀。因北齊多繼承北魏制度，故成爲南朝士族主要投奔之地，顏之推就是這樣的選擇。蕭氏是南朝梁的皇族，就先後有四人入館。蕭放，其父蕭祗是梁武帝弟南平王偉之子，因侯景之亂隨父逃到北方；蕭退是梁武帝弟司空鄱陽王恢之子，和從兄蕭祗一起到北方。蕭愨是「梁上黃侯曄之子，天保中入國」，〔註107〕也是因侯景之亂而逃到北方。其它的也以各種原因到北方。如荀仲舉，「世江南。仕梁爲南沙令，從蕭明於寒山被執」；〔註108〕袁奭，「蕭莊時以侍中奉使貢。莊敗，除琅邪王儼大將軍諮議」；〔註109〕江旰，「梁末給事黃門郎，因使至淮南，爲邊將所執。送鄴」。〔註110〕諸葛漢「侯景之亂，奔齊，待詔文林館」〔註111〕。

南方僑姓士族多有文辭，蕭氏以皇族文才也不在其它士族之下，他們沒有了復國的希望，不再沉湎於過去歲月的思念，而是以一種輕鬆的人生態度安然處之，隨遇而安是他們健康心理的表現。因此他們寄情於輕豔的生活，作品充滿了上層人士的情懷。〔註112〕如蕭愨就有「芙蓉露下落，楊柳月中疏」這樣意境清新，風格蕭散的名句。蕭氏之詩文多婉約、清麗之辭，給以豪放

〔註105〕同上書，第 2272 頁。
〔註106〕宋燕鵬：《北魏在南皇族考》，載《北朝研究》（第一輯，1999 年），北京燕山出版社 2000 年版。
〔註107〕《北齊書》卷 45《文苑·蕭愨傳》，第 627 頁。
〔註108〕《北齊書》卷 45《文苑·荀仲舉傳》，第 627 頁。
〔註109〕《北齊書》卷 45《文苑·袁奭傳》，第 626 頁。
〔註110〕《北齊書》卷 45《文苑·江旰傳》，第 626 頁。
〔註111〕《隋書》卷 76《文學·諸葛穎傳》，中華書局 1973 年版，第 1734 頁。
〔註112〕周建江：《北朝文學史》，第 120 頁。

爲風氣的北方注入了新的活力。〔註113〕其它的南來士族，如荀仲舉《銅雀臺》：
「高臺秋色晚，直望已淒然。況復歸風便，松聲入斷弦。淚逐梁塵下，心隨
團扇捐。誰堪三五夜，空對月光圓。」〔註114〕該詩貼近生活，借京城銅雀臺
的荒廢，想見山河已改，託心跡於歷史，則具有一種深厚及蒼茫感，格調渾
厚。這是南來詩人中的精彩之筆。

三、漢化少數族士族之「待詔文林館」

出身代北漢化士族的有 5 人，占總數的 7.35%。

在北魏孝文帝改革後的幾十年中，不少鮮卑族上層漢化的很徹底。但是
漢化的士族多數在北魏末年尒朱榮製造的的河陰之變中被殺，使得孝文帝改
革的成果受到打擊鮮卑族的漢化過程遭到損失。那些隨著六鎮軍隊南下的鮮
卑貴族，在漢族文化上卻沒有什麼造詣，反而想辦法恢復鮮卑風俗和文化。
但遺留下來的定居洛陽的鮮卑士族卻已經徹底漢化。如陸氏，在北魏時期已
經漢化成功，進入東魏北齊時期有陸乂「聰敏博學，有文才，年十九舉州秀
才。」〔註115〕當時「舉秀才例取文士」，〔註116〕說明陸乂在文學上有一定成
就。陸爽「少聰明，年九歲就學，日誦二千餘言。」〔註117〕陸寬「兄弟並有
才品，議者稱爲三武。」「（其父）恭之所著文章詩賦凡千餘篇」，其兄「篤誌
文學」。〔註118〕東魏皇族元氏，漢化程度很高，但由於北齊文宣帝大肆屠殺元
氏皇族，只有少數留下，故在文林館中只有元行恭一人。他現存詩歌兩首，
其一《過故宅詩》：「頹城百戰後，荒宅四鄰通；將軍戟已折，步兵途轉窮。
吹臺有山鳥，歌庭聒野蟲；草深斜徑沒，水盡曲池空。林中滿明月，是處來
春風；唯餘一廢井，尚夾兩株桐。」〔註119〕故國之思浸滿詩中，興亡之念溢
於言表。

〔註113〕鍾濤：《梁季入北文人述略》，《青海師範大學學報（社會科學版）》1991 年第
　　　　3 期；另見其《雅與俗的跨越——漢魏六朝及元代文學論集》，巴蜀書社 2001
　　　　年第 1 版。
〔註114〕逯欽立：《先秦漢魏晉南北朝詩·北齊詩》卷 1，第 2267 頁。
〔註115〕《北史》卷 28《陸俟傳乂附傳》，第 1018 頁。
〔註116〕《北齊書》卷 44《儒林·馬敬德傳》，第 590 頁。
〔註117〕《北史》卷 28《陸俟傳陸麗弟麒麟附傳》，第 1022 頁。
〔註118〕《北史》卷 24《陸俟傳陸凱子恭之附傳》，第 1011 頁。
〔註119〕逯欽立：《先秦漢魏晉南北朝詩·隋詩》卷 2，第 2654 頁。

四、關中士族之「待詔文林館」

出身關中士族的有 4 人，占總數的 5.88%。

關中士族在北齊文壇上的人數是比較少的。大部分關中士族在北魏末年的大分裂中，選擇了西魏，主要原因在於他們的祖籍在關中。只有少數的關中士族選擇追隨了高歡。因西魏北周奉行鮮卑化的民族政策，使純粹的文學在當時不被人所重視。故在北朝文壇上，在西魏北周的關中士族並不占主流地位。而在關東的關中士族卻在文學上有比較高的聲譽。韋道遜「與兄道密、道建、道儒並早以文學知名」。〔註120〕辛德源「沉靜好學，十四解屬文。及長，博覽書記。中書侍郎劉逖上表薦德源：……文章綺豔，體調清華。恭慎表於閨門，謙撝著於朋執。實後進之辭人，當今之雅器。」〔註121〕李師上「聰敏好學，雅有詞致。外族魏收無子，惟有一女生師上，甚愛重之，童齔便自教屬文，有名於世。」〔註122〕其中僅辛德源有作品流傳下來，他的詩歌不以力度見長，而以小巧見著。如《短歌行》：「馳射罷金溝，戲笑上雲樓。少妻鳴趙瑟，侍妓轉吳謳。杯度浮香滿，扇舉細塵浮。星河耿涼夜，飛月豔新秋。忽念奔駒促，彌欣執燭遊。」〔註123〕在士大夫生活的情懷中，寫出士人對時間流逝的敏感，在藝術上已臻於成熟。

五、地方士族與非士族之「待詔文林館」

地方士族有 5 人，占總數的 7.35%。餘非士族以及籍貫不明者有 7 人，占總數 10.29%。

同南朝門閥社會相比，北朝並非門閥士族一統天下，因為北朝沒有形成南朝僵化的門閥體制。地方士族儘管在社會上受到高門士族的排擠，但一些有才能的地方士族也能在中央政權取得一定的地位。而以文學為進階之工具者不乏其人。如李德林為博陵安平人，「善屬文，辭核而理暢。魏收嘗對高隆之謂其父曰：『賢子文筆，終當繼溫子昇。』」「時齊帝留情文雅，召入文林館，與黃門侍郎顏之推同判文林館事，累遷儀同三司。」〔註124〕

〔註120〕《北齊書》卷45《文苑・韋道遜傳》，第 626 頁。
〔註121〕《北史》卷 50《辛雄傳辛術族子德源附傳》，第 1824 頁。
〔註122〕《北史》卷 100《序傳・涼武昭王李嵩傳李璵孫師上附傳》，第 3319 頁。
〔註123〕逯欽立：《先秦漢魏晉南北朝詩・隋詩》卷 2，第 2648 頁。
〔註124〕《北史》卷 72《李德林傳》，第 2504～2505 頁。

　　非士族成員皆少時清貧，以書學和經學而成上層官員。在北齊時期，有極少數人因與皇帝關係近密而被授予文學之職以爲榮。如張景仁「幼孤，家貧，以學書爲業，遂工草隸。……進位儀同三司，加開府，侍書如故。每旦須參，即在東宮停止。及立文林館，中人鄧長顒希旨，奏令判文林館事。除侍中，封建安王。」〔註125〕大家知道書學和文學是不同的範疇，但因其與皇帝之關係而成文學機構之首腦。另一個是張雕武「家世寒微。……遍通《五經》，尤明《三傳》。弟子遠方就業著者，以百數，諸儒服其強辯。……及帝侍講馬敬德卒，乃入授經書，帝甚重之。……加國子祭酒、假儀同三司，待詔文林館。」〔註126〕這是一個以經學而進文林館的例子。其實這兩個是特例，進文林館未必表明他們在文學上的成就，甚或說就是在附庸文學風雅，所幸人數極少，沒有影響到文士地理分佈的總體格局。下面用圖表表示北齊「待詔文林館」的地理分佈比例：

北齊文林館成員地理分佈比例示意圖

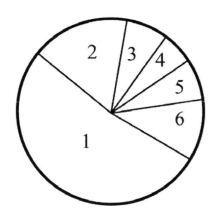

1. 山東士族
2. 南方士族
3. 漢化少數族士族
4. 關中士族
5. 地方士族
6. 非士族及籍貫不明者

　　總之，從靜態的籍貫來看，北齊文學家主要來自太行山以東的山東士族。北齊文壇以山東士族、漢化少數族士族、關中士族等北方士族爲主體，在加入南方士族之後，鄴下出現了建安之後的第二次文學興盛。故鄴下文壇因不同地域文學家的到來而變得豐富多彩。北齊文學家地理來源分佈的不平衡是由於政治形勢而造成的。文學家來自於不同的地域，客觀上爲南北文學在此

〔註125〕《北史》卷81《儒林・張景仁傳》，第2732頁。
〔註126〕《北史》卷81《儒林・張雕武傳》，第2735頁。

時開始相對成熟的對話提供了條件，也由此成就了北齊文學在北朝文學史上的地位。另，陳寅恪先生論隋唐制度淵源的時候，認為北魏、北齊為隋唐制度的三個源頭之一。〔註127〕筆者竊以為如果將這個觀點從制度擴大為文化也是成立的，因為北齊文學對隋唐的影響也有一個令人矚目的程度。

附表：「待詔文林館」學士籍貫一覽表

士族群體	籍 貫	姓 名	士族群體	籍 貫	姓 名
山東士族	博陵安平	崔季舒	山東士族	太原晉陽	王劭
		崔液（字君洽）		太山鉅平	羊肅
		崔子樞	關中士族	隴西狄道	辛德源
	清河東武城	崔劼		京兆杜陵	韋道遜
		崔儦		京兆杜陵	杜臺卿
		崔德（立）（疑）		隴西	李師上
		崔德儒（疑）	漢化少數族	代	陸乂
	趙郡	李元楷（疑）			陸爽（字開明）
	趙郡平棘	李孝貞			陸寬（字仁惠）
		李孝基		姑臧武威	段孝言
	趙郡柏仁	李羲		洛陽	元（高）行恭
	右北平無終	陽休之	南來士族	蘭陵	蕭愨
		陽俊之			蕭慨（一作溉）
		陽闢彊			蕭放
		陽師孝			蕭退
	范陽涿縣	盧思道		琅邪臨沂	顏之推
		盧公順		潁川	荀仲舉
	范陽	祖珽		陳郡	袁奭
	北海劇縣	王晞		丹陽	徐之才
		王伯		濟陽	江旰
	彭城叢亭里	劉逖		吳郡	朱才
		劉顗		建康	諸葛潁（字漢）

〔註127〕陳寅恪：《隋唐制度淵源略論稿（外二種）》，河北教育出版社 2002 年版，第5 頁。

	劉璿（一作泰璿）	地方士族	南陽	劉仲威
榮陽開封	鄭元禮		河間	馬元熙
	鄭抗（字子信）		博陵安平	李德林
	鄭公超（疑）		趙郡高邑	眭豫（道閒）
渤海脩縣	封孝騫		河內	古道子
	封孝琰	非士族	中山北平	張雕（北史作張雕武）
距鹿下曲陽	魏收		濟北	張景仁
	魏澹		籍貫不明	周子深
	魏騫（疑）			楊訓
	魏師謇（疑）			張德沖
河東汾陰	薛道衡			王友伯
太原祁縣	溫君悠			劉儒行

注：〔1〕此表據《北齊書》《北史》等相關資料製成，出處不再一一注明；
　　〔2〕表中「疑」指該人在史書中無籍貫顯示，依據其姓氏與行事猜測；
　　〔3〕表中「字」指該人在史書中有時以字行事，實爲一人。

第四章　北朝文化機構研究

第一節　北齊的文化著述機構——文林館

　　文林館是北齊後主設立的一個以文人學士為主體的機構，其規模之盛，曾在南北朝後期造成了廣泛的影響，甚至到唐代史官在修北朝史書之時還津津樂道。《舊唐書》卷四十三《職官志》所云：「北齊有文林館學士……掌著述。」可知文林館是北齊的文化著述機構。作為北朝後期著名的文化機構，長時期內卻由於北齊文學家作品的散失而被歷代學者所忽視。直到最近，才有少數幾位學者對其進行研究，肯定其文壇上應有的地位。〔註1〕但筆者尚未見有學者對文林館本身，以及其對北齊乃至北朝文學的影響進行闡述。故對文林館的設置進行考證，不當之處，敬請方家批評指正。

一、文林館設立時間

　　文林館設立於北齊後主高緯時期。《北史》卷八《齊本紀下·後主紀》：「（武平四年二月）丙午，置文林館。」武平四年為公元 573 年，即此年二月後主設立了文林館。司馬光在編纂《資治通鑒》（以下簡稱《通〔註2〕鑒》）時，也把這件事放到了公元 573 年。《通鑒》卷一百七十一《陳紀五》宣帝太建五年（公元五七三年）：「丙午，祖珽奏置文林館，多引文學之士以充之，謂之待詔」。看來文林館設置於武平四年是無可非議的了。故《中國歷史大辭典·魏

〔註 1〕周建江：《北朝文學史》；鍾濤：《梁季入北文人述略》，《青海師範大學學報（社會科學版）》1991 年第 3 期。

〔註 2〕《北齊書》卷 8《後主紀》原缺，後人以《北史》之文補之，見校勘記，後同。

晉南北朝卷》「文林館」條，就直接這樣說。但奇怪的是在《北齊書》卷四十五《文苑傳》中，卻稱「三年，祖珽奏立文林館。」這樣一來，文林館設置的時間在史書上就成爲兩個。文林館的建立時間就無法解決下去了。周建江博士在《北朝文學史》中也忽視了這個問題。但是史書還是給我們解決這個問題留下了一些線索。對此筆者僅見鍾濤博士在《雅與俗的跨越——漢魏六朝與元代文學論集》中曾初步認定設置時間在武平三年。但筆者認爲其理由不甚充分，故條列補充如下：

1、修撰《御覽》是在設置文林館之後

《北齊書》卷四十五《文苑傳》云，祖珽奏設文林館之後，緊接著說「珽又奏撰《御覽》」云云。據此可以知道在文林館設立後的第一件事情就是修撰《御覽》。那麼在時間先後上，《御覽》的修撰肯定在文林館設立之後了。有意思的是，《北史》卷八《齊本紀下·後主紀》：「（武平三年二月）是月，敕撰《玄洲苑御覽》，後改名《聖壽堂御覽》」，「（同年八月）是月，《聖壽堂御覽》成，敕付史閣，後改爲《修文殿御覽》。」（《北齊書》同）這部書在三年修成，文林館卻在四年設立，而且都是在二月，這不是一件很奇怪的事情麼？顯然是文林館設置時間放錯了地方，應該在三年二月。

2、文林館設置時間是在祖珽任尚書左僕射與斛律光被殺之間

《北史》卷四十七《祖瑩傳祖珽附傳》：「拜尚書左僕射。監國史，加特進，入文林館，總監撰書」，緊接著其言斛律光甚惡之，遙見竊罵云云，祖珽因構成其罪，滅其族。（《北齊書》卷三十九同）按當時史書敘事，官職雖無年份，但卻是按先後順序。故文林館設置的時間確實是在祖珽任尚書左僕射之後。並且在入文林館之後，斛律光被族滅。查《北史》卷八《齊本紀》，祖珽擔任尚書左僕射在武平三年二月。同年「秋七月戊辰，誅左丞相、咸陽王斛律光及其弟幽州行臺、荊山公豐樂。」那麼，從前後行文可見，文林館設置時間在武平三年二月祖珽擔任尚書左僕射之後，斛律光被殺之前。

3、魏收去世時間當在文林館設置之後

按《北齊書》卷三十七魏收本傳，未言其在文林館，但是同書《文苑傳》中卻言文林館設立後，祖珽又奏修《御覽》，詔由多人監撰，其中就有魏收。那麼按照進文林館即爲「待詔文林館」，魏收監修書亦當在文林館設置之後。按魏收本傳，其去世即在武平三年。那正好可以說明文林館設立在武平三年。

4、「待詔文林館」封孝琰死在武平三年

在羅新、葉煒著《新出魏晉南北朝墓誌疏證》中墓誌第一一四是封孝琰墓誌，墓誌云：「還兼尚書左丞，待詔文林館，仍正左丞，奏門下事……以武平三年十月卅日，終於鄴城，時年五十有一。」既然封孝琰死於武平三年，那就直接證明文林館設置時間是在武平三年。

雖然筆者與鍾濤博士得到了基本一致的看法，認定文林館設置於武平三年，但是卻有一個不可迴避的問題存在。《北史》卷八《齊本紀下·後主紀》：「（武平四年二月）丙午，置文林館。」如果年份錯誤，那麼是不是這個具體的日期也有錯誤呢？這個問題被鍾濤博士忽視了。查徐錫祺《新編中國三千年曆日檢索表》，在武平三年二月中，沒有丙午日，倒是武平四年二月初十，恰好為丙午日。這是一個不可否認的存在。如果文林館設置於四年，那就相應產生了不少矛盾現象。如果上述理由不錯，那就是此「丙午」日為史書流傳過程中發生的錯訛。

二、文林館執掌與成員人數

文林館之執掌，《唐六典》卷八：「宋泰始至齊永明有總明館，梁有士林館，北齊有文林館，後周有崇文館，或典校理，或司撰著，或兼訓生徒」。據此可知文林館的執掌為校對圖書，撰寫著作，訓導學生。進入文林館文人的被稱為「待詔文林館」，到唐代，「待詔文林館」也被俗稱為「文林館學士」。如《舊唐書》卷六十一《溫大雅傳》：「父君悠，北齊文林館學士。」文林館的負責人有顏之推、李德林、張景仁。顏之推，按《北齊書》卷四十五本傳：「（之推）大為祖珽所重，令掌知館事，判署文書。」李德林，按《北史》卷七十二本傳：「時齊帝留情文雅，召入文林館，與黃門侍郎顏之推同判文林館事。」張景仁，按《北齊書》卷四十四本傳：「及立文林館，中人鄧長顒希旨，奏令總制館事。」但是現在已經無法知曉前後「待詔文林館」究竟有多少？清代學者姚振宗在《隋書經籍志考證》中認為是 62 人，〔註3〕查《北齊書·文苑傳》所載，確實包括監修在內有如此人數。周建江博士認為是 55 人，筆者以為這是將監修排除在外的人數。但即使如此，也有脫漏之處。耙梳史料，筆者又檢出《北齊書·文苑傳序》所失載的王晞、陽俊之、王伯、荀仲舉、

〔註3〕姚振宗：《隋書經籍志考證》，中華書局 1956 年版，第 5887 頁。該文發表時筆者將該書作者誤為章宗源，特此糾正。

蕭退五個「待詔文林館」，以及監修張景仁。以入文林館即爲「待詔文林館」
來計，文林館內學士先後實有 68 人。

三、文林館的成就與撤消時間

文林館學士們的主要成就是集體編撰了類書《修文殿御覽》。諸學士進入
文林館，大多是以編撰《修文殿御覽》爲緣由。編撰《修文殿御覽》已見前
引文。此《御覽》按《北齊書》卷八《文苑傳》爲祖珽所奏請修撰，於是後
主詔令祖珽及魏收、徐之才、張彫、陽休之監修。參加監修的還有崔季舒（按
《北史》卷三十二《崔挺傳崔季舒附傳》：「待詔文林館，監撰《御覽》。」《北
齊書》同）、崔劼（按《北齊書》卷四十二《崔劼傳》：「待詔文林館，監撰新
書。」《北史》卷四十四同）。該《御覽》，《隋書》卷三十五《經籍志》作三
百六十卷，長期未見流傳，多以爲其失傳。清朝末年法國人伯希和於敦煌石
室中，發現唐代寫本類書殘卷，經近人學者羅振玉考證，謂即此書。〔註4〕史
書記載北朝兩百多年所修撰的類書只有兩部，《修文殿御覽》即是其中之一。

除了《修文殿御覽》之外，文林館學士還留下了《文林館詩府》八卷。《隋
書》卷三十五《經籍四·集志》：「《文林館詩府》八卷，後齊文林館作。」眾
多學士俱爲擅文之士，除了眾多私人文集之外，他們平時在文林館「或談經
說史，或吟詠詩賦，更相嘲戲，欣笑滿堂」。〔註5〕大量即興創作的詩歌被記
錄下來，就成爲這一代表文林館學士文學水平的《文林館詩府》，爲後人所傳
誦。與文林館有關的還有《文林館記》，見《舊唐書》卷四十八《經籍志上》：
「《文林館記》十卷，鄭忱撰」。該書與作者俱不可考。《新唐書》中也記載此
書，證明在北宋時期此書尚存。這大概是記載文林館軼聞趣事的書。

關於文林館是否被撤消，史無明文。有學者認爲武平四年十月崔季舒、
張雕、劉逖、封孝琰等被殺，是文林館解散的時間。〔註6〕對此筆者不敢苟同。
《北史》卷四十一《楊播傳鄭頤附傳》：「頤弟抗……武平末，兼左右郎中，
待詔文林館」。武平年號有七年，筆者以爲此「末」所指爲五年至七年。史書
並無撤消文林館之詔書，實際上是隨著祖珽失勢外貶，「待詔文林館」也跟著

〔註4〕張滌華：《類書流別》，商務印書館 1985 年版，第 42 頁。：胡道靜：《中國古
代的類書》，中華書局 1982 年版，第 47～54 頁。

〔註5〕《北齊書》卷 43《許惇傳》，第 575 頁。

〔註6〕孔毅：《東魏北齊的文士及其命運》，《貴州師範大學學報（社會科學版）》1995
年第 1 期。

變成無所事事的虛職，眾多「待詔」也只好多就它職。此即《北齊書》卷四十五《文苑傳》所言：「《御覽》成後，所撰錄人亦有不時待詔，付所司處分者。」但是文林館作爲一實體還依然存在。如果我猜測不錯的話，當與北齊政權一起終結。

由於眾多文人的文集和史料都已散失，後人已經難以全部明瞭眾多學士的情況。但事實上文林館的設置不僅是北齊短暫歷史中的一大手筆。作爲一個以文人爲主體的機構，此爲設立專門機構以處文人的一個明顯例證。此舉措既爲籠絡文人之事，也爲標榜崇文之舉，一舉兩得。北周在滅亡北齊後，也設置了崇文館，相應也有學士，繼承了北齊的政策。後世之學士皆多由此而仿來。從這個意義上看，在南北朝後期，綜觀北齊、北周、陳三個政權，陳已步入沒落，文學也缺乏生氣；北周民族氣息濃厚，惟獨南來之庾信與王褒帶來了新鮮感覺，但本土作家並沒有出現；與北周不同的是，北齊的文學在雜糅南朝和北朝文學風範之後，以所謂「北地三才」爲代表的一大批本土作家已經成長起來。從這個意義上說，北齊鄴下文人集團是南北朝後期文壇上最奪目的明星。故而北齊文壇不僅在北朝文學發展史上也有重要的位置，甚至在魏晉南北朝的文學進程中也是不可忽略的。這個問題非本書所能展開，俟另文詳細論述。

此點非本書所能展開，俟另文詳論。

第二節　北周麟趾學士的設置、學術活動及其意義 [註7]

西魏建立後，長時間內文學處於低潮，這與時代文化氛圍是有密切聯繫的。由於北周實行鮮卑化政策，故而文學不被世人所重視。文帝宇文泰嫉北魏後期以來的文章浮華之風，令蘇綽在祭祖廟之時，爲皇帝作《大誥》，由於文詞樸實，不尚空談，當朝下令文章皆依此體。最高統治者的反感，致使文學在社會上不受重視。與同時期的北齊文學蓬勃之勢相比，北周文學明顯處於弱勢。但不可否認的是，北周的文化活動並沒有停止，如北周明帝時期設置麟趾學士就是其中重要的一項，這個舉措在西魏北周文化發展史上有著重要的地位。對於北周短暫歷史中的這項文化活動，筆者僅見任冬善作有專文，[註8] 但其論述過於簡略，故詳析於後。

〔註 7〕　本節與張素格合作。
〔註 8〕　任冬善：《北周麟趾殿的設立構成及其歷史意義》，《社科縱橫》2007 年第 6 期。

一、北周麟趾學士的設置與成員結構

北周麟趾學士的設立是在世宗明帝即位之初（557 年九月～558 年）。〔註9〕
明帝「及即位，集公卿已下有文學者八十餘人於麟趾殿，刊校經史。」〔註10〕
這些人都有一個職銜——麟趾學士。後人直接就認為麟趾學士為著述之職
官。如唐代杜佑就說：「北齊有文林館學士，後周有麟趾殿學士，皆掌著述。」
〔註11〕其實「文林館學士」原稱為「待詔文林館」，而「麟趾殿學士」則一
般稱為「麟趾學士」。任冬善認為麟趾殿是在明帝即位設立的，此點筆者不
敢苟同。從上述「集公卿已下有文學者八十餘人於麟趾殿」來看，麟趾殿是
已經存在的宮殿，而非專為「刊校經史」建造的。「《梁武帝集》四十卷，《簡
文集》九十卷，各止一本，江陵平後，並藏秘閣。（蕭）大圜既入麟趾，方
得見之。」〔註12〕可知西魏的典籍原本放在秘閣，在開麟趾殿校書之後，這
些待校勘的典籍則轉移到麟趾殿，在這個場所「刊校經史」是再合適不過了。

明帝即位時麟趾學士有八十餘人，當然這八十餘人並非都是才能出眾
者，設立後還曾加以分等。史書云：「世宗雅愛文史，立麟趾學，在朝有藝業
者，不限貴賤，皆預聽焉。乃至蕭撝、王褒等與卑鄙之徒同為學士。翼言於
帝曰：『蕭撝，梁之宗子。王褒，梁之公卿。今與趨走同儕，恐非尚賢貴爵之
義。』帝納之，詔翼定其班次，於是有等差矣。」〔註13〕其實「八十餘人」
並非全部麟趾學士的人數，後來還曾陸續補充。「武成二年，（庾季才）與王
褒、庾信同補麟趾學士」。〔註14〕武成二年是明帝即位後的第四年，從這句話
可以發現，不僅在明帝即位伊始任命一批麟趾學士，後來還曾補充進來一些，

〔註 9〕 徐寶余認為開設麟趾殿校書是在武成二年（560 年），其實是誤將庾信入麟趾
殿的時間作為開麟趾殿的時間。（見徐氏著《庾信研究》，學林出版社 2003 年
版，第 42 頁。）。任冬善也犯了同樣的錯誤。另，任冬善又據《周書・蕭撝
傳》載「武成中，世宗令諸文儒於麟趾殿校定經史」來證明麟趾殿的設立時
間應為周世宗明帝武成二年。史書除了這句話，還有《周書・韋孝寬傳》「明
帝初，參麟趾殿學士」、《北史・常山王遵傳附順子偉傳》「周明帝初……受詔
於麟趾殿刊正經籍」，都表明是在「明帝初」。明帝在位時間為 557 年九月～
560 年四月，其中「武成」年號為 559 年正月～560 年四月。「明帝初」只有
可能是在 557 年九月～558 年十二月之間。《周書・蕭撝傳》所載應為史書之
錯訛。

〔註10〕 《周書》卷 4《明帝紀》，中華書局 1971 年版，第 60 頁。

〔註11〕 《通典》卷 21《職官典三》，中華書局 1984 年版，第 567 頁。

〔註12〕 《周書》卷 42《蕭大圜傳》，第 757 頁。

〔註13〕 同上，卷 30《于翼傳》，第 523 頁。

〔註14〕 《北史》卷 89《藝術傳上・庾季才傳》，第 2947 頁。

當然補充了多少人就無從得知了。北周明帝在位前後不滿四年，期間以及武帝即位後，麟趾學士亦多陸續另有他用，麟趾學士成爲北周歷史上一個短暫的文化現象。

有姓名可考的麟趾學士僅有十四人。這十四人可以分爲兩類，一類是北周本土文士，如楊寬、韋孝寬、元偉。任多善認爲「參與麟趾殿而有姓名可考者中，韋孝寬和楊寬是北朝武將，得入麟趾殿只相當於爲他們裝飾門面」，此論不確。楊寬爲北朝弘農楊氏，雖經唐長孺先生考證，其祖上並非是東漢楊震一脈，〔註 15〕但其宗族在北魏中期開始已經在文化上嶄露頭角。楊寬之父楊鈞「博學強識，舉秀才」。〔註 16〕秀才是察舉制度的重要內容之一，北魏中期開始恢復這一選舉制度，並且從北魏後期開始秀才選舉愈加重視應舉者的文才。〔註 17〕所以楊鈞被舉秀才必定具有一定文才。而楊寬本人也是「及長，解屬文，尤尚武藝」，〔註 18〕可以說是文武雙全。我們不能因爲楊寬的武功卓著而忽視他的文學才能。關中韋氏，亦多是文武全才，至於韋孝寬本人則「風聲傑出，器望孤標，材兼將相，藝備文武」。〔註 19〕與南朝後期文士與武將涇渭分明相比，北朝文士在軍事領域亦頗活躍，甚至在某些方面全然武將之模樣。這是北朝本土士族的普遍家風，西魏北周的博陵崔氏、范陽盧氏等關東士族更是如此。〔註 20〕元偉爲西魏皇族，「少好學，有文雅」。〔註 21〕元氏自從北魏洛陽時代起就基本上全面漢化，不少元氏成員都有很高的文才。與北齊文宣帝大肆屠殺元氏成員不同，宇文家族除對個別謀反者採取措施外，多數元氏皇族都被保留下來，所以在麟趾學士中當亦有另外不少元氏成員。

第二類就是南來文士。從實際猜測，這部分人在麟趾學士中不占多數，但在文化層次上卻是佔據著上游。南朝梁繼承了前代的文學傳統，社會普遍流行著濃厚的重視文才的風氣，在這種背景下，南來文士普遍具有較高的文才和文化造詣，文學家庾信和王褒自不待言，其餘文士見下表：

〔註 15〕　唐長孺：《〈魏書・楊播傳〉「自云弘農華陰人」辨》，《唐長孺社會文化史論叢》，武漢大學出版社 2001 年版，第 121～124 頁。

〔註 16〕　《周書》卷 22《楊寬傳父鈞附傳》，第 364 頁。

〔註 17〕　拙作：《略論北朝後期秀才選舉中的文學因素》《南京曉莊學院學報》2008 年第 1 期。

〔註 18〕　《周書》卷 22《楊寬傳父鈞附傳》，第 364 頁。

〔註 19〕　《韋孝寬墓誌》，羅新、葉煒《新出魏晉南北朝墓誌疏證》，第 313 頁。

〔註 20〕　陳爽：《世家大族和北朝政治》，中國社會科學出版社 1998 年版，第 189～212 頁。

〔註 21〕　《周書》卷 38《元偉傳》，第 688 頁。

學　士	文才和文化造詣表現	出處、頁數
顏之儀	「幼穎悟，三歲能讀《孝經》。及長，博涉群書，好爲詞賦。嘗獻《神州頌》，辭致雅贍。梁元帝手敕報曰：『枚乘二葉，俱得遊梁；應貞兩世，並稱文學。我求才子，鰓慰良深。』」	北史.2796.
蕭撝	「梁武帝弟安成王秀之子也。性溫裕，有儀表。年十二，入國學，博觀經史，雅好屬文。」	周書.751.
蕭大圜	「梁簡文帝之子也。幼而聰敏，神情俊悟。四歲，能誦三都賦及孝經、論語……恆以讀詩、禮、書、易事。（梁）元帝嘗自問五經要事數十條，大圜辭約指明，答無滯。元帝甚歎美之。因曰：『昔河間好學，爾既有之臨淄好文，爾亦兼之。』」	周書.756.
宗懍	「少聰敏，好讀書，晝夜不倦。語輒引古事，鄉里呼爲小兒學士。梁普通六年，舉秀才，以不及二宮元會，例不對策。及梁元帝鎮荊州，謂長史劉之遴曰：『貴鄉多士爲舉一有意少年。』之遴以懍應命。即日引見，令兼記室嘗夕被召宿省，使製《龍川廟碑》，一夜便就，詰朝呈上。梁元帝歎美之。」	周書.759.
姚最	「博通經史，尤好著述。」	北史.2980.
柳裘	「少聰慧，弱冠有令名。」	北史.2544.
鮑宏	「年十二，能屬文，嘗和湘東王繹詩，繹嗟賞不已。」	北史.2616.
明克讓	「少好儒雅，善談論，博涉書史，所覽將萬卷。《三禮》禮論，尤所研精，龜策曆象，咸得其妙。年十四，釋褐湘東王法曹參軍。時舍人朱異在儀賢堂講《老子》，克讓預焉。堂邊有修竹，異令克讓詠之。克讓攬筆輒成，其卒章曰：『非君多愛賞，誰貴此貞心。』異甚奇之。」	北史.2808.
庾季才	「季才幼穎悟，八歲誦《尚書》，十二通《周易》，好占玄象。居喪以孝聞。梁廬陵王續辟荊州主簿，湘東王繹重其術藝，引授外兵參軍。」	隋書.1764.

　　從表中可以看出，南來文士具有兩個特點：首先是年紀很小就顯示出來較高的文才，史官們對此是津津樂道；其次是博覽群書，涉獵廣泛，文學之外多有專長。以唐初人的眼光來看，來到關中的南來文士因爲普遍具有較高的文化涵養和文學才能，在當時顯得尤爲突出。所以任命這些南來文士爲麟趾學士以整理圖書，在文化相對落後的北周也算是用其所長。

二、北周麟趾學士的學術活動

　　麟趾學士的主要執掌是「刊校經史」，史書中也稱爲「參定經籍」、「考校圖籍」、「刊正經籍」、「校定經史」、「刊定群書」，這些詞彙基本上都是一個意思。從國家藏書的角度看，設立這個職位在當時是非常必要的。唐代以前的

國家藏書，經歷了幾次大的破壞。秦始皇焚書坑儒開始，歷代都有令人痛心的損毀藏書的事件。西漢長安藏書隨著赤眉軍入長安，遭到嚴重破壞。東漢洛陽近二百年的國家藏書又被董卓縱火燒毀，曹魏西晉洛陽藏書經歷百年稍稍恢復，但是永嘉之亂起，又被破壞。其後北方經歷了二百年的戰亂，北魏經過孝文帝的努力藏書達到一個小小的高潮。但北魏末年戰亂，這些藏書多數又在兵燹中散失殆盡。南方經東晉歷宋齊梁三朝積纍，最後在侯景之亂中多數毀於戰火。梁元帝在江陵即位，藏書積攢亦有數萬卷。西魏破江陵，這些藏書輾轉到長安，成為北周藏書的主體部分。這部分藏書需要學者加以整理刊佈，以利於文化的傳播。「後周始基關右，外逼強鄰，戎馬生郊，日不暇給。保定之始，書止八千」。〔註22〕保定為明帝之後北周武帝年號，這時候的八千書應是明帝設麟趾學士「刊校經史」的成果。

麟趾學士主要的修撰成果是「挶採眾書，自羲、農以來，訖於魏末，敘為《世譜》」。〔註23〕但是其後唐初修纂的《隋書·經籍志》中沒有著錄此書，之後新、舊《唐書》和北宋《崇文總目》都沒有著錄。估計這本書在隋朝末年的戰亂中就已經散失了。倒是南宋鄭樵在《通志》卷六十五中載有「《世譜》四十八卷」，沒有著者。不知這本書是不是北周麟趾學士編撰的《世譜》。對於麟趾學士編撰的《世譜》，《周書》認為是「凡五百卷」，而同樣修於唐初的《北史》則認為是「凡百卷」，差距甚大。上世紀七十年代唐長孺先生在點校《周書》卷四《明帝紀》的時候，已經注意到此處與《北史》的不同，可能由於史料的局限，他也僅在卷末的「校勘記」中指出兩者的不同而沒有辨別。

對於《世譜》之外麟趾學士是否還編撰其它著作，武漢大學曹之先生認為北周「麟趾殿所編書除了《世譜》之外，還有法律專書《麟趾格》等。」〔註24〕此話明顯有誤。在西魏北周和東魏北齊各有以「麟趾」命名的建築，西魏北周為「麟趾殿」，而東魏北齊則為「麟趾閣」。在北周設立麟趾學士之前，東魏就已經在麟趾閣編纂有法律意義上的《麟趾格》，並且成為《唐律》的主要來源之一。曹先生明顯是把西魏北周的麟趾殿和東魏北齊的麟趾閣混為一談了。

〔註22〕《隋書》卷 32《經籍志一》，第 908 頁。

〔註23〕《周書》卷 4《明帝紀》，第 60 頁。

〔註24〕曹之：《中國圖書編撰史》，武漢大學出版社 2006 年版，第 67 頁。

三、北周設置麟趾學士的意義

麟趾學士的設置，對北周的文化發展以及文學進程產生了較為深遠的影響。

首先，明帝對北周現有的藏書進行整理是北周文化發展史上的一個重要舉措。這些藏書，有的是北魏滅亡後關中自有的，另一大部分就是梁元帝在江陵積攢的圖書，江陵失陷後被西魏轉移到了長安。在政治穩定之後，文化建設就擺到了統治者面前，明帝設置麟趾學士進行「刊校經史」的工作也就是必然的舉措了。曹道衡先生認為，北周雖也有命學士在麟趾殿校書之舉，但其規模較之北齊之編《修文殿御覽》，實難比擬。〔註25〕如果從橫向比較來看，此觀點確為的論。北齊後主武平三年（572年）設置「待詔文林館」，〔註26〕一個重要的執掌為校對圖書，撰寫著作，訓導學生。儘管「待詔文林館」設置時間要晚，人數上比麟趾學士也要少，可成員平均文化素養要比麟趾學士要高很多。〔註27〕但是我們不能因此橫向比較而抹煞麟趾學士設置自身的意義。因為從縱向來看，北周初年有必要對自身現有文化資源進行一次整頓，其中的一項重要工作就是對現有藏書進行校正，在短暫的四年時間內，麟趾學士還是做出了自己的成績。更重要的是此舉將南來漢族士大夫的敵對情緒在很大程度上給予緩和。林怡認為麟趾閣校書使得在江陵禍後由南入北的漢族士大夫從心理上開始靠攏並認同北周政權，因為故朝雖喪，但斯文在新朝並不墜，雖有亡國之痛，但安身立命的文化傳統仍在，這差可慰藉人心，這是南北朝易代頻仍之際士大夫能夠安然地易仕多朝的原因之一。〔註28〕此言甚是。

其次，麟趾學士的設置對北周文學的發展進程產生重大影響。北魏末年大分裂中，多數文士轉移到了東魏，跟隨孝武帝入關中的文士在西魏最高統

〔註25〕 曹道衡：《西魏北周時代的關隴學術與文化》，《中古文史叢稿》，河北大學出版社2003年版，第159頁。

〔註26〕 至於文林館設置的時間，史書記載不同，《北史·齊本紀》和《資治通鑑》卷171認為是在武平四年（573年），而《北齊書》和《北史》的《文苑傳》則認為是在武平三年（572年）。應以後者為確。具體考證見拙文《北齊的文化著述機構——文林館》。另外需要交代的是，魏宏利在《北齊文林館的設立、構成及其歷史意義》（《西南交通大學學報〔社會科學版〕》2006年第5期）中運用不同的材料也得出了和筆者相同的結論。而王允亮在《北齊文林館考論》（《長沙大學學報》2006年第6期）中對此問題則失於考察。

〔註27〕 宋燕鵬、高楠：《論北齊文士的地理分佈——以「待詔文林館」籍貫為考察中心》，《中國歷史地理論叢》2006年第4期。

〔註28〕 林怡：《庾信研究》，人民文學出版社2000年版，第48頁。

治者不重視的環境下，文學上也沒有太大的成績。隨著江陵陷落，大批南朝文士湧入長安，給當時暗淡的關中文壇注入一股清新之風。由於明帝本人「幼而好學，博覽群書，善屬文，詞采溫麗」，〔註29〕具有一定文學造詣，經過他的提倡，北周文學在經歷了近二十年西魏文學的沉寂後出現了生機勃勃的局面，〔註30〕麟趾學士就是在這個大背景下設立的。設立麟趾學士，主觀上不僅校正經史，整理了一大批經史書籍，在客觀上還造成了一個文士集中的氛圍。不難想像，離群索居的文士是很難有多高的文學才能的。只有文士之間互相交流、品評，文學水平才能得到提高，之後才會形成社會上廣泛的文學風氣。文學風氣形成後又反過來促進文學水平進一步提高。而麟趾學士集中到麟趾殿「刊校經史」，就為相互之間進行文學切磋提供了很好的機緣。可以想像，這些文士在麟趾殿內必定有不少唱和作品問世，但多數都已散佚，僅保留下來兩首學士們在麟趾殿所作的詩歌，其一，宗懍《麟趾殿詠新井詩》；其二，庾信《預麟趾殿校書和劉儀同詩》。當然這都不是兩位文士的代表作，不過我們還是能略微想像到這些學士在麟趾殿短暫的風采。所以總的來說，麟趾學士的設置是北周文學史上一件比較重要的事件，可以說是西魏文學與北周文學之間的一個轉折點，而這是研究西魏北周文學時需要加以注意的。

〔註29〕《周書》卷 4《明帝紀》，第 60 頁。
〔註30〕周建江：《北朝文學史》，第 139 頁。

第五章　北朝文士相關問題研究

第一節　邢邵年譜 [註1]

　　北齊作家中最著名的當推邢邵。他早年曾任北魏宣武帝元恪的「挽郎」（皇帝喪儀中唱輓歌的人），卒於北齊武成帝高湛即位以後。他曾歷任驃騎將軍、西兗州刺史、中書令、國子監祭酒、加特進等官職。邢邵作爲北齊文士之冠，他的年譜研究有助於我們更好的瞭解和研究史料較缺乏的北朝文學史。爲了更好的分清邢邵的各個時期的活動，我們按朝代順序把邢邵的一生分爲了北魏、東魏、北齊等幾個時期。

一、北魏時期

　　北魏孝文帝元宏太和二十年（496 年）丙子

　　邢邵　　　一歲

　　子才生

　　按：《北齊書·魏收傳》載：「收少子才（邢邵）十歲。」「節閔帝立……
　　　　時年二十六」按：「節閔帝立」爲北魏普泰元年（531 年），此時魏收
　　　　二十六歲，上推當生於正史三年（506 年）。據此則知邢邵當生於北
　　　　魏孝文帝元宏太和二十年（496 年）。

[註 1] 本節與何棟斌合作。

北魏宣武帝元恪延昌四年（515年）乙未

邢邵　　　二十歲

為魏宣武帝挽郎

按：《北齊書·邢邵傳》載：「釋巾爲魏宣武帝挽郎，除奉朝請，遷著作郎。」按：《魏書·世宗紀第八》載世宗宣武帝於延昌四年二月甲午葬於景陵，則邢邵「釋巾爲魏宣武帝挽郎」一事應在此年。

北魏孝明帝元詡正光元年（520年）庚子

邢邵　　　二十五歲

為青州刺史元羅賓客

按：《北齊書·邢邵傳》載：「屬尙書令元羅出鎮青州，啓爲府司馬，遂在青土，終日酣賞，盡山泉之致。」又《魏書·道武七王附元羅傳》載：「遷平東將軍，青州刺史。又當朝專政，羅望傾四海，於時才名之士王元景、邢子才、李獎等咸爲其賓客，從遊青土。」按：《魏書·清河王傳》：「正光元年七月，又與劉騰逼肅宗於顯陽殿，閉靈太后於後宮，囚懌於門下省，誣懌罪狀，遂害之，時年三十四。」此後又開始專政，則元羅出鎮青州時間應在這一年前後，邢邵「爲其賓客，從遊青土」也應在此年以後，具體年限不可確考，且係之。〔註2〕

北魏孝明帝元詡正光六年/孝昌元年（525年）乙巳

邢邵　　　三十歲

除奉朝請，遷著作佐郎〔註3〕

按：《北齊書·邢邵傳》載：「釋巾爲魏宣武挽郎，除奉朝請，遷著作佐郎。」又《洛陽伽藍記》卷三敘邢邵事跡：「正光末，解褐爲世宗（魏宣武帝）挽郎，奉朝請。」按：世宗爲魏宣武帝，死於延昌四年（515年），下距正光末（525年）有十年時間，不當言其爲挽郎在正光末。懷疑其釋巾在正光末。周祖謨先生在《洛陽伽藍記校釋》中說「考元乂之爲尙書令，當在肅宗孝明帝孝昌元年，是劭之爲奉朝請，即在正光末也。」按：元乂爲尙書令，是在已失去兵權之後，而其隔絕孝明帝與胡太后的事，在正光初，當時元羅正爲青州刺史，邢邵在正光末以前，曾依附青州元羅。《魏書·道武七王附元羅傳》載：

〔註2〕曹道衡、沈玉成：《中古文學史料從考》，中華書局2003年版，第735頁。
〔註3〕曹道衡、劉躍進：《南北朝文學編年史》，人民文學出版社2000年版。

「遷平東將軍，青州刺史。又當朝專政，羅望傾四海，於時才名之士王元景、邢子才、李獎等咸為其賓客，從遊青土。」至正光末，邢邵始入為奉朝請。〔註4〕

對典朝儀

按：《北齊書・邢邵傳》載：「孝昌初，與黃門侍郎李琰之對典朝儀。」

為尚書令元乂作謝表

按：《北齊書・邢邵傳》載：「深為領軍元乂所禮，又新除尚書令，神俊與陳郡袁翻在席，又令邵作謝表，須臾便成，以示諸賓。神俊曰：『邢邵此表，足使袁公變色。』」又《魏書・京兆王附元乂傳》載：「乃以乂為驃騎大將軍、儀同三司、尚書令、侍中、領左右。」按：《魏書・肅宗帝紀》載「（孝昌元年）二月，以領軍將軍元乂為驃騎大將軍、儀同三司。」據此則知邢邵為元乂作謝表當在是年。

北魏孝莊帝元子攸永安元年（528年）戊申

邢邵　　　三十三歲

元羅為東道大使，邢邵為子使

按：《北齊書・文苑傳祖鴻勳傳》載：「永安初，元羅為東道大使，署封隆之、邢邵、李渾、李象、鴻勳並為子使。」

北魏孝莊帝元子攸永安二年（529年）己酉

邢邵　　　三十四歲

時任中書侍郎，為莊帝作詔書追崇武宣王為文穆皇帝，母李妃為文穆皇后，遷神主於太廟，以高祖為伯考。

按：《魏書・孝莊帝紀》載：「（永安二年）二月甲午，尊皇考為文穆皇帝，廟號肅祖，皇妣為文穆皇后」又《魏書・臨淮王附元彧傳》載：「莊帝既逼諸妹之請，此辭意黃門侍郎常景、中書侍郎邢子才所替成也。」

北魏孝莊帝元子攸永安三年（530年）庚戌

與友楊愔避禍隱於嵩山

按：《北齊書・邢邵傳》載：「及尒朱榮入洛，京師擾亂，劭與弘農楊愔避地嵩高山。」又《北齊書・楊愔傳》載：「元顥入洛，時愔從父兄侃

爲北中郎將，鎮河梁。愔適至侃處，便屬乘輿失守，夜至河。侃雖奉
迎車駕北渡，而潛欲奔南，愔因諫止之。遂相與扈從達建州。除通直
散騎常侍。愔以世故未夷，志在潛退，乃謝病，與友人中直侍郎河間
邢邵隱於嵩山。」又《魏書‧北海王附元顥傳》載：「顥遂入洛，改
稱建武元年（529 年）……顥以數千之眾，轉戰輒克，據有都邑，號
令自己，天下人情，想其風政。」按：據《魏書‧孝莊紀》，元顥入
洛在永安二年（529 年）五月。則邢邵與楊愔隱於嵩山當在此年五月
後。又《資治通鑒》卷一百五十四《梁紀十‧武帝》載：「八月……會
榮請入朝，欲視皇后娩乳……帝疑未定，而洛陽人懷憂懼，中書侍郎
邢子才之徒已避之東出。榮乃遍與朝士書，相任去留。」按：中大通
二年（530 年）八月，邢劭與友人楊愔已避地嵩高山，則邢邵避禍隱
於嵩山當在永安二年（529 年）五月至中大通二年（530 年）八月之
間，具體月份不可考，姑以中大通二年（530 年）即永安三年繫於此。

北魏節閔帝元恭普泰元年（531 年）辛亥

邢邵　　　三十六歲

時任黃門侍郎，作赦文敘莊帝枉殺太原王之狀，尋爲散騎常侍

按：《北齊書‧邢邵傳》載：「普泰中，兼給事黃門侍郎，尋爲散騎常侍。」
又《資治通鑒》卷一百五十五載：「廣陵王奉表三讓，然後即位，大
赦，改元普泰。黃門侍郎邢子才爲文，敘敬宗枉殺太原王榮狀，節
閔帝曰：『永安手翦強臣，非爲失德，直以天未厭亂，故逢成濟之禍
耳。』」又《北齊書‧神武帝紀》：「（普泰元年）十月壬寅，奉章武
王融子渤海太守朗爲皇帝，年號中興，是爲廢帝……（四月）既而
神武至洛陽，廢節閔及中興而立孝武。」按：據《魏書》卷十一《前
廢帝廣陵王》載「春二月己巳……行禪讓之禮」可知前廢帝在位時
間爲 531 年春二月到 532 年夏四月，則普泰中應在普泰元年（531 年）
中，可知邢邵任黃門侍郎在此年。

二、東魏時期

東魏孝靜帝元善見天平元年/北魏孝武帝元修永熙二年（533 年）癸丑

邢邵　　　三十八歲

國子祭酒邢邵作《景明寺碑》一文

按：《洛陽伽藍記》卷第三《城南》載：「至永熙年中，始詔國子祭酒邢
　　子才爲寺（景明寺）碑文。」按：永熙年前後共三年時間（532—534
　　年），則永熙年中當指是年，此文也當作於是年。

東魏孝靜帝元善見天平元年/北魏孝武帝元修永熙三年（534年）甲寅

邢邵　　　三十九歲

作《讓尚書令表》

按：《藝文類聚》職官部載邢子才爲高澄讓尙書令表。按：考《北齊書·
　　文襄帝紀》文襄天平元年加使持節尙書令，則邢邵爲高澄作讓尙書
　　令表當在是年。

親老還鄉，以光祿大夫歸丁母憂

按：《北齊書》本傳載：「除衛將軍、國子祭酒，以親老還鄉，詔所在特
　　給兵力五人，並令歲一入朝，以備顧問，丁母憂，哀毀過禮。」《洛
　　陽伽藍記》卷第三《城南》載：「永熙年末，以母老辭，帝不許之。
　　子才恪請，辭情懇至，涕淚俱下，帝乃許之。詔以光祿大夫歸養私
　　庭，所在之處，給事力五人，歲一入朝，以備顧問。王侯祖道，若
　　漢朝之送二疏。」按：永熙年末當在是年。

西魏文帝元寶炬大統二年·東魏孝靜帝元善見天平三年（536年）丙辰

邢邵　　　四十一歲

與魏季景、魏收、邢昕等同徵赴鄴

按：《魏書·邢昕傳》：「天平初，與侍中從叔子才、魏季景、魏收同徵赴
　　都，尋還鄉里，既而復徵。」又《魏書·儒林盧景裕傳》：「天平中，
　　還鄉里，與邢子才、魏季景、魏收、邢昕等同徵赴鄴。」按：具體
　　邢邵被徵赴鄴是天平初，還是天平中，不可考，姑以天平中及以前
　　爲赴鄴的可能記於此。

東魏孝靜帝元善見興和元年·西魏文帝元寶炬大統五年（539年）己未

邢邵　　　四十四歲

作文賀新宮成

按：《魏書·孝靜帝紀》：「（興和元年）冬十有一月癸亥，以新宮成，大
　　赦天下，改元。八十以上賜綾帽及杖，七十以上賜帛，及有疾廢者

賜粟帛。築城之夫，給復一年。」又《北齊書・神武帝紀》：「（興和
元年）十一月乙丑，神武以新宮成，朝於鄴。」

東魏孝靜帝元善見興和三年・西魏文帝元寶炬大統七年（541 年）辛酉
邢邵　　　四十六歲

與溫子升撰《麟趾新制》十五篇

按：《魏書・孝靜帝紀》載：「（興和三年）冬十月癸卯，齊文襄王自晉陽
來朝。先是，詔文襄王與群臣於麟趾閣議定新制，甲寅，班於天下。」
又《洛陽伽藍記》卷三載：「暨皇居徙鄴，民訟殷繁，前革後沿，自
相與奪，法更疑獄，薄鄰成山，乃敕（邢）子才與散騎常侍溫子升
撰《麟趾新制》十五篇。」

東魏孝靜帝元善見武定二年・西魏文帝元寶炬大統十年（544 年）甲子
邢邵　　　四十九歲

在鄴赴魏帝宴

按：《北齊書・魏收傳》載：「武定二年，除正常侍，領兼中書侍郎，仍
修史。魏帝宴百僚，問何故名人日，皆莫能知。收對曰：『晉議郎董
勳《答問禮俗》云：正月一日為雞，二日為狗，三日為豬，四日為
羊，五日為牛，六日為馬，七日為人。』時邢邵亦在側，甚惡焉。」
據此可知邢邵在鄴赴魏帝宴一事。

廢帝殷生，受文宣帝命為殷製名與字

按：《北齊書・廢帝紀》載：「初，文宣命邢邵製帝名殷字正道，帝從
而尤之曰：『殷家弟及，正字一止，吾身後兒不得也。』邵懼，請
改焉。文宣不許曰：『天也。』因謂孝昭帝曰：『奪但奪，慎勿殺
也。』」按：北齊廢帝死於皇建二年（561 年），年十七。上推則廢
帝殷生於東魏孝靜帝武定二年（544 年），則邢邵製帝名與字當在
是年。〔註 5〕

東魏孝靜帝元善見武定三年・西魏文帝元寶炬大統十一年（545 年）
乙丑
邢邵　　　五十歲

〔註 5〕曹道衡：《中古文學史論文集》，中華書局 2002 年版，第 456 頁。

為冀州刺史封隆之作碑文

按：《藝文類聚》職官部卷五十載邢子才《爲冀州刺史封隆之碑文》一文。
　　考《北齊書・封隆之傳》：「（封隆之）武定三年卒官，年六十一。」
　　則邢邵爲冀州刺史封隆之作碑文一事當在是年以後，具體時限已不
　　可考，姑繫於此。

東魏孝靜帝元善見武定四年・西魏文帝元寶炬大統十二年（546 年）
丙寅

邢邵　　　五十一歲

除驃騎大將軍、西兗州刺史

按：《洛陽伽藍記》卷第三《城南》載：「武定中，除驃騎大將軍、西兗
　　州刺史。爲政清靜，吏民安之。後徵爲中書令。」按：年號武定（543
　　～549 年）共七年時間，則武定中當在是年。

東魏孝靜帝元善見武定五年・西魏文帝元寶炬大統十三年（547 年）
丁卯

邢邵　　　五十二歲

邵為秋獵賦詩

按：《魏書・自序》載：「靜帝曾秋季大射，普令賦詩，收詩末云：『尺書
　　徵建鄴，折簡召長安。』文襄壯之，顧謂人曰：『在朝今有魏收，便
　　是國之光采，雅俗文墨，通達縱橫。我亦使子才、子升時有所作，
　　至於詞氣並不及之。』」按：據《魏書・孝靜帝紀》高澄入朝在是年
　　八月，則賦詩一事當在是年。

東魏孝靜帝元善見武定六年・西魏文帝元寶炬大統十四年（548 年）
戊辰

邢邵　　　五十三歲

時任中書令，顯陽殿侍法筵

按：《北齊書・杜弼傳》載：「（武定）六年四月八日，魏帝集名僧於顯陽
　　殿講說佛理，弼與吏部尚書楊愔、中書令邢邵、秘書監魏收等並侍
　　法筵。」

東魏孝靜帝元善見武定七年・西魏文帝元寶炬大統十五年（549 年）
己巳

邢邵　　　五十四歲

為彭城王韶作《讓侍中表》，當在此前

按：《藝文類聚》職官部載有邢子才為彭城王韶作《讓侍中表》一文。按：
　　《北齊書・元韶傳》載：「歷位太尉、侍中、錄尚書、司州牧，進太
　　傅。」又《魏書・彭城王附元韶傳》：「武定末，司州牧。」據此元
　　韶任侍中，當在司州牧之前，則邢邵為彭城王韶作《讓侍中表》一
　　文當在武定末以前，具體年月不可考，姑繫於此。

與魏收受降梁南平王偉之子蕭祗

按：《北齊書・蕭祗傳》載：「祗聞臺城失守，遂來奔。以武定七年至鄴，
　　文襄令魏收、邢邵與相接對。」

時任太常卿

按：《魏書・邢巒傳》載：「臧弟子才，武定末，太常卿。」按：武定末
　　即武定七年。

三、北齊時期

北齊文宣帝高洋天保元年・西魏文帝元寶炬大統十六年（550 年）庚午

邢邵　　　五十五歲

作《為齊文宣受禪赦詔》一文

按：《藝文類聚》載有此文內容。東魏孝靜帝元善見是年禪位文宣。

與散騎常侍崔昂議定國初禮

按：《北齊書・崔昂傳》載：「齊受禪，遷散騎常侍，兼太府卿、大司農
　　卿。……其年，與太子少師邢邵議定國初禮，仍封華陽男。」

時任太子少師、殿中尚書與魏收、李鉉等參議禮律

按：《北齊書・李渾傳》載：「天保初，除太子少保，邢邵為少師，楊愔
　　為少傅，論者為榮。」又《北齊書・儒林附李鉉傳》載：「天保初，
　　詔鉉與殿中尚書邢邵、中書令魏收等參議禮律，仍兼國子博士。」

范陽盧思道師事子才

按：《隋書・盧思道傳》載：「思道聰爽俊辯，通脫不羈。年十六，遇中

山劉松，松爲人作碑銘，以示思道。思道讀之，多所不解，於是感激，閉戶讀書，師事河間邢子才。」按：考《隋書・盧思道傳》，盧思道年十六當在是年，則邢邵此時仍爲盧思道的老師。

作《遺辛術書》

按：《漢魏六朝百三家集》卷一百九載此文內容，且明確寫出文章著作時間「術魏末遷東徐州刺史爲淮南經略，使齊。天保元年，睢州刺史及所部郡守俱犯大辟，朝廷以其奴婢百口及資財盡賜術，三辭不許，術乃送所司不復聞奏，邵聞遺術書。」

作《爲潘司徒樂讓表》一文

按：《藝文類聚》職官部載有邢子才作《爲潘司徒樂讓表》一文內容。又《北齊書・潘樂傳》載：「齊受禪，樂進璽綬。進封河東郡王，遷司徒。」《北齊書・文宣帝紀》載：「（天保元年六月）丁亥，……司空潘相樂爲司徒，……。」按：考《潘樂傳》，潘樂遷司徒當在天保元年，則邢邵作讓表也當在是年。

與魏收、崔悛、王昕、李伯倫等修撰《麟趾格》

按：《北齊書・文宣帝紀》載：「魏世議定《麟趾格》，遂爲通制，官司施用，猶未盡善。可令群官更加論究。」又《北史・李渾傳》載：「齊天保初，除太子少保。時太常卿邢邵爲少師，吏部尚書楊愔爲少傅，論者榮之。……文宣以魏《麟趾格》未精，詔渾與邢邵、崔悛、王昕、李伯倫等修撰。」

爲《甘露頌》作序

按：《北齊書・邢邵傳》載：「文宣帝幸晉陽，路中頗有甘露之瑞，朝臣皆作《甘露頌》，尚書符令邵爲之序。」按：同書《文宣帝紀》，高洋幸晉陽在本年九月，則邢邵爲《甘露頌》作序當在是年。

北齊文宣帝高洋天保二年・西魏文帝元寶炬大統十七年（551年）辛未

邢邵　　　五十六歲

作《皇太子東面議》

按：《漢魏六朝百三家集》卷一百九載此文，且明確寫出文章著作時間「天保元年，皇太子監國在西林園多會，群議皆東面。二年於北城第內多會，又議東面，陸印疑非禮，魏收改爲西面，邢子才議欲依前。」

北齊文宣帝高洋天保六年・西魏恭帝拓跋廓二年（555 年）乙亥

邢邵　　　六十歲

奉詔馳傳詣建康，與王僧辨書

按：《資治通鑑》卷一百六十六載：「（紹泰元年正月）辛丑，齊立貞陽侯淵明為梁主，使其上黨王渙將兵送之，……（二月）齊主先使殿中尚書邢子才馳傳詣建康，與王僧辨書，以為嗣主（梁敬帝）沖藐，未堪負荷。」

作《百官賀平石頭表》

按：《北齊書・文宣帝紀》載：「（天保六年）十一月丙戌，高麗遣使朝貢。梁秦州刺史徐嗣輝、南豫州刺史任約等襲據石頭城，並以州內附。壬辰，大都督蕭軌率眾至江，遣都督柳達摩等渡江鎮石頭。東南道行臺趙彥深獲秦郡等五城，戶二萬餘，所在安輯之。己亥，太保、司州牧、清河王岳薨。是月，柳達摩為霸先攻逼，以石頭降。」按：《藝文類聚》武部卷五十九載此文內容當指此事。

北齊文宣帝高洋天保七年・西魏恭帝拓跋廓三年（556 年）丙子

邢邵　　　六十一歲

北齊文宣帝詔令樊遜校定群書，供皇太子，取邢邵家藏書參校

按：《北齊書・文苑・樊遜傳》載北齊文宣帝詔校定群書，供皇太子。與其事者凡十一人，有樊遜，遜遂上書論校書事，議取邢邵、魏收、辛術、穆子容、司馬子瑞、李業興家藏書參校。則是年邢邵以己家藏書參校。

北齊文宣帝高洋天保八年・北周明帝宇文毓元年（557 年）丁丑

邢邵　　　六十二歲

作《冬夜酬魏少傅直史館》〔註6〕

按：《北齊書・魏收傳》載：「（天保）八年（557 年）夏，除太子少傅，監國史，復參議律令。三臺成，文宣曰：『臺成須有賦。』先以告收，收上《皇居新殿臺賦》，其文甚壯麗。時所作者，自邢邵已下咸不逮焉。收上賦前數日乃告邵，邵後告人曰：『收甚惡人，不早言之。』」按：據《北齊書・文宣帝紀》載，天保九年八月，三臺成。據此至

〔註6〕曹道衡、沈玉成：《中古文學史料從考》，第 737 頁。

天保九年八月左右，邢邵、魏收已交惡，恐未必能如酬詩中所言「忽
有清風贈，辭義婉如蘭。」此詩既稱魏少傅，當在天保八年夏之後；
九年兩人交惡，則此詩當在是年作。

北齊文宣帝高洋天保九年・北周明帝宇文毓二年（558年）戊寅
邢邵　　　六十三歲
北齊鄴下之臺成，作宮成賦
按：《北齊書・文宣帝紀》載：「（天保九年）十一月甲午，帝至晉陽，登
三臺，御乾象殿，朝宴群臣，並命附詩，以新宮成，丁酉，大赦，
內外文武普升一大階。」按：《北齊書・魏收傳》載：「是年，北齊
鄴下之三臺成，齊文宣帝曰：『臺成須有賦。』楊愔先以告魏收，收
上《皇居新殿臺賦》，其文甚壯麗。時所作者，自邢邵已下，咸不逮
焉。魏收上賦前數日乃告邢邵。邵後告人曰：『收甚惡人，不早言之。』」

北齊文宣帝高洋天保十年・北周明帝宇文毓武成元年（559年）己卯
邢邵　　　六十四歲
作《齊文宣帝哀策》一文
按：《北齊書・邢邵傳》載：「及文宣皇帝崩，凶禮多見訊訪，敕撰哀策。」
又《北齊書・文宣帝紀》載：「（天保十年）冬十月甲午，帝暴崩於
晉陽宮德陽堂，時年三十一。」按：此文見《藝文類聚》卷十四。

北齊廢帝高殷乾明元年・北周明帝宇文毓武成二年（560年）庚辰
邢邵　　　六十五歲
作《齊文宣帝諡議》一文
按：《北齊書・文宣帝紀》文後校勘記二十載錢氏《考異》卷三一云：「按
乾明初上諡號曰高祖文宣皇帝；天統元年改諡景烈皇帝，廟號威宗；
武平元年，復改顯祖文宣皇帝。此紀有脫文。」據此則齊文宣帝諡
議當有三次，一為乾明初年，二為天統元年，三為武平元年，而北
齊年號武平有兩次，一為後主高緯（570年），二為高紹義（577年）。
考《北齊書・後主高緯》可排除高紹義的武平元年。《藝文類聚》卷
十四載邢子才為齊文宣諡議一文，從文中內容當為文宣崩後不久，
這裏姑繫於此。

是年，其好友楊愔被害

按：《北齊書‧楊愔傳附鄭頤傳》載：「愔見害之時，邢子才流涕曰：楊令君雖其人，死日恨不得一佳伴。」又《北齊書‧楊愔傳》載：「乾明元年二月，爲孝昭帝所誅，時年五十。」

陳文帝陳蒨天嘉二年‧北齊武成帝高湛太寧元年（561 年）辛巳
邢邵　　　六十六歲

時爲兗州刺史，與袁聿修相往來

按：《北齊書‧袁聿修傳》載：「尚書邢邵與聿修舊款，每於省中語戲，常呼聿修爲清郎。太寧初，聿修以太常少卿出使巡省，仍命考校官人得失。經歷兗州，時邢邵爲兗州刺史，別後，遣送白紬爲信。聿修退紬不受，與邢書云：『今日仰遇，有異常行，瓜田李下，古人所愼，多言可畏，譬之防川，願得此心，不貽厚責。』邢亦忻然領解，報書云：『一日之贈，率爾不思，老夫忽忽意不及此，敬承來旨，吾無間然。弟昔爲清郎，今日復作清卿矣。』」按：太寧初爲北齊武成帝高湛年號，而太寧僅一年，則此事當在是年。

北齊後主高緯天統五年‧北周武帝宇文邕天和四年（569 年）己丑
邢邵　　　時年七十四歲

約卒於是年

按：《北齊書‧魏收傳》載：「武平三年薨。」按：魏收卒於武平三年（572年），年六十七，以此推之，本年邢邵已七十四歲，或已卒。然具體卒年無史料可考。《北齊書‧邢邵傳》記邢邵晚年事甚略，然言及其子邢恕卒於邢邵在兗州時，據《北齊書‧袁聿修傳》邢邵爲兗州刺史，當在太寧初，而太寧僅一年，則邢邵或卒於河清、天統之間。因今存《邢邵集》中有《蕭仁祖集序》，而蕭仁祖卒於隋代，其年齡少於魏收等人，編集時間當稍後，所以河清時邢邵當尚在世。《北齊書‧魏收傳》記邢、魏爭名事，顏之推以之問祖珽，珽云：「見邢、魏之臧否，既是任、沈之優劣。」珽以天統二年出爲海州刺史，則此時邢邵或尚在人世。姑繫於此。〔註7〕

〔註 7〕曹道衡、劉躍進：《南北朝文學編年史》，第 586 頁。

第二節　《李德林集》的流傳與輯佚

　　李德林是由北齊進入隋朝的著名文人，有學者將其和盧思道、薛道衡並稱爲「北地三傑」，[註8]可見其在北朝後期以至隋朝初年文壇上的重要地位。但其文集長期都未引起人們的注意，在宋代以後就散佚了，並且直至今日筆者亦未見有學者對其文集進行整理和研究。這種情況與李德林在北朝文學史上的地位極爲不符。本書僅就李德林文集的流傳、輯佚角度略談淺見，並且對李德林一些軼文進行考證，以期加強李德林的研究。

一、《李德林集》的流傳

　　李德林死後，其文章結集流傳。如今我們對《李德林集》流傳的情況，主要來自於各種史書中的記載。

　　最早記載李德林文集的是《隋書》，卷四十二《李德林傳》云：「所撰文集，勒成八十卷，遭亂亡失，見五十卷行於世。」《隋書》爲唐初所修，五十卷當爲修史者所能見到的卷數。但同書卷三十五《經籍四》云：「懷州刺史《李德林集》十卷」。文集的內容從五十卷縮水成了十卷。隨後五代所修《舊唐書》卷四十七《經籍志下》、北宋歐陽修所修《新唐書》卷五十《藝文志四》亦云「《李德林集》十卷」。由此李德林的文集就固定成爲十卷。那其它的四十卷哪裏去了呢？李德林的著述，除了《李德林集》外，《舊唐書》卷四十六《經籍志上》尚有《北齊未修書》二十四卷，卷四十七《經籍志下》有《隋開皇曆》一卷，《霸朝雜集》五卷。另外日本現在尚存李德林《九族書儀》一卷[註9]。雖然這些加起來不夠四十卷，但筆者認爲以上李德林的著述應該都包括在唐初尚能見到的五十卷之內，只不過是這些都不是純文學的作品，故而並未算到《李德林集》之中。

　　文集的流傳往往要經歷戰亂等諸多因素的考驗。歐陽修所修《新唐書》中尚能見到《李德林集》以及其它文字的記載，而北宋後期所修《崇文總目》中就已經沒有著錄。南宋時《郡齋讀書志》和《直齋書錄解題》亦沒有蹤影。倒是鄭樵在《通志·藝文志第八》中載有「懷州刺史《李德林集》十卷」。這時已經不知鄭樵是親眼得見，還是抄自別處。總歸是南宋亡後，《李德林集》就再也沒有出現在人們的視野中。

〔註 8〕周建江：《北朝文學史》，第 299～304 頁。
〔註 9〕吳麗娛：《唐禮撮遺──中古書儀研究》，商務印書館 2002 年版，第 51 頁。

二、《李德林集》的輯佚

雖然完整的《李德林集》已經散佚，但所幸唐代興起類書編纂的高潮，各種類書都有李德林詩文片段的輯錄，加上明代開始興起輯佚之風，《李德林集》就成爲明朝學者輯佚的對象之一。明人輯本，有張燮《七十二家集》，其中有《李懷州集》二卷；張溥《漢魏六朝百三家集》，其中有《李懷州集》一卷。張溥本自張燮本所出，分詔、册文、書、序、論、詩六類編次，末附《隋書》本傳。凡收詔、册文等雜文十五篇，詩六首。隨即刻板流傳，這就是現存最早的明末婁東張氏刻本。清代以降所見《李懷州集》，多是翻刻《漢魏六朝百三家集》本。〔註10〕這成爲如今看到《李德林集》的主要版本了。

但是張溥所輯之《李德林集》並非全本，清代嚴可均輯《全上古三代秦漢三國六朝文》之《全隋文》時，輯其文章爲二卷（卷十七至十八），凡十八篇。近人逯欽立輯《先秦漢魏晉南北朝詩·隋詩》（卷二）輯其詩，有《相逢狹路間》《從駕巡遊》《從駕還京》《夏日詩》《入山詩》《泳松樹詩》等，較前爲備。

嚴可均和逯欽立基本上將國內能見到的李德林的文字全部搜集。他們的輯佚工作，使李德林的文章輯佚達到新的高度。但不可否認的是，由於嚴可均在輯佚《全隋文》時是孤軍奮戰，故掛一漏萬之處在所難免。如《文苑英華》卷四百九十七載有北齊天保八年策秀才時李德林的對策，嚴可均就沒有收錄。

此外張溥還誤收一文，致使嚴可均也沒有認眞校正。《李懷州集》收錄《位隋文帝修五禮詔》，此條出自《初學記》卷十三《禮部上》，題名爲李德林。查原文在《隋書》卷二《高祖下》仁壽二年（602 年）冬十月閏月己丑。但此詔書實際上並非李德林所作。1965 年出土《隋故使持節開府儀同三司定瀛恒易四州諸軍事定州刺史安平李孝公墓誌》，即《李敬族墓誌》，李敬族爲李德林之父，據墓誌可知其去世於武定五年，而銘文有「十六而孤」之說，且《隋書》卷四十二《李德林傳》云其去世時「六十一」，可推斷出李德林出生於北魏孝武帝太昌元年（532 年），卒於隋文帝開皇十二年（592 年）。〔註11〕因此

〔註10〕這些版本主要有乾隆《四庫全書》本，光緒三年（1877 年）己卯信述堂彭懋信重刻本，光緒三年成都滇南唐氏刻本，（民國上海掃葉山房本和《叢書集成三編》本都是來自此本），光緒十八年（1892 年）善化章經濟堂刻本等，這些版本的母本都是明末婁東張氏刻本。

〔註11〕羅新、葉煒：《新出魏晉南北朝墓誌疏證》，第 375～376 頁。

李德林在開皇十二年時已經去世，十九年時其子李百藥已襲爵。故仁壽年間的詔書已非德林所作。

　　李德林的文章除了保存在《周書》《隋書》《初學記》《文苑英華》等現存的史書與類書中，而且還保存在《文館詞林》中。《文館詞林》是唐高宗朝中書令許敬宗奉敕編纂的一部大型詩文總集，宋時已散佚殆盡，僅有少數幾類單行本見於著錄。值得慶幸的是，在東鄰日本尚有殘本多種傳世，近代國門開放以後陸續回傳中土，並先後有《粵雅堂叢書》本、《古逸叢書》本、《適園叢書》本、《叢書集成》本及董康影印本、楊氏成都刻本等輾轉刊刻。所幸其中就有李德林作於北齊、北周和隋朝的各類文章。除了一篇收於《李懷州集》，其餘都已散佚。故而《文館詞林》的回傳對李德林文集的輯佚帶來了幫助。西北大學韓韓理洲教授在作《〈全隋文〉補遺》（三秦出版社 2004 年）時，曾就嚴可均未能見到的《文館詞林》中李德林的十餘篇文字作了初步點校。需要交代的是，韓理洲教授在作《〈全隋文〉補遺》時，收錄了一篇李德林爲其父母所作墓誌，即《李敬族墓誌》，其實同時出土的《李敬族妻趙蘭姿墓誌》之序亦爲李德林所作，此點已有學者指出。〔註 12〕而韓先生只收錄了前者，卻遺漏了後者。四川大學羅國威教授整理的《日藏弘仁本書館詞林校證》（中華書局 2001 年版），其中也對其李德林的文章做了校證。因此以上二位學者的工作爲《李德林集》的整理提供了便利。

三、李德林佚文小考

　　李德林文字除了上述詔、冊文、書、序、論、詩之外，尚有賦和墓誌銘。嚴可均曾就《隋書》考證出李德林曾作《思春賦》，但已散佚。

　　李德林所作還有碑銘。如「始州銘」。北宋樂史在《太平寰宇記》卷八十四中記有：「始州（治今四川劍閣）在縣西二十里，有隋內史令李德林撰碑銘」。明代曹學佺撰《蜀中廣記》卷二十六中云「自縣至彼，攀木緣壁，至此稍平，一豐碑，字名磨滅。」可知該銘文明代已經磨滅。李德林還作有「隋興國寺碑并陰」。宋代陳思《寶刻叢編》卷三云：「隋內史李德林撰，襄州祭酒從事丁道護書。隋文帝父忠當魏周之際，常將兵，南定襄漢，及文帝即位，建此寺以祈福。碑以開皇六年正月立。」該碑在書法史上很有地位，但在宋

〔註12〕陸揚：《從墓誌的史料分析走向墓誌的史學分析——以〈新出魏晉南北朝墓誌疏證〉爲中心》，《中華文史論叢》2006 年第 4 期。

代以後亦亡佚。此外還有「袁聿修功德碑」。袁聿修在北齊末年擔任信州刺史，「還京後，州民鄭播宗等七百餘人請爲立碑，斂縑布數百疋，託中書侍郎李德林爲文以紀功德。府省爲奏，敕報許之。」此碑已佚。

北朝官員任命，一律要作讓表。北齊楊愔爲考察李德林的文才，亦曾令其作讓表。「遵彥即命德林製《讓尙書令表》，援筆立成，不加治點。因大相賞異，以示吏部郎中陸卬。卬云：『已大見其文筆，浩浩如長河東注。比來所見，後生制作，乃涓澮之流耳。』」〔註13〕由楊愔拿李德林文章給陸卬觀看，可見其讓表亦很有文采，故而陸卬才大加讚賞。此表已佚。李德林還曾作頌。北齊後主時杜臺卿曾上《世祖武成皇帝頌》，後主以爲未盡善。「德林乃上頌十六章並序，文多不載。」〔註14〕

李德林除曾作上述文體外，尙曾作有《唐邕造佛文》。《寶刻叢編》卷二十引北宋《集古錄目》曾載：「唐邕造佛文　北齊散騎常侍、中書侍郎李德林撰，通直常侍、中書舍人姚淑書。驃騎大將軍錄尙書事唐邕造佛像三萬三千。以武平五年立此碑。」但宋代以降未再有人見到此碑，連拓片皆無從得見。民國年間學者對響堂山碑刻造像進行全面考察，也未見《唐邕造佛文》之蹤跡。〔註15〕但邯鄲響堂山石窟卻保存有完整的《唐邕刻經碑》。很多學者都認爲此碑爲唐邕所書，但作者一直未知。筆者懷疑此碑爲李德林所作，主要出於下面考慮。如果尙有《唐邕造佛文》，則在宋代之後應再有著錄。可惜的是宋代以降，那塊碑文蹤跡皆無。僅有《唐邕刻經碑》完整存世。因唐邕皆依山刻經造佛，如果有人破壞響堂山石窟碑刻，不會只破壞《唐邕造佛文》，而完整留下《唐邕刻經碑》。並且北宋趙明誠《金石錄》卷三云「第四百四十五北齊唐邕造像碑武平三年五月」，時間又和《刻經碑》所云刻經結束時間吻合。故筆者猜測此《唐邕刻經碑》即爲李德林所作之《唐邕造佛文》。但是現存碑文上沒有「造佛像三萬三千」之語。因此，猜測現在也只能是猜測，待同好者有以教我。

以上所述爲李德林已經散佚的文章，故《李德林集》現存的內容爲：詔十二、冊文二、敕六、書二、策一、墓誌二、碑銘一、序一、論一、詩六。

〔註13〕《隋書》卷42《李德林傳》，第1193頁。

〔註14〕同上，第1197頁。

〔註15〕何士驥、劉厚同：《南北響堂寺及其附近石刻目錄》，臺灣新文豐出版公司1986年版。

第六章　北朝少數族個案研究

第一節　北朝厙狄氏的起源及其早期活動

　　《文物春秋》1998 年第 1 期發表了孫鋼先生《河北唐縣「賽思顛窟」》一文。在此文的結語中，孫先生對北齊厙狄干所開鑿的「賽思顛窟」的摩崖造窟碑記所反映的歷史事實作了初步的結論。但筆者多數不敢苟同，故翻檢史書，以發孫先生未發之覆，從而補史書之缺。爲了分析方便，茲將碑記有關部分移錄如下：

> ……然公（指厙狄干）先祖出於北□□弱水，子孫紹位，郡若國主，十有餘世大單于人也。後移河西夏州是也，統茜百姓，共赫連並茜，徑由六世公太祖越豆□見赫連起□，率領家宗諸族萬有餘家，□彼移渡河北，居□五原是也，□附大魏，股肚萬代。道武皇帝知太祖忠誠，賜部落主如故，封王懷朔鎮，子孫世襲第一領民酋長，統領六世……

由上引碑記文字我們可以推測出厙狄氏的發源地，並可以結合史書來推斷厙狄部的早期活動。

一、厙狄氏的發源地

　　由於厙狄部在當時政治舞臺上並未產生多大影響，以致各書對其姓氏發源地的記載都有問題。《元和姓纂》《通志・氏族略五》《古今姓氏書辯證》都認爲厙狄氏是鮮卑段匹磾之後（庫即厙，見姚薇元先生所論〔註 1〕）。段氏是

〔註 1〕姚薇元：《北朝胡姓考》，科學出版社 1955 年版，第 184 頁。

分佈於遼西的一個鮮卑族部落。古今皆有此種看法，蓋由正史中唯一記載庫狄氏起源的《北史》而來。《北史》卷69《庫狄峙傳》:「其先遼東人，本姓段，匹䃏之後也，因避難改焉。」這只能說明庫狄峙本人的祖先是段氏後裔，而不能以一推而廣之，認爲所有庫狄氏俱發源於遼西段氏。姚先生在其所著《北朝胡姓考》中，先是「疑『庫狄』爲『赤狄』之轉訛，即高車種類之狄氏也」，〔註2〕而後又認爲「非庫狄氏皆爲匹䃏之裔也，《姓纂》諸書皆誤」〔註3〕，川下引北齊庫狄干被高歡稱爲「鮮卑老公」，就又認爲庫狄干「當亦段氏之裔」。〔註4〕在此碑記發現之前，姚先生的推測不能說是錯誤的。碑記的發現，正如孫鋼先生所云，可以明確說明:庫狄干的祖先發源於弱水，而不是段匹䃏後裔。碑記云:「然公先祖出於北口口弱水。」弱水在《辭源》上的解釋有多種，但地點俱在今中國西北部，並未在東北的遼西地區，所以庫狄干的祖先並非段匹䃏後裔。孫鋼先生認爲弱水爲今陝西北部洛河上游支流，但筆者認爲弱水應在《中國歷史地圖集》（譚其驤主編）第四冊中所標的位置，即今天內蒙古境內黑河的上游弱水。理由如下:第一，東漢後期檀石槐統一鮮卑諸部後，分爲三部，西部大人中就有拓跋部的獻帝鄰，「駐牧地當在蒙古西部的西偏」，「其間又有匈奴、丁零、高車諸族的牧地。」〔註5〕到其子潔汾時南遷至所謂「匈奴之故地」，「亦即漢代五原郡的境內」。〔註6〕這說明弱水曾在其活動範圍之內。第二，《魏書》卷113《官氏志》:「神元皇帝時，餘部諸姓納入者……庫狄氏，後改爲狄氏。」（神元帝於220～277年在位，當三國時）說明其時庫狄部在拓跋部領導之下。第三，唐代一元氏的墓誌述其始祖時曾云:「立號鮮山，降居弱水。」〔註7〕證明拓跋部早期曾在弱水活動。從拓跋部的活動範圍曾在弱水，並且庫狄部曾在其控制之下，可推斷出拓跋部所居之弱水亦當爲庫狄氏所居之弱水，而內蒙古西部的弱水正在拓跋部活動範圍之內。故筆者認爲，弱水在此應指內蒙古西部黑河的上游弱水，而不是陝西北部洛河上游支流。

〔註2〕同上書，第185頁。

〔註3〕同上書，第186頁。

〔註4〕同上。

〔註5〕馬長壽:《烏桓與鮮卑》，上海人民出版社1962年版，第243頁。

〔註6〕《魏書》卷1《序紀》，中華書局1974年版，第2頁。

〔註7〕《大唐故吏部常選元府君墓口銘並序》，周紹良主編《唐代墓誌彙編》（上），上海古籍出版社1992年版，第1178頁。

段氏後裔改姓厙狄也並非不可能。至於爲何要改姓厙狄，而不改其它姓，當爲段匹磾被殺後，其後裔向西逃到厙狄部內，改姓加入厙狄部，但其後人仍依稀記得其遠祖。厙狄干被稱爲「鮮卑老公」，只是因爲同高歡一樣已被鮮卑族同化了而已。所以說厙狄氏的眞正發源地在今內蒙古西部的弱水附近，並且很可能如姚先生所假設的爲高車別種。

二、厙狄部的早期活動

厙狄部的早期活動早已湮沒無聞，碑記爲我們提供了它在 5 世紀前的活動路線，塡補了史書的空白。筆者以之結合史實，對其活動過程作一大概描述。據碑記所載，厙狄部的早期活動可分爲三個階段。

第一階段是在弱水時期。這時期厙狄部在拓跋部領導之下，「郡若國主」應是指自己部落的半獨立狀態。

第二階段是在河西夏州時期。此河西是指南流黃河的西部地區。夏州，據《魏書》是在太和十一年（487 年）設置，〔註 8〕回此處應是追述之辭，並非厙狄部到達時的政區情形。設置後的夏州包括今內蒙古伊克昭盟及陝西北部地區，而孫鋼先生僅指出其治所及曾爲赫連氏建都的統萬城，卻忽略了夏州的設置時間。拓跋部遷到五原地區，厙狄部也應隨之遷到河套黃河以南之地，此時「共赫連並酋」，所以赫連部到達此地的時間，也是厙狄部到此地時間的下限。孫鋼先生認爲此赫連爲赫連屈丐（即赫連勃勃），筆者卻認爲「赫連」亦爲追述之辭，應指赫連部的前身，即匈奴鐵弗部。鐵弗部原居山西中部，西晉末年鐵弗部首領劉虎先臣服拓跋部，後叛逃被擊敗，西渡黃河，到達今黃河以南之地，即朔方地區，時間在 317 年（即平文皇帝二年）。這一年應是厙狄部到達河西（即以後的夏州地區）的最晚時間。

第三階段爲移渡河北，居五原時期。建國三十九年（376 年）拓跋什翼鍵死，前秦苻堅分其部爲東、西二部，自河以西屬劉虎之孫劉衛辰，自河以東屬劉厙仁。劉厙仁在擊敗劉衛辰之後，「西征厙狄部，大獲畜產，徙其部落，置之桑乾川。」〔註 9〕由前述，筆者以爲厙狄部在弱水即與拓跋部有密切關係，並隨之東遷。拓跋什翼鍵既死，它可能有意投靠苻堅及劉衛辰。劉衛辰世代與拓跋部爲仇，雙方經常打仗。而匈奴獨孤部的劉厙仁則世代與拓跋氏聯姻，他本人又是什翼鍵的女婿。所以他對厙狄部的轉向很不滿，故征服它並將它

〔註 8〕《魏書》卷 106 下《地形志下》，第 2625 頁。
〔註 9〕《魏書》卷 95《鐵弗劉虎傳孫衛辰附傳》，第 2054 頁。

置於自己所居的桑乾川，加以控制。但是他似乎沒有將厙狄部全部遷到今山西境內，應還有一部分留於今內蒙古準格爾旗及陝北神府地區。這一部見拓跋部的復起，便如碑記所云，「移渡河北，居口五原是也」，這便是厙狄干的六世祖越豆眷所領導的一部，又投靠了拓跋部（而非如孫先生所云因赫連屈丐於 407 年稱帝事而北遷）。登國六年（391 年）十一月，劉衛辰遣子直力鞮侵犯拓跋部的南部，拓跋矽（即道武帝）「大破之於鐵岐山南，乘勝追之，自五原金津南渡，徑入其國，……遂至衛辰所居悅跋城」，衛辰大驚，倉皇奔逃而死，遂滅其國。衛辰如此迅速被滅，當有其原因。筆者以爲並非衛辰自身的原因令其命亡，而是厙狄部的緣故。魏兵進攻神速，不僅是因其本身的緣故，更重要的是很可能有厙狄部爲其做嚮導，從而會兵到悅跋城下，衛辰竟然不知。厙狄部的一支加速了衛辰的滅亡，這從此部居五原，而道武帝拓跋矽恰由五原金津南人這樣的巧合也可推測。史書云厙狄干「曾祖越豆眷，魏道武時，以功割善無之西臘汗山地方百里以處之。」〔註 10〕按碑記，越豆眷應爲厙狄干六世祖而非曾祖，筆者分析，此功當指厙狄部的導路之功。由此可知劉衛辰被滅後，越豆眷這一支厙狄部也遷到山西大同西南，於是厙狄部全部遷到了山西境內。碑記云：「賜部落主如故，封王懷朔鎮，子孫世襲第一領民酋長。」〔註 11〕我們可以知道越豆眷這一支厙狄部又到懷朔鎮。這次也就是史書所說的「率部落北遷，因家朔方」，而不是孫先生所說指越豆眷第一次到五原地區，這次是第二次到五原地區。此後厙狄部便逐漸分佈在恒州、朔州和懷朔鎮境內。〔註 12〕

綜上所述，厙狄部的早期活動大致爲：約在 1 世紀發源於西北的弱水地區。〔註 13〕最晚在 317 年遷到今河套黃河以南地區，70 多年後，一支遷到山西恒州境內，另一支遷到黃河北部的五原地區。劉衛辰被消滅後，五原地區的一支也遷到今山西西北部，後又遷到懷朔鎮。這就是 5 世紀之前厙狄部的活動。

〔註 10〕 《北史》卷 53《厙狄干傳》，中華書局 1974 年版，1956 頁。

〔註 11〕 同上書，1956 頁。

〔註 12〕 厙狄氏諸人：厙狄干是善無人，厙狄伏連爲代人，厙狄昌爲神武人，厙狄迥洛爲朔州部落人（見《考古學報》1979 年第 3 期，第 395 頁。墓誌銘圖版），厙狄盛是懷朔人，自稱原姓段的厙狄峙也居代。據《魏書·地形志上》，善無、代郡屬恒州，神武屬朔州。故知厙狄部大部分分佈於恒、朔二州及懷朔鎮，姚先生對此有所論述。

〔註 13〕 按一世 20 年計算，十餘世爲 230 年左右，故於 317 年往前推測，應在公元 1世紀內。

第二節　北齊趙熾研究 〔註14〕

《文物》2007 年第 11 期首次公佈了張子英先生提供的北齊趙熾墓誌的拓片。〔註15〕該墓誌 1998 年 8 月在磁縣縣城南申莊鄉西陳村（俗名溫家冢）出土，現藏磁縣文物保管所。誌石青石質，正方形，邊長 64.8 釐米。誌文計 27 行，行滿 27 字，隸書體。因趙熾史書無傳，所以這方拓片就爲北朝後期歷史的研究提供了新資料。公佈的拓片效果不太如人意，所幸筆者於 2008 年 10 月親眼目睹墓誌，得以依墓誌將誌文迻錄如下：

齊故使持節驃騎大將軍假儀同三司安平鄴三州刺史趙公誌銘

公諱熾，字世顯，高陸高陸人也。昔馳駿千里，獲封趙城。奉竹三神，開基/晉地。宣子播名於前，充國圖像於後。文武不墜，世踵異人。祖顏，沃陽令/。姿容若畫，治道如神。父安，涼州錄事參軍。景行清風，雅俗推敬。公稟氣/乾剛，資靈川厚，毛骨獨異，精彩絕倫。書劍由情，禮樂自性。加以妙體機/會，臨變有徵，忠而能力，信而無爽。屬玄維不綱，天下將棻，時亡金鏡，人/思王理。神武皇帝虎據龍騰，止焚救溺。公發奮慷慨，杖榮歸仁。左提/右挈，事同魚水，至於擐甲枕戈，所在用命。攻城野戰，往如覆手。釋褐振/武將軍，封大城縣開國男，食邑二百戶。轉領民正都督，加征虜將軍，封/陰平縣開國子，復除即丘縣開國伯，又遷直蕩正都督，食梁州陽夏縣/幹。仍除使持節都督鄴州諸軍事、車騎大將軍、鄴州刺史。尋爲假儀同/三司，瀛州六州都督。天統之始，襃賞勳賢，以燕趙名鄉，地總恒嶽，六郡/關要，民亞三輔，乃除常山太守，帶六州都督。剖符未暮，惠績已著。履□/導德，政肅刑清；民識廉恥，俗知禮讓。匪直齊鑣冀黃，抑亦方駕廉李。朝/議以函牛之鼎北，享雞之用，甘棠之地，宜邵伯所臨，乃就郡除驃騎大/將軍，平州刺史。公所在遺惠，所去見思，吏民盈衢，攀車臥轍，公揚旌遠/邁，褰帷廣臨；恩備千城，澤沾萬里。賦省民安，政平訟息。威讋胡戎，信著/朝野。乃令關右祭其西門，碣北寢其南牧。而昊天不弔，與善終違。莊政/二年，奄同光月。春秋六十有五，以天統三年七月九日薨

〔註14〕　本節與趙學鋒合作。

〔註15〕　筆者 2008 年 10 月參加磁縣召開的「北朝與河北歷史文化研討會」，得知張先生已經於 2007 年去世。

－123－

於治所。詔贈/安州刺史光祿卿。以其年歲次丁亥十月戊辰朔十七日甲申葬於鄴/城西北七里。恐朝邊市換，陵移谷徙，勒石和前，傳芳後世，乃作銘曰：/

瀛海東深，恒嶽北崎。邯鄲勝地，叢臺鬱起。晉霸珍衰（？），劉王重喜。公侯子/孫，令問不已。乃祖乃父，名節相繼。誕茲哲人，才穎當世。忠孝咸舉，寬猛/同濟。隆霸成基，興王贊帝。爵累四封，號加二大。一臨股肱，三擁旌旆。士/悅月帷，更忻苞蓋。化有徵感，治無災害。逝川難息，浮景詎停。與善徒說/，奄致飄零。市休屠唱，巷滿哀聲。既嗟鎮郭，亦悼皇城。霜沾龜旐，月照龍/輴。神案如□，靈衢猶疑。連還鐃吹，遽奄泉扉。嗟乎萬世，痛此一時！

一、趙熾的族屬

誌文云「昔馳駿千里，獲封趙城。……宣子播名於前，充國圖像於後。文武不墜，世踵異人。」北魏以降，墓碑與墓誌大量出現，由於門閥意識，除去極少數散文體的誄文外，絕大多數銘文都首先介紹祖先世系和郡望，這是當時誌文的寫作格式。〔註16〕「獲封趙城」，指的是西周時周穆王將趙城封給造父的事。「繆王以趙城封造父，造父族由此爲趙氏」，〔註17〕造父成爲趙氏的始祖。所以趙熾後人將始祖追述到造父亦不爲奇。「宣子播名於前，充國圖像於後」，春秋時期趙宣子在趙氏發展史上有重要作用，而趙充國則是西漢著名的將領。在其它出土趙氏墓誌中，也多次提到兩人。尤其是趙充國與北朝時間相對接近，提到的更多。如同時期的趙徵興墓誌云「充國著功先泠」即是。〔註18〕誌文云趙熾爲「高陸高陸人」，也就是高陸郡高陸縣人。查《魏書》卷一百六下《地形志下》馮翊郡治所爲高陸縣，在今西安東北高陵縣。王仲犖先生在《北周地理志》中詳列現存記載中關於高陸縣的資料，沒有提到高陸郡。〔註19〕據此似乎可以說北魏時沒有高陸郡的設置。但魏收在編撰《地形志》時，資料已經散失很多，故他說「州郡創改，隨而注之，不知則

〔註16〕趙超：《中國古代石刻概論》，文物出版社1997年版，第215～216頁。

〔註17〕《史記》卷5《秦本紀》，中華書局1961年版，第175頁。

〔註18〕《齊故平南將軍太中大夫金鄉縣開國侯趙君墓誌銘序》，載羅新、葉煒著《新出魏晉南北朝墓誌疏證》，第179頁。

〔註19〕王仲犖：《北周地理志》卷1《雍州·馮翊郡·高陸縣》，中華書局1980年版，第25頁。

關。」〔註20〕所以高陸郡還是有可能存在的。因爲在 1986 年出土的賀婁悅墓誌裏就有「高陸阿陽人」的記載，說明在北魏後期曾經置高陸郡。〔註21〕按照一般慣例，墓誌籍貫記載都以出生時名稱爲繫。趙熾天統三年（567 年）去世，終年 65 歲，當出生在北魏宣武帝景明四年（503 年）。賀婁悅葬於北齊孝昭帝皇建元年（560 年），應當死於這一年或者稍早，終年 56 歲，則其生年當在北魏宣武帝正始二年（505 年）或者稍早。〔註22〕故而在 503 年左右有短暫時期的高陸郡設置當是事實，並且高陸郡至少下轄高陸和阿陽兩縣。這就爲修正《魏書・地理志》提供了新的資料。但唐代《元和姓纂》卷七《趙》中所列郡望沒有高陸。出土的敦煌文書中西北趙氏的郡望也只是在天水。〔註23〕所以無論墓誌怎麼追述始祖，北朝趙氏的郡望裏沒有高陸，這是毫無疑問的。所以趙熾非漢族士族無疑。

趙熾還有少數族成員的可能。因爲誌文言其擔任「直蕩正都督」與「六州都督」引起了筆者的懷疑。那兩個職位從北魏建立開始便多是少數族擔任的（詳見下文考證）。查姚薇元先生《北朝胡姓考》，匈奴的姓氏有趙氏。〔註24〕陳連慶先生《中國古代少數民族姓氏研究》中匈奴下也有趙氏，在氐族下也有略陽趙氏。〔註25〕北魏略陽郡在今甘肅天水東北。匈奴族在十六國北朝時趙姓人物已經難覓蹤影。所以趙熾爲匈奴族的可能性不大。反觀十六國時期關中地區民族遷徙頻頻，大量氐族在十六國時期從隴右遷徙到關中。比如前秦臨渭氐苻健還在高陸縣駐紮過。苻健「本出略陽臨渭。祖懷歸，爲部落小帥。父洪，字廣世。洪之生也，隴右霖雨，百姓苦之，時有謠曰：『雨若不止，洪水必起。』故名之曰洪。年十二而父死，爲部帥群氐推以爲盟主，劉曜拜洪爲寧西將軍、率義侯，徙之高陸，進爲氐王。」〔註26〕因之關中地區高陸等縣會有大量氐族成員。所以筆者猜測趙熾應是氐族後裔。其實從另

〔註20〕《魏書》卷 106 上《地形志上》，第 2455 頁。
〔註21〕《齊故衛大將軍安州刺史太僕少卿禮豐縣開國子賀婁公墓誌銘》，載羅新、葉煒著《新出魏晉南北朝墓誌疏證》，第 170 頁。
〔註22〕同上。
〔註23〕斯 2052 號《新集天下姓望氏族譜一卷並序》，載唐耕耦、陸宏基編《敦煌社會經濟文獻真跡釋錄》（第一輯），書目文獻出版社 1986 年版，第 93 頁。
〔註24〕姚薇元：《北朝胡姓考》，第 182 頁。
〔註25〕陳連慶：《中國古代少數民族姓氏研究》，吉林文史出版社 1993 年版，第 15、303 頁。
〔註26〕《魏書》卷 95《臨渭氐苻健傳》，第 2073 頁。

一方面來說，氐族在前秦時期已經開始漢化，而在羌族姚氏後秦時關中亦加速著漢化。關中地區雖然有很多少數族存在，但是應該漢化的成果應該在北魏時保留著比較多。從這個意義上說，趙熾應該是氐族後裔，而且漢化的程度應該比六鎮鮮卑要深得多。這從其祖父擔任過沃陽令，其父擔任過涼州錄事參軍可以想見。何德章先生曾說：「在北朝後期少數民族紛紛對先祖進行改造，僞託中原名族，冒引華夏名人爲先祖，反映了他們進入中原後，面對一個有著悠久歷史與深厚文明的民族，心理上的不自信與趨同。」〔註27〕趙熾墓誌也可以反應出這一點，只是其後人在社會潮流下對先祖的僞造顯然還不是很成功。

二、趙熾與高歡父子集團的關係

趙熾與高歡父子的關係如何呢？其實他就是高歡父子的親信。筆者從下面幾句誌文分別加以說明。

誌文云「屬玄維不綱，天下將紊，時亡金鏡，人思王理。神武皇帝虎據龍騰，止焚救溺。公發奮慷慨，杖榮歸仁。」在尒朱榮入洛陽，發動河陰之變後，北方開始出現大規模的紛亂局面。「神武皇帝」亦即高歡。通過誌文可以發現，趙熾在高歡起事後，便「杖榮歸仁」，投奔到其麾下。可見在尒朱榮被殺之後，底層民眾有各自的選擇方向。籍貫在關中的也會選擇關東的高歡。誌文云「左提右挈，事同魚水。至於擐甲枕戈，所在用命；攻城野戰，往如覆手。釋褐振武將軍，封大城縣開國男，食邑二百戶。」「左提右挈，事同魚水」完全可以說明趙熾與高歡父子的關係。並且從中可以發現趙熾在「釋褐」之前，曾經有過一段四處征戰的過程，或者說他在發達前曾經有過擔任低級軍官的經歷。因爲據《魏書・官氏志》，振武將軍爲從四品下，北朝起家官品未有如此之高。「封大城縣開國男，食邑二百戶」。當然，東魏、北齊的封爵制多是繼承北魏後期封爵制度。〔註28〕楊光輝先生曾製《南北朝五等爵戶邑數上下限簡表》，裏面所列北齊時期縣男的最低食邑數爲二百。〔註29〕趙熾墓誌爲其論斷增加了新的證據。經過了長時間的低級軍官生涯後，趙熾在魏末

〔註27〕何德章：《僞託望族與冒襲先祖——以北族人墓誌爲中心》，《魏晉南北朝隋唐史資料》（第十七輯），武漢大學出版社 2000 年版，第 142 頁。

〔註28〕高敏：《西魏、北周與東魏、北齊的封爵制探討》，《北朝研究》1991 年總第 4 期；另收入氏著《魏晉南北朝史發微》，中華書局 2005 年版，第 222 頁。

〔註29〕楊光輝：《漢唐封爵制度》，學苑出版社 2004 年版，第 34 頁。

的動亂中跟隨高歡，得到比其父祖都要高的官品，並且裂土爲封，實現了人生的飛躍。

　　誌文云「轉領民正都督，加征虜將軍，封陰平縣開國子，復除即丘縣開國伯，又遷直蕩正都督，食梁州陽夏縣幹。」「領民正都督」《魏書》未載。記載北齊官制的《隋書・百官中》也沒有。如果猜測不錯的話，當是統帥少數民族軍隊的將領。因爲其它擔任「領民正都督」諸人都是皇家親信。比如北齊後期掌握大權的韓長鸞，其父韓賢就曾擔任過此職。〔註 30〕此時加「征虜將軍」，爲從三品，比先前要高兩級。「直蕩正都督」《隋書》有記載。「左右衛府，將軍各一人，掌左右廂。……其直蕩屬官，有直蕩正副都督、直入正副都督……等員」。〔註 31〕可見「直蕩正都督」是領軍府之外掌管皇家保衛的近衛軍。趙熾能擔任此職，證明其屬於皇家心腹的行列。銘文說「一臨股肱」應該就是指的擔任「直蕩正都督」。「食梁州陽夏縣幹」，屬於東魏北齊的「食幹制度」。陽夏縣屬梁州陽夏郡（今河南杞縣）。陽夏郡有 5 縣，戶 16549，口 63559，平均每縣 3309.8 戶，口 12711。〔註 32〕高敏先生曾對該制度進行考察，他找到三十五個「食幹」例證，分佈於八州、二十六郡、十二縣。其中在今河南地區的絕少。〔註 33〕「食梁州陽夏縣幹」不僅對「食幹制度」的研究增添了新例，而且擴大了現存材料中「食幹」分佈的地域範圍。高先生還論證了「食幹」制度主要是在經濟上扶植胡人血統和鮮卑六鎮降戶集團的手段，這也從側面說明趙熾爲高歡父子的親信。

　　誌文云「尋爲假儀同三司，瀛州六州都督。」車騎大將軍，已經爲正二品。「瀛州六州都督」並非爲「都督某某六州諸軍事、瀛州刺史」的省略，「六州都督」爲一俗稱。周一良先生考證東魏、北齊時之六州都督，係由北魏時專領北人之領民酋長蛻變而來，其所以冠以「六州」二字，因爲燕、恒、雲、朔、顯、蔚六州之地，本爲北人流民集中之地，故又稱爲「六州流民大都督」。久而久之，「六州」二字成了北人之代表，並非固定指六個州而言。周先生從現存史料中推知定、冀、滄州、南營州（治英雄城）刺史、常山太守皆可兼

〔註 30〕 羅新：《北齊韓長鸞之家世》，《北京大學學報（哲學社會科學版）》2006 年第 1 期。

〔註 31〕 《隋書》卷 27《百官中》，中華書局 1973 年版，第 758 頁。

〔註 32〕 《魏書》卷 106 中《地形志中》，第 2532 頁。

〔註 33〕 高敏：《東魏、北齊的食幹制度研究（上）》，《社會科學戰線》1984 年第 2 期；另收入氏著《魏晉南北朝社會經濟史探討》，人民出版社 1987 年版。

六州都督，可見六鎮降戶分佈的地域。〔註34〕趙熾墓誌另提供了瀛州。可見當州刺史未必兼任，往往是六州都督是單獨設置，如趙熾的瀛州六州都督與瀛州刺史就應是二人分任。高敏先生說既然任「六州都督」，即所領者悉為六鎮降戶，則其本人之為屬於胡人血統和六鎮降戶成員，殆無疑義。〔註35〕故而趙熾為高歡父子親信更為無疑。這也就進一步證明了本書第一部分對趙熾少數族血統的推測。

誌文云「天統之始，襃賞勳賢，以燕趙名鄉，地總恒嶽，六郡關要，民亞三輔，乃除常山太守，帶六州都督。……乃就郡除驃騎大將軍，平州刺史。」「天統」為武成帝禪位給兒子後主時所改的年號，此時武成帝雖然退位為太上皇，但是依然保持著對政局的控制。這次趙熾的職務變動就應該是他親自做出的任命。「常山太守」為定州屬下一郡，有戶56890，口248622，〔註36〕戶口僅略微少於中山郡，竟然比瀛州人口（451542）一半還多。這是典型的一個上郡。平州治肥如城（今河北盧龍縣北約三十里），但人口稀少，北魏時戶973，口3741，〔註37〕雖屬於下州，但其軍事地位卻十分重要。顧祖禹曾說明代永平府（即平州之地）「西接薊門，東達渝關，負山阻海，四塞險固」。〔註38〕所以平州是北齊東北邊境的門戶，典型的軍事要地。「威讋胡戎，信著朝野」應該就是這次任命所要達到的目的。他「蒞政二年，奄同光月。春秋六十有五，以天統三年七月九日薨於治所。」「蒞政二年」則擔任平州刺史的時間應該在天統元年（565年）至三年（567年）之間，可見他擔任常山太守的時間非常短暫。但平州在北齊時只領有北平郡，〔註39〕與毗鄰的幽州的地位不能同日而語，更不能與常山郡相提並論。平州儘管軍事地位重要，可是並未授給趙熾「都督軍事」，這次任命應是屬於貶謫了。史書雖然沒有透露出這次任命的內在目的，卻依然能隱約感覺到其中另藏玄機。

〔註34〕 周一良：《領民酋長和六州都督》，原載《國立中央研究院歷史語言研究所集刊》第 20 本上冊；收入氏著《魏晉南北朝史論集》，北京大學出版社 1997 年版。

〔註35〕 高敏：《東魏、北齊的食幹制度研究（下）》，《社會科學戰線》1984 年第 3 期。

〔註36〕 《魏書》卷 106 上《地形志上》，第 2462 頁。

〔註37〕 同上，第 2496 頁。

〔註38〕 顧祖禹：《讀史方輿紀要》卷 17《永平府》，中華書局 2005 版，第 749 頁。

〔註39〕 施和金：《北齊地理志》，中華書局 2008 年版，第 123 頁。

三、誌文中的其它問題

　　誌文云「仍除使持節都督鄯州諸軍事、車騎大將軍、鄯州刺史。」此處「鄯州刺史」令人疑惑。因為鄯州在現在青海境內，當時根本沒有在東魏境內。可能性有兩個：一個是遙授刺史；另一個是在東魏時曾設置過，但史書闕載。施和金先生最近新出的《北齊地理志》中亦沒有收入鄯州。但另在《北齊常山義七級碑》〔註40〕中列有麴顯貴，其官銜為散騎常侍、驃騎大將軍、給事黃門侍郎、繕州大中正。此「繕州」當同「鄯州」。羅新先生曾對豐洛擔任不在北齊境內的北華州刺史略作探討。他認為「這是對立政權間從政治合法性上否定對手的一個重要手段，宣示著對大一統的古老政治傳統的認同。」〔註41〕筆者甚為贊同。此處趙熾擔任不在北齊境內的鄯州刺史應該和豐洛擔任北華州刺史的用意是一致的。

　　誌文云：「菠政二年，奄同□月。春秋六十有五，以天統三年七月九日薨於治所。詔贈安州刺史光祿卿。」「菠政二年」則其任平州刺史在天統元年（564年）。贈官為安州刺史、光祿卿，但在墓誌題名中卻只提到安州刺史，並沒有光祿卿。可能相對於他的驃騎大將軍，光祿卿的品級要低一些，因為驃騎大將軍為從一品，而光祿卿僅為正三品。

　　以上是對墓誌所作的初步考釋，從中我們可以看到北朝後期一個胡族後裔的「成長」過程。戰亂紛起投身高歡麾下，以軍功從低級軍官到擔任親信近衛軍，而後外放，先是擔任遙領刺史，然後管理六鎮降戶，再次為上郡太守，亦兼管理六鎮降戶，可見其地位是一步步提高，因為任命他為常山太守是「褒賞勳賢」的結果。最後擔任平州刺史。總的來說，這只是一個北朝後期胡人的政治生涯的個案，如果能將眾多北齊類似將領的墓誌集中起來考察，或許可以復原東魏北齊時期一個特殊群體的整體群像。

〔註40〕　歐陽修：《集古錄跋尾》卷4，上海書店出版社1994年影印《叢書集成續編》本。
〔註41〕　羅新：《新見北齊〈豐洛墓誌〉考釋》，載殷憲主編《北朝史研究——中國魏晉南北朝史國際學術研討會論文集》，商務印書館2004年版，第175頁。

第七章　北朝社會生活個案研究

第一節　兩漢魏晉南北朝時期的「家業」

　　在一般人的觀念裏，家庭的財產繼承往往被誤認爲僅僅是具體財產的繼承。而在事實上，文化、爵位、政權等等也可以看做是家產的主要內容，這在中國傳統社會中被稱爲「家業」。綜觀二十四史內，就筆者所見，總共出現「家業」一詞 140 多次，而在唐代以前，就出現了 100 多次，可見，「家業」一詞的使用頻率在兩漢魏晉南北朝時期非常的高，也證明當時對「家業」的重視程度。故而「家業」一詞的基本含義也表露無遺。中國傳統社會的家產繼承方式已經有學者進行了深入研究，〔註1〕而對兩漢魏晉南北朝這一時期的家產──「家業」的內容，就筆者所見，尚未有人專文論述。故略述拙見於後，以就教於方家。

一、兩漢魏晉南北朝時期「家業」的基本涵義

　　筆者認爲，兩漢魏晉南北朝的「家業」主要有以下四種基本涵義：

1、指代具體錢物財產

　　這主要指的是家庭的經濟收入，包括錢財、田產、房屋等等具體的價值物。這在家庭中是非常普遍的具體「家業」。而這也是「家業」的最基本含義。故財產繼承也大部分指的是繼承這樣的「家業」。如漢武帝時期，楊王孫學黃老之術，「家業千金，厚自奉養生，亡所不致」。〔註2〕南齊時何戢「家業富盛，

〔註 1〕詳見邢鐵：《家產繼承史論》，雲南大學出版社 2000 年版。
〔註 2〕《漢書》卷 67《楊王孫傳》，第 2907 頁。

性又華侈，衣被服飾，極爲奢麗。」〔註3〕具體錢物財產是「家業」的最基本和最主要的含義。

　　男主人如果不關心家業，甚至出現了由婦女來操持家業的。東漢時許升是個賭徒，不理家事，其妻呂氏「嘗躬勤家業，以奉養其姑。」〔註4〕這就是一個男人不幹活養家，婦女主持家事的典型。還有某些人爲作官，拿錢財賄賂當權者以至花掉家產的。漢靈帝時，中常侍張讓專制朝政，讓監奴管理家事。一個叫孟他的人「乃盡以家財賂監奴，與共結親，積年家業爲之破盡。」〔註5〕這是一個爲作官不惜破產的例子。還有在生前就將「家業」分開，以防止死後兒子分割不均起手端。南齊張岱沒死的時候就作遺書，將家財分割，「封置箱中，家業張減，隨復改易，如此十數年。」〔註6〕也有在分家中將「家業」盡予親屬的。南齊時吳達之「養孤兄子，及長爲婚，推家業盡與之」。〔註7〕而當時的大小官員，去各地作官也會「侵食百姓，以營家業」，〔註8〕將作官和自己經營「家業」緊密結合，利用手中的權利謀取利益。故當時如有人不經營家產的話，就會有人來勸說。北魏常景清儉自守，不營產業，友人刁整「每謂曰：『卿清德自居，不事家業，雖儉約可尙，將何以自濟也？』」不僅是勸他，並且當實在是看不過他這種清儉生活的時候，刁整就「與衛將軍羊深矜其所乏，乃率刁雙、司馬彥邕、李諧、畢祖彥、畢義顯等各出錢千文而爲買馬焉。」〔註9〕大夥居然斂錢爲他買馬。在這樣的風氣下，那些善於經營財物以充實家產的就會被認爲是一種能力。如北魏畢眾敬「善持家業，尤能督課田產，大致儲積。」〔註10〕「家業」成爲家庭、家族的根本，財產的經營就成爲男主人極其重要的事情。這是當時社會上的普遍風氣。

2、指代學術、技能

　　兩漢南北朝時代，學在個人、家庭，家庭內部知識的傳授成爲文化延續的重要保證，文化的傳承也成爲「家業」的重要內容。當時的知識家族，往

〔註3〕　《南齊書》卷32《何戢傳》，第585頁。
〔註4〕　《後漢書》卷84《列女傳・許升妻傳》，第2795頁。
〔註5〕　《三國志》卷3《明帝紀》裴注引《三輔決錄》，第92頁。
〔註6〕　《南齊書》卷32《張岱傳》，第581頁。
〔註7〕　《南齊書》卷55《孝義傳・吳達之傳》，第962頁。
〔註8〕　《魏書》卷5《高宗文成帝紀》，第117頁。
〔註9〕　《魏書》卷82《常景傳》，第1805頁。
〔註10〕　《魏書》卷61《畢眾敬列傳子元賓附傳》，第1361頁。

往對某一方面的文化有很深的鑽研，也就會將自己所學傳授於自己的兒子，這就出現很多的數代擅長某一種文化技藝的家族。這也是他們取得政治、社會地位的一種工具。下面舉幾個例子。

　　東漢時，桓榮少年時代遊學長安，學習《歐陽尚書》，其子桓郁「傳父業，以《尚書》教授，門徒常數百人。」父子先後教授兩代皇帝。一直到桓郁的孫子桓典，「復傳其家業，以《尚書》教授潁川，門徒數百人。」〔註11〕看來這是一個以研究《尚書》見長的文化世家。南朝的賀瑒，其祖父賀道力，善《三禮》，仕宋爲尚書三公郎、建康令。而賀瑒本人「少傳家業」。〔註12〕「家業」在這裏就指的是《三禮》的研究。他的兒子們也是精通《三禮》的大儒。這是一個以研究《三禮》的世家。顏之推的家族也是個世代的文化世家，「世善《周官》、《左氏》。之推早傳家業。」〔註13〕以上幾個例子是研究經學的世家，下面舉幾個其它文化代表。在自然經濟條件下，疾病嚴重威脅著人們的生存，醫術就成爲社會上所極其重視的技術。也就出現了不少以醫術作爲「家業」傳承「的世家。姚僧垣的父親曾「嘗嬰疾歷年，乃留心醫藥。」自己鑽研出自己獨特的醫術。僧垣年二十四「即傳家業」。〔註14〕其子也學習家傳的醫術。這種經書的精通並且傳授，也是一種財產的繼承，「家業」的含義在這裏被發揚。因爲文化的傳承可以帶來政治地位和社會地位，像那個桓氏父子兩代教授皇帝，賀氏在當時也有很高的政治和社會地位，顏之推更是進入了中樞層，姚僧垣在北朝也做到了車騎大將軍、儀同三司。從這個角度講，家族內部的文化傳承就具有重要的意義了。兩漢南北朝時期這樣的例子是非常多的，此不贅舉。

3、指代封爵與家族地位

　　在兩漢南北朝時代，封爵是可以允許世襲的。封爵的繼承不僅僅簡單代表著封號爵位的繼承。由於封爵有品級，這就意味著政治上有一定地位。而封爵相應具有一定的封邑，這就產生了經濟上的租賦收入，從而在社會上，也會有一定的地位。而繼承了封爵，不僅僅是個人的繼承，也代表著整個家族門戶的整體地位和利益。這在世族社會表現得尤爲明顯。

〔註11〕《後漢書》卷37《桓榮傳》，第1258頁。
〔註12〕《梁書》卷48《賀瑒傳》，第672頁。
〔註13〕《北齊書》卷35《顏之推傳》，第617頁。
〔註14〕《周書》卷48《姚僧垣傳》，第844頁。

　　北魏時長孫稚六歲繼承祖上的爵位上黨王，孝文帝以「以其幼承家業，賜名稚，字承業」。〔註15〕在這裏「家業」不是指代的是財產，而指的是爵位的傳襲。爵位的高低代表著一個家族的興旺與衰落。這樣的一份家業的傳襲自然是非常重要的事情了，故選擇一個合適的繼承人就成爲關鍵的一步了。很多上層人物在立嫡上都很謹愼。陸馛第五個兒子陸琇，按照傳統的立嗣原則「立嫡以長不以賢」，爵位是輪不到他的。他對陸琇說：「汝祖東平王有十二子，我爲嫡長，承襲家業，今已年老，屬汝幼沖，詎堪爲陸氏宗首乎？」〔註16〕在這裏，陸馛作爲嫡長繼承的是爵位，即家族相傳的政治社會地位，而爵位繼承者也就成爲關鍵。故陸馛會對其子說這樣的話。劉昶爲宋文帝第九子，在內亂中逃到北魏，「尚武邑公主，拜侍中、征南將軍、駙馬都尉，封丹陽王。歲餘而公主薨，更尚建興長公主。」北魏朝廷確實給他很高的政治地位。而諸子卻是不成器，在選擇繼承人上也頗費周折，但最終由於「諸子冘疏，喪其家業」。〔註17〕失去了爵位，劉氏在北朝也就失去了顯赫的政治地位，相應地在歷史上也就沒有了痕跡。在門閥制度下，家族的地位高低，門戶的高低不僅僅依靠祖先的官職高低，也要看當代人官職高低。南朝的王融，其祖父爲中書令，其曾祖高祖並爲臺輔，而其父親僅僅是個盧陵內史。如果按照王融父親這樣，他的家庭地位就會受到重大影響。故其本人的官職的品級就成爲振興家族門戶高低的唯一手段。所以王融「以父官不通，弱年便欲紹興家業」，〔註18〕以期用自己的出仕對整個家族地位的振興作一些努力。從以上的例子可以看出，爵位和家族地位都是「家業」的重要方面，尤其是對於那些世家大族更是具有深遠意義。

4、指代政權

　　一般意義上說，政權是父子之間的承襲，但是，和爵位一樣，只能有一個兒子承襲。對於兩漢南北朝時期的各個政權來說，想辦法使自己的政權能夠不覆滅，能夠承襲久遠，就成爲一件棘手的事情。而他們也將之視爲一份家業來傳承。這是家產的變異形式而已。故「家業」指代政權。

　　前秦皇帝苻生「少兒暴嗜酒，健臨死，恐其不能保全家業，誡之曰：「酋帥、大臣若不從汝命，可漸除之」。苻生爲苻健的第三個兒子，將皇位傳於他，

〔註15〕　《魏書》卷45《長孫道生傳觀子稚附傳》，第647頁。
〔註16〕　《魏書》卷40《陸俟傳馛子琇附傳》，第905頁。
〔註17〕　《魏書》卷59《劉昶傳》，第1307頁。
〔註18〕　《南齊書》卷47《王融傳》，第817頁。

符健多少不是很放心，惟恐他日後將自己父親打下來的江山葬送，故在死前還要對其進行教育。〔註19〕前燕慕容寶是慕容垂的第四個兒子，「及爲太子，砥礪自修，敦崇儒學，工談論，善屬文，曲事垂左右小臣，以求美譽。垂之朝士翕然稱之，垂亦以爲克保家業，甚賢之」。〔註20〕立太子是想將江山傳於能夠守住政權、保持皇位於自家的兒子，在這裏，慕容垂所指的「家業」，指其所建立的政權。北齊時王晞對常山王演（後來的武成帝）所云「將奈殿下家業何」〔註21〕即是此意。

二、兩漢魏晉南北朝「家業」的時代特徵

上面分析了兩漢魏晉南北朝時期「家業」的四種涵義，不過具體的內容是隨著時代的變遷而變化，故此時的「家業」帶有濃厚的時代氣息。下面對這四種涵義作進一步的分析。

1、財物是「家業」中長期存在的主要內容

從史書中出現的「家業」一詞的時代上來說，指代財物和文化是綿延很久的內容。不僅僅在兩漢時代，直到南北朝，或者延伸更遠，一直到清代依然有這樣的涵義。我們所常說的「家大業大」，其實就是「家業」指代財物這個基本涵義，也是其原始內容。

從「家業」指代財物的慣性，我們可以看出，對於一個家庭來說，財產的多寡是家族興旺的物質保證，沒有財物也就無法進行正常的生活生產。這樣的物質基礎在任何時代都是必不可少的。而這樣的物質財物，又是家庭財產轉移的主要內容。中國的民間社會很容易將財產的多寡作爲判斷家庭地位的一個標準。有了錢財就可以過上舒適的生活，這是在自然經濟條件下的自耕農的美好願望，儘管是難以實現，故各家各戶都在爲積攢家產而奔波。從這個意義上，「家業」指代財物、田產是無可厚非的。這也是「家業」中財物因素長期存在的根本心理因素。

2、「家業」中的學術技能因素在兩漢南北朝時期是一種獨特的現象

以文化作爲求官的手段，只有在中古時代是經常的事情。但是有一個奇特的現象，這個時候的文化都集中在家族手中。社會上並沒有廣泛的文化傳

〔註19〕《晉書》卷112《苻生載記》，第2878頁。
〔註20〕《晉書》卷124《慕容寶載記》，第3093頁。
〔註21〕《北齊書》卷31《王昕傳附弟晞傳》，第419頁。

播，雖然有聚徒教授的，但是文化傳家方面還是比較集中的。這是由於政治上的動盪不安，使文化的傳承只能限制在家族範圍內。文化的傳承帶來的是家族門戶的延續，既然文化知識可以求官謀生，那傳授也往往限定在家族範圍之內。這也是魏晉南北朝時期世家大族長期延續的內在因素。六朝時期的高門世族皆為文化世族，其家族內在的歷史文化傳統是他們區別於其它家族的根本所在。那些僅靠武功登上政治舞臺的家族如想長久保持自己的地位，那只有將自己演變成一個文化家族。所以這樣的「家業」又被稱為「家學」。如果說六朝隋唐世族社會的長期存在，這點文化上的家族傳承是功不可沒的。史學大師陳寅恪先生認為，在魏晉南北朝時期學術的重心「不在政治中心之首都，而分散於各地之名都大邑。是以地方大族盛門乃為學術之所寄託。……而漢族之學術文化變為地方化及家門化矣。故論學術，只有家學可言，而學術與大族盛門常不可分離也。」〔註22〕相比之下，唐代以下的家族大多都缺少這樣的文化傳承。這也就成為宋代以下大都無保有政治和經濟地位的世代家族的不可忽視的原因之一。與此相應的是技能的傳授也是限制在家族範圍內。

3、這個時代封爵成為「家業」的重要內容是由獨特的爵位制度造成

兩漢魏晉南北朝時期的封爵都可以繼承，而且都有相應的封邑。這就產生了爵位的傳襲。尤其在魏晉南北朝的九品中正制下，士人的品級和官品都是對應存在。封爵的高低決定了家族地位的高低，而家族地位的高低與起家官品密切相關。而這是一個家族「門戶」延續，甚至是家族政治地位提升的一個機遇。這種政治地位和爵位的緊密聯繫，造成了封爵在父子相傳的過程中往往比實在的錢財更重要，故選擇一個能夠振興家族的繼承人就相當關鍵。當然，這種現象要在封爵和品級相關聯的兩晉南北朝時代才會存在。唐代之後宗室以外的封爵不能傳襲給後代。無法繼承的封爵當然也就說不上「家業」的內容了。

4、魏晉南北朝政權更替的頻繁是政權進入「家業」內容的原因

眾所週知，魏晉南北朝時期政權更替相當頻繁。在統一王朝之下，皇位的傳承是在一姓之間，一般人是難以覬覦的。「家天下」的格局是難以被打破的，因為各種措施都在維持著王朝的傳承。在動亂割據年代，各個政權的存

〔註22〕陳寅恪：《崔浩與寇謙之》，《金明館叢稿初編》，上海古籍出版社1980年版，第133頁。

在時間是長短不一的，十六國裏最長的不過幾十年，最短的也就幾年光陰。政權的壽命也就成爲中國政權創建者相當關心的。如何維持自己的政權不致很快消亡，長期保持旺盛的生命力，這樣的想法在當時是普遍的。因之也就產生了將政權傳承給後代的迫切願望。而作爲開創者來說，自己的政權就是自己給後代最大的「家業」了。故在其心目中，會不自覺地將政權視爲可以傳承的特殊「財產」。所以也只有在兩晉南北朝時期，政權才會進入「家業」的範疇之內。

三、結論

經過以上的分析我們可以知道，「家業」的內容不是一成不變的，而是隨著時代的變化而加入新的因素。在中國歷史的長河裏，具體錢財一直是「家業」最基本的內容，這是「家業」內涵的一條主線；在魏晉南北朝時期，學術、技能進入「家業」的領域，成爲這個時代的一個主要特徵；此時，封爵也因其可繼承性而進入「家業」範疇；相應地，在十六國北朝時代，政權也成爲「家業」內容的一部分。從繼承的方式來看，具體財產還是按照諸子平均析產的傳統方式來繼承；文化也不僅僅限定在一個兒子身上，是多子繼承；而爵位和政權由於獨一性，在繼承上就限定在一個兒子身上。隨著時代的變化，「家業」中的幾個含義也隨之退出了歷史舞臺，只剩下代指具體錢財了。但「家業」一詞依然保留到近代，我們平常所說的「家大業大」一詞即是。總之，不管「家業」的內容如何變化，它都基於「可繼承性」這個因素上，不過是兩漢魏晉南北朝時期特殊的社會政治狀況給「家業」披上的時代的外衣而已。

第二節　南北朝時期的宗族制度

眾所週知，對於魏晉南北朝時期的門閥大族，前人已經做了不少研究。但是對於這一時期具有普遍意義的宗族制度，就筆者所見，尚無專文進行過闡述，僅有呂思勉、徐揚傑、常建華等先生的著作略有涉及。〔註 23〕因南北朝有相對穩定的社會政治環境，故筆者選擇此斷限作爲分析對象，試述淺見於後，以就教於方家。

〔註23〕 呂思勉：《兩晉南北朝史》第 17 章第 2 節《族制》，上海古籍出版社 1983 年版。徐揚傑：《中國家族制度史》第 5 章有關小節，人民出版社 1992 年版。常建華：《宗族制》，上海人民出版社 1998 年版。

一、前人對南北朝宗族制度內容的一般認識

在敘述南北朝宗族制度之前，我們先來說一說前人對宗族制度內容的看法（筆者贊同五世之內爲家族，之外爲宗族的觀點）。呂思勉先生從聚族而居、譜牒、宗祧繼承等方面敘述。這些其實只是家族內部事務。徐揚傑先生認爲家族即宗族，他將五世內外一塊敘述，難以區分。常建華先生認爲祖先祭祀與祠堂、宗族組織與結構、族譜、族產、族學、族規等方面是中國宗族制度的內容。〔註24〕其實在南北朝時期並非如此。筆者依次簡要敘述如下。

南北朝時期，能夠祭祀自己祖上幾代是一種特權。北齊時規定：「王及五等開國執事官，散從二品以上，皆祀五代；五等散官正三品以下，從五品以上，祭三代；三品以上牲用太牢，以下少牢。執事官正六品以下達於庶人，祭予寢。」〔註25〕可見，祭祀標準等級森嚴，否則就被視爲僭越。當時根本不可能去祭祀自己五世之外的祖先。祭祀是在家族範圍內進行的。

對於宗族結構，莫過於對宗子的看法。南北朝時期宗族內部是否存在宗子制度，筆者不敢確認，因爲史書並沒有表現出來。東晉的賀循曾作有《宗議》，提出了理想中的宗子制度。〔註26〕但是這應該是其自己的一廂情願而已。唐朝的文獻中也出現過宗子，但是否就是我們所說的宗族層面的「宗子」，還很難說，而且往往就是小宗宗子。但是宗族內部似乎有某位具有號召力的人物。所以有人就將南朝的劉氏「宗長」〔註27〕和北朝的薛氏「宗豪」〔註28〕當作宗族領袖了。

宗族性的譜牒除了極少數社會上層之外，其它社會階層是否有很難說。即便有也是以五世爲限。如高諒「造《系表譜錄》四十許卷，自五世以下，內外曲盡」。〔註29〕譜牒對於世族階層來說，是對其政治、經濟特權的一種外部界定。出土的漢唐間的敦煌家譜，受五世原則的影響，也多數僅止於五世，曾祖及曾祖的旁支都不記及。〔註30〕

〔註24〕常建華：《二十世紀中國宗族研究》，《歷史研究》1999 年第 5 期。

〔註25〕《通典》卷 48 禮 8 吉禮 7。

〔註26〕《通典》卷 73 禮 33 嘉禮 18。

〔註27〕任昉：《奏彈劉整文》，蕭統編，李善注：《文選》卷 40，中華書局 1977 年版，第 560 頁。

〔註28〕《宋書》卷 88《薛安都傳》，第 2215 頁。

〔註29〕《魏書》卷 57《高祐傳孫高諒傳》，第 1263 頁。

〔註30〕楊際平、郭鋒、張和平：《五—十世紀敦煌的家庭與家族》，嶽麓書社 1997 年版，第 168 頁。

南北朝的史書中未見有關宗族內部共同財產的記載。對於多次出現的墓田，我們並不能認為它是宗族財產，而只能認為它是家族內部共有，宗族間連在一起的。如北魏崔挺三世同居，「後頻值饑年，家始分析，挺與弟振推讓田宅舊資，唯守墓田而已」。﹝註31﹞可見墓田是家族內部財產。

宗族內部沒有專門的教育機構，族學無從談起。當時的文化傳播方式有名師聚眾講學，父子、母子相授，或是鄉校、縣學、郡學等。筆者未見當時宗族內部有族學的記載。

族規更是說不上。這一時期南朝的王僧虔、張融、徐勉等人都作有《戒子書》，北朝的魏收作有《枕中篇》、《戒子侄》，張烈有《家誡》，顏之推作有《顏氏家訓》等。但這些都僅僅是對子侄的說教或勸誡，對整個宗族並沒有多少約束力。所以宗族性的族規是沒有的。

經過以上簡略的敘述可以清楚，常建華先生所認為的幾方面在南北朝時期並非適用。所以我們不需要按照什麼模式來界定宗族制度的內容。並且人們往往容易用宋元以後的宗族制度來比對前朝的宗族制度，從而產生南北朝時期的宗族制度不完整或是不成熟的錯誤看法。實際上，每一個朝代或歷史時期的宗族制度都有它自己的內容。在每一個特定的歷史條件下，必然有與之相適應的宗族制度。而且往往是後世所不能起到「收族」作用的習慣做法，在當時就能收到效果。我們不排除後世宗族制度的某些內容的萌芽在南北朝時期出現，但過分誇大也會遮蓋人們的視線。

二、南北朝宗族制度的內容

「宗族制度」一詞是使用了現代概念。但當時並未形成很規範的東西或形諸於文字，而往往是習慣上的活動。所以稱之為「制度」多少有些牽強。但本書的目的是想將這些習慣性的活動挖掘出來，故稱之為「制度」也未嘗不可。而且習慣性的東西不會隨著朝代的更替而有大的改變。因此筆者認為所謂宗族制度是宗族內部在長時間內形成的、能夠鞏固宗族觀念的習慣性的活動。宗族觀念越強，強制性的宗族制度就越少。在敘述南北朝的宗族制度之前，我們先檢討一下對南北朝宗族觀念的認識。

> 北土重同姓，謂之骨肉，有遠來相投者，莫不竭力營贍，若不
> 至者，以為不義，不為鄉里所容。﹝註32﹞

﹝註31﹞《魏書》卷57《崔挺傳》，第1264頁。
﹝註32﹞《宋書》卷46《王懿傳附兄元德傳》，第1391頁。

從這句話很容易得出北方宗族觀念強的看法。但是這種看法值得重新考慮。
首先，北土重「同姓」，而非「同宗」。恰當的解釋應該是記載血緣世系的譜
牒在北方並不普及，即使有也以五世爲遷。對於戰亂遷徙到外地的宗族成員，
漸漸就和家鄉的宗族失去了聯繫。因此無法辨別同姓者是否與自己是同一宗
族，只好一視同仁，通通都是。第二，「有遠來相投者，莫不竭力營贍」，爲
什麼呢？是由於「若不至者，不爲鄉里所容」。原來是鄉里的輿論在起作用，
而並非人本心如此。所以對於北方宗族觀念強的看法還應再作思考。同時人
們還會由王懿投奔王愉受冷遇事，得出江南宗族觀念弱的看法。但王愉是僅
僅到江南一百餘年的僑姓世族，其宗族缺乏在北方的聚居基礎。加上王懿與
王愉雖同是太原王氏，但是否爲同一宗族還很難說。這條材料並不能得出江
南宗族觀念弱的看法。因爲從徐龕對陳霸先宗門無所縱捨，陳對其恨之入骨
事，〔註33〕我們還可以認爲江南宗族觀念並不薄弱。史書上的特例給人以錯
誤的印象。所以筆者認爲北方的宗族觀念並非我們想像中的那樣強，南方的
宗族觀念也並非我們想像中的那樣弱。實際上只要是在困難面前，宗族觀念
就會體現出來。與此相應，南北朝的宗族制度有自己的內容。

首先，能夠鞏固宗族觀念的最有力手段是「聚族而居」。「聚族而居」和
「宗族聚居」是兩個不同的概念。廈門大學的楊際平先生認爲「宗族聚居」
表示的是一種狀態，而不是一種行爲。宗族是狀態的主體。「聚族而居」表
示的是一種行爲。宗族是行爲的客體，行爲的對象。行爲的主體在這裏被省
略，當爲族中某位權威人士。〔註34〕楊先生所言甚是。北齊宋孝王說關東「瀛
冀諸州，清河張宋，并州王氏，濮陽侯族，諸如此輩，一宗將近萬室，煙火
連接，比屋而居」，〔註35〕恰恰就反映了「宗族聚居」的廣泛存在。正因爲
有「宗族聚居」的狀態，才會有「聚族而居」的慣性。「聚族而居」起到了
鞏固宗族觀念的作用。「聚族而居」的表現有：1. 在戰亂遷徙時一起行動，
到達目的地後依然保持聚居的狀態。如中山人申纂，「皇始初，太祖平中山，
纂宗室南奔，家於濟陰」。〔註36〕陽弼是北平人，杜洛周攻陷北平，「弼遂率
宗親南渡河，居於青州」。〔註37〕薛憕曾祖薛弘敞「逢赫連之亂，率宗人避

〔註33〕《梁書》卷46《杜歸傳兄子杜崱附傳》，第644頁。
〔註34〕楊際平：《關於家庭、家族、宗族的幾個問題》，未刊稿，2001年，第3頁。
〔註35〕《通典》卷3《食貨》引宋孝王《關東風俗傳》。
〔註36〕《魏書》卷61《畢眾敬傳申纂附傳》，第1365頁。
〔註37〕《魏書》卷72《陽尼傳陽弼附傳》，第1602頁。

地襄陽」。〔註38〕這在南方亦是如此，一有戰亂也是舉族遷徙。如侯景之亂時，梁元帝當時為荊州刺史，朝士多歸之。蕭引說：「諸王力爭，禍患方始，今日逃難，未是擇君之秋。吾家再世為始興郡，遺愛在民，正可南行以存家門耳。」〔註39〕於是他就和弟弟及宗親百餘人奔嶺表。由北方逃到江南的宗族亦多聚族而居。據黎虎先生考證，現在閩廣地區的客家人，其聚居是南北朝時期由北方地區帶去並保持到現在。〔註40〕2. 如條件允許，亦會將散居宗族聚集起來，顯示出當時人的一種理想心態。沈慶之「居清明門外，有宅四所，宅宇甚麗。又有園舍在婁湖，慶之一夜攜子孫徙居之，以宅還官。悉移親戚中表與婁湖，列門同閈焉」。〔註41〕杜子春富足後，「以孤孀多寓淮南，遂轉資揚州，買良田百頃，郭中起甲第，要路置邸百餘間，悉召孤孀，分居其中。婚嫁甥侄，遷附親族」。〔註42〕史書所記累世同居亦即是此種心態的典型反映。宗族聚族而居最能增強宗族觀念。

其次，宗族之間的互助行為也是增強宗族觀念的有效手段之一。這已成為一種社會輿論。前述「北土重同姓」即是這種輿論的反映。宗族之間的互助有以下幾種：

1、財物互助，即所謂「通財」

這是宗族互助中比較常見的方式。北魏房景遠「重然諾，好施與。頻歲凶儉，分贍宗親」。〔註43〕張曜「每得祿賜，輒散之宗族」。〔註44〕唐謹「家無餘財，所得祿賜，常散之宗族。其尤貧乏者，又割膏腴田宅以振之」。〔註45〕劉宋劉懷慎「祿賜班於宗族，家無餘財」。〔註46〕南齊崔慰祖「父梁州之資，家財千萬，散於宗族」。〔註47〕梁時徐勉「家無蓄積，俸祿分贍宗親之貧乏者」。〔註48〕陳時陸瓊不自封殖，「四時俸祿，皆散之宗族，家無

〔註38〕《北史》卷 36《薛憕傳》，第 1344 頁。

〔註39〕《陳書》卷 21《蕭允傳弟蕭引附傳》，第 289 頁。

〔註40〕黎虎：《客家聚族而居與中原大家族制度——客家居處方式探源之一》，載氏著《魏晉南北朝史論》，學苑出版社 1999 年版，第 321～332 頁。

〔註41〕《宋書》卷 77《沈慶之傳》，第 2003 頁。

〔註42〕《太平廣記》卷 16《杜子春》，中華書局 1961 年版，第 110 頁。

〔註43〕《魏書》卷 43《房法壽傳族子房景伯附傳》，第 982 頁。

〔註44〕《北史》卷 55《張曜傳》，第 1996 頁。

〔註45〕《北史》卷 67《唐永傳子唐謹附傳》，第 2356 頁。

〔註46〕《宋書》卷 45《劉懷慎傳》，第 1375 頁。

〔註47〕《南齊書》卷 52《崔慰祖傳》，第 982 頁。

〔註48〕《梁書》卷 25《徐勉傳》，第 383 頁。

餘財」。〔註49〕但是我們可以發現，能夠做到「通財」的前提是自己必須有財。

2、除了財務互助之外，還有其它形式的互助

如宋時嚴世期的宗親等十五人因荒年餓死，「露骸不收，世期買棺器殯埋，存育孩幼」。〔註50〕也有宗族投奔之事。如北魏刁整「以母老，河北喪亂，時整族弟雙爲西兗州刺史，整遂攜家依焉」。〔註51〕薛憕「孝昌中，杖策還洛陽。先是憕從祖眞度與族祖安都擁徐、兗歸魏，其子懷儁見憕，甚相親善。屬尒朱榮廢立，憕遂還河東，止懷儁家」。〔註52〕也有宗族喪事幫忙者。梁時虞獻妻子去世，虞騭是其宗室，助喪事。〔註53〕

3、宗族復仇

徐揚傑先生認爲這是家族內部血親相愛、內部扶助的表現。〔註54〕筆者以爲所言甚是。如北魏時「有東莞劉氏，因爲同縣趙氏所殺，其後鄭氏執得仇人趙氏，又魁明晨會宗族，當就墓所刑之」。〔註55〕由此段話可以想像，鄭氏捉得仇人必然是經宗族的幫忙，否則刑趙氏焉用會宗族？東晉時沈充戰敗誤入故將吳儒家，儒欲殺之。沈充說：「爾以大義存我，我宗族必厚報汝。若必殺我，汝族滅矣。」〔註56〕儒竟殺之。充子勁競滅吳氏。呂思勉先生認爲：「勁故強果，然其能復仇，必得其宗族之助，則可推之。」〔註57〕這條材料雖是發生在東晉之時，但也可想像出整個魏晉南北朝時期，在個人的復仇過程中，宗族往往起到後盾的作用。北魏太武帝太延元年十二月下詔：「民相殺害，牧守依法平決，不聽私輒報復，敢有報者，誅及宗族。」〔註58〕雖然這是中國古代族誅的延續，但也可說明這一點。

再次，因爲每一個宗族內的家族墓田多集中在一起，所以墓田在無形中也可以起到一定的鞏固宗族觀念的作用。如崔氏成員死後多葬於滹沱河邊，

〔註49〕《陳書》卷30《陸瓊傳》，第1263頁。
〔註50〕《宋書》卷91《嚴世期傳》，第247頁。
〔註51〕《魏書》卷38《刁雍傳孫刁整附傳》，第873頁。
〔註52〕《北史》卷36《薛憕傳》，第1345頁。
〔註53〕《太平廣記》卷120《朱貞》，第846頁。
〔註54〕徐揚傑：《中國家族制度史》，第247頁。
〔註55〕《魏書》卷91《王早傳》，第1344頁。
〔註56〕《晉書》卷98《王敦傳沈充附傳》，第2567頁。
〔註57〕呂思勉：《兩晉南北朝史》，第920頁。
〔註58〕《魏書》卷4上《世祖太武帝紀》，第86頁。

故「俗呼滹沱河爲崔氏墓田」。〔註59〕埋葬時，也應按照昭穆順序。北魏胡叟死後，「無有家人營主凶事，（宗室）胡始昌迎而殯於家，葬於墓次」。〔註60〕死後歸葬故鄉是許多人的願望，亦有因此停喪達五、六年者。張讜是清河東武城人，死於徐州刺史任上。其子敬伯「求致父喪，出葬冀州清河舊墓，久不被許，停柩在家積五、六年」。〔註61〕江南的世族也有自己固定的墓地。如琅琊王氏之墓地在會稽。〔註62〕而何氏過江，「自晉司空充，並葬吳西山」。〔註63〕范義死後，其友人「躬自收葬，致喪還豫章舊墓」。〔註64〕清河傅永之子要按照遺囑將其父葬於邙山，但其嫡母不僅將其父葬於所封東清河貝丘縣，並將傅永父母之墓一塊遷過去，「永宗親不能抑」。〔註65〕說明宗族成員有責任制止傅永嫡妻的行爲。家族墓地應具有某種宗族層面的含義。這也從一個側面反映出宗族成員間的凝聚力在某種程度上也依靠墓田的維持。

第四，宗族間的各種形式的聚會也是增強宗族成員凝聚力的手段之一。在河北地區，春秋二社是宗族相聚的極佳時期。如趙郡李氏「宗黨豪盛，每春秋二社，必高會極宴，無不沉醉諠亂」，極其痛快。〔註66〕婚禮也是宗族成員聚集的重要時機。來護兒伯父爲鄉人陶武子所害，武子宗族數百家。護兒「因其有婚禮，乃結客數人，直人其家，引武子斬之，賓客結懾不敢動」。〔註67〕是因婚禮人多雜亂，護兒才敢如此行動。節日也是宗族聚會的主要時機。沈預陷害沈林子父祖及諸伯。「五月夏節日至，預正大集會，子弟盈堂，林子兄弟直入斬預」。〔註68〕王僧虔少年時曾「群從宗族並會」。〔註69〕是知王氏亦有宗族聚會之舉。宗族聚會使宗族成員相互熟識，避免了宗族成員之間「昭穆既遠，以爲路人」〔註70〕情況的發生。

〔註59〕《太平廣記》卷 247《李庶》，第 1913 頁。

〔註60〕《魏書》卷 52《胡叟傳》，第 1152 頁。

〔註61〕《魏書》卷 61《張讜傳》，第 1369 頁。

〔註62〕《太平廣記》卷 325《王聘之》，第 2577 頁。

〔註63〕《南史》卷 30《何尚之傳孫何胤附傳》，第 792 頁。

〔註64〕《宋書》卷 57《蔡廓傳子蔡興宗附傳》，第 1574 頁。

〔註65〕《魏書》卷 70《傅永傳》，第 1554 頁。

〔註66〕《北史》卷 33《李士謙傳》，第 1233 頁。

〔註67〕《北史》卷 76《來護兒傳》，第 2590 頁。

〔註68〕《宋書》卷 100《自序》，第 1264 頁。

〔註69〕《南齊書》卷 33《王僧虔傳》，第 596 頁。

〔註70〕陶潛：《贈長沙公詩》，逯欽立：《先秦漢魏晉南北朝詩・晉詩》卷 16，中華書局 1983 年版，第 972 頁。

　　以上所述爲筆者所認爲的南北朝時期的宗族制度。總之，所謂宗族制度是宗族內部在長時間內形成的、能夠鞏固宗族觀念的習慣性的活動。南北朝時期鞏固宗族觀念的主要方式有：聚族而居，這是當時人的一種理想心態；宗族互助，這是當時的輿論導向；宗族內集中在一起的家族墓田，這能起到鞏固宗族觀念的作用；宗族內不同形式的聚會也是增強宗族觀念的有效手段之一。對於當時宗族制度的內容，我們不應該先人爲主，認爲其不完善或是不成熟。只有站在當時的歷史背景下，才能夠得出合理的結論。

第八章　中古祠神信仰研究

第一節　漢魏六朝民眾建立祠廟的心理動機

　　眾所週知，任何一種事物都有它出現的理由，也有維繫其存在的心理動機，屬於民間信仰的祠廟信仰也不例外。漢魏六朝時期民眾在繼承前代留下的祠廟信仰之外，同時也建立了很多新的祠廟。對漢魏六朝民間信仰的研究，從上世紀末開始到現在方興未艾，[註1] 但多數論著關注於信仰的流行、及信仰與政治的關係等方面，民眾建立祠廟的心理動機卻未有關注。而分析民眾建立這些祠廟的心理動機，則可以發現民間祠神信仰產生與發展的源頭，對認識中國傳統祠神信仰的流變有重要作用。

〔註 1〕漢代民間信仰的研究可參看李秋香：《近 30 年來的漢代民間信仰研究》，《史學月刊》2010 年第 3 期。魏晉南北朝民間信仰的研究主要有梁滿倉：《六朝時期的民間祭祀》，《中國史研究》1991 年第 3 期；孫開萍：《六朝時期的民間信仰》，《揚州大學學報》（人文社會科學版）1997 年第 4 期；胡阿祥：《蔣山、蔣州、蔣王廟與蔣子文崇拜》，《南京師範專科學校學報》1999 年第 2 期；（日）宮川尚志：《水經注に見えた祠廟》，《六朝史研究（宗教篇）》，京都：平樂寺書店，1977 年；林富士：《中國六朝時期的蔣子文信仰》，林富士、傅飛嵐主編《遺跡崇拜與聖者崇拜》，臺北允晨文化出版公司，2000 年；蔡宗憲：《北朝的祠祀信仰》，臺灣大學歷史學研究所碩士論文，1999 年；張億平，《魏晉南北朝民間信仰研究》，臺灣大學中國文學研究所碩士論文，2002 年；劉聰：《蔣子文信仰流行考》，北京大學歷史學碩士論文，2003 年；王建明：《東晉南朝江南地區民間信仰研究》，安徽師範大學歷史學碩士論文，2003 年；儲曉軍：《魏晉南北朝民間信仰研究》，西北大學文學博士學位論文，2008 年；嚴耀中：《〈魏書·地形志〉和〈水經注〉中的北方所祀諸神》，《社會科學戰線》2010 年第 9 期等。

一、漢魏六朝民眾建立祠廟情況述論

民間祠廟信仰眾多，史籍未能全面記述，尤其在先唐時期，資料的匱乏更是明顯。所幸魏收在《魏書・地形志》中記載了一些北方的祠廟，酈道元在《水經注》中也在水流所過之處隨機記載了一些祠廟。儘管這些祠廟並未能反映漢魏六朝祠廟的全貌，但至少能給我們提供一些瞭解漢魏六朝民眾建立祠廟的數據，自然這些數據距離事實有一段距離。

《魏書・地形志》記載的主要是北方的祠廟，有 172 座，其中在不同地點為同樣人建立祠廟的不少。其中山神祠 56 座，水神祠 13 座，人神祠 80 座，〔註2〕其它 23 座。從比例上看，人神祠幾占一半。自然崇拜在先秦時期廣為盛行，因此對山神和水神的崇拜信仰時間久遠，故而這部分祠神信仰基本可以認定在漢魏之前即已存在。

表1：《魏書・地形志》中北方祠廟的建立時間分佈表

建立時間	山神祠	水神祠	人神祠	其它
先秦	56	13	63	
兩漢			13	
魏晉			4	
總計	56	13	80	23
比例	32.56%	7.56%	46.51%	13.37%

人神祠中，能夠確定在漢代以前就已經存在的有 63 座，只有 17 座是在漢代以來建立的。其中漢代以來建立的有項羽祠 1 座，漢高祖祠 6 座，漢武帝祠 1 座，戚夫人廟 1 座，銅馬祠（祭祀光武帝）1 座、四皓祠 2 座，董仲舒祠 1 座，卓茂祠 1 座。

《水經注》中祠廟的記載比《魏書・地形志》更多。記載了南北各地 253 座祠廟。其中山神祠有 35 座，水神祠 15 座，人神祠 162 座，其它 31 座。

〔註 2〕蔡宗憲將人神分為女性神祠與人靈神祠，祠廟總數亦參考其所列表，見氏著《北朝的祠祀信仰》，第 108 頁。筆者認為二者不用分開，直接合併為人神祠廟即可。

表2：《水經注》中北方祠廟的建立時間分佈表

建立時間	山神祠	水神祠	人神祠	其　　他
先秦	35	15	100	
西漢			27	
東漢			16	
三國			10	
兩晉			9	
總計	35	15	162	31
比例	22.13%	5.93%	64.03%	12.25%

　　兩漢所建祠廟有漢高祖廟 4 座，漢文帝祠 1 座，漢武帝祠 2 座，王莽九廟 1 座，劉安廟 1 座，景王祠 2 座，梁孝王祠 1 座，定陶恭王祠 1 座，亞父祠 1 座，四皓廟 1 座，張良廟 1 座，廣野君酈食其廟 1 座，陳平之祠 1 座，司馬子長廟 1 座，東方朔祠 1 座，董府君祠 1 座，張禹祠堂 1 座，朱鮪石廟 1 座，谷春祠 1 座，張明府祠 1 座，節侯廟 1 座，任將軍廟 1 座。

　　東漢所建祠廟有銅馬祠 1 座，田豐祠 1 座，李剛祠 1 座，魯峻石祠石廟 1 座，卓茂祠 1 座，張伯雅廟 1 座，魯恭祠 1 座，橋仁祠 1 座，盛允祠 1 座，橋玄廟 1 座，胡著廟 1 座，賈彪廟 1 座，尹儉石廟 1 座，陳留王子香廟 1 座，蘇耽神祠 1 座，趙昞祠 1 座。

　　三國時所建有賈逵廟 1 座，李君祠 1 座，諸葛亮廟 1 座，劉表祠堂 1 座，鄧艾祠 4 座，孫堅廟 1 座，曹嵩廟 1 座。

　　西晉以來建立者有七賢廟 1 座，司馬子政廟 1 座，范陽王司馬虓廟 1 座，鄭袤廟 1 座，賈萌廟 1 座，劉琦廟 1 座，陶侃廟 1 座，劉勔廟 1 座，魏道武帝廟 1 座。

　　統計上述數字，《水經注》記載記南北各地人神祠廟 162 座，先秦已建立的有 100 座，占 61.73%，漢魏以來所建立的有 62 座，占 38.27%。其中漢魏以來建立的 62 座人神祠廟中，西漢 27 座，占 43.54%；東漢 16 座，占 25.81%；三國 10 座，占 16.13%；兩晉以來 9 座，占 14.52%。把先秦以來的山神、水神和人神祠廟加起來，先秦就已經建立的祠廟占北魏所有神祠的 59.29%，可以說北魏時期近六成的祠廟是繼承自先秦的祠廟信仰，自然這個比例在兩漢會更高。造成人神祠廟越來越多的主要原因，就在於不斷有人死後被祭祀為

神，這些人成神的原因複雜，民眾爲其立祠的心理動機也各不相同，下面就作些許分析。

二、漢魏六朝民眾建立祠廟的心理動機

（一）對敗者的憐憫心理

人們對一些遭遇不幸的人物，往往寄予深深的同情，建立祠廟予以祭祀，這是由普通民眾善良的本性出發的，藉以抒發民眾內心中的哀思。由此可以弘揚正義，體現人類本性中善的一面。比如袁紹的謀士田豐，曾經勸說袁紹突襲許昌，但是袁紹不聽他的建議。官渡大戰失敗後，「袁本初慚不納其言，害之。時人嘉其誠謀，無辜見戮」，所以民眾爲他立祠於渠水旁邊，「用表袁氏覆滅之宜矣」。〔註 3〕田豐爲袁紹謀士，給袁紹提建議，袁紹不採納以至失敗。這本是袁紹自己的責任，卻遷怒於田豐。這樣本來沒有任何責任的田豐卻惹來殺身之禍。人們爲他立祠，既是表達對他的憐憫之情，也爲了表達對袁紹的義憤。楚義帝，乃是秦末農民起義的名義首領，項羽封王後，回到楚國，「乃使使徙義帝長沙郴縣。趣義帝行，其群臣稍稍背叛之，乃陰令衡山、臨江王擊殺之江中」。〔註 4〕義帝不僅被遷徙到邊遠的地方，而且還被項羽殺害，這對義帝來說是非常不公平的待遇，民眾會認爲爲其不公平的。是故郴縣有義帝墓，「有義陵祠」〔註 5〕，民眾「歲時常祠不絕」。〔註 6〕南朝梁末年邵陵王蕭綸與西魏作戰失敗，但是他「不爲屈，遂害之，投於江岸，經日顏色不變，鳥獸莫敢近焉。時年三十三。百姓憐之，爲立祠廟」。〔註 7〕蕭綸作爲將領和敵人作戰犧牲，而且死的時候還很年輕，這種獻身精神是值得提倡的。對這些人的崇拜實際上就是對人自身、人的優良品質的崇拜。這些祠廟所奉神靈都不是邪神，但是由於建立之初沒有官府參與，純粹是民眾自發行爲。

〔註 3〕陳橋驛：《水經注校釋》卷 22《渠水》，第 400 頁。

〔註 4〕《史記》卷 7《項羽本紀》，中華書局 1959 年版，第 320 頁。此處云「殺之江中」。《漢書》卷 24《英布列傳》：「（項羽）尊懷王爲義帝，徙都長沙，乃陰令布擊之。布使將追殺之郴。」（第 1882 頁。）可見義帝確實已經到了郴縣，《史記》說的「江」當是指湘江。

〔註 5〕《後漢書》志 22《郡國志四》注引《湘中記》，第 3484 頁。

〔註 6〕《史記》卷 7《項羽本紀》《集解》，第 320 頁。

〔註 7〕《梁書》卷 29《高祖三王傳・邵陵攜王綸》，第 436 頁。

（二）對清官的懷念心理

　　郡守和縣令，尤其是縣令是直接治民的官員。他們的行為善惡直接關係到他們所管理的地區的普通民眾的日常生活。就是在和平年代，民眾生活的好壞也與官吏是否清明有很大關係。在兩漢南北朝時期，經常發生社會動盪，民不聊生，故各地的民眾都普遍希望清明官吏的到來。正是有這樣的心理，在清官調走或是去世之後，下任的政績超不過前任或是有很大反差，普通民眾就會對前任產生深深的眷戀之情，就會為其立祠以表示自己的敬仰和懷念。而且這也是對後任進行提醒的一種手段。從兩漢一直到南北朝時期都有不斷的為清官立祠的記載，甚至立生祠。西漢時東海於公為縣獄吏、郡決曹，」決獄平，羅文法者於公所決皆不恨，郡中為之立生祠，號曰於公祠」。〔註8〕漢王堂拜巴郡太守，「馳兵赴賊，斬虜千餘級，巴、庸清淨，吏民生為立祠」。〔註9〕許荊，東漢和帝時為桂陽太守，「在事十二年，父老稱歌。以病自上，徵拜諫議大夫，卒於官。桂陽人為立廟樹碑」。〔註10〕晉時陸機為濬儀令，「甚有惠政，吏民懷之，生為立祠」。〔註11〕荀勖為安陽令，「有遺愛，安陽生為立祠」。〔註12〕南齊安陸昭王蕭緬「喪還，百姓緣沔水悲泣設祭，於峴山為立祠」。〔註13〕對清官的信仰，是對英雄人物信仰的一種衍化形式。不過它與對英雄人物相比，更具有現實意義。更能反映民眾社會生活狀況與要求，體現其潛在的社會心理。〔註14〕這也是民眾觀念中清官對當地人關愛的延伸，由生時延續到死後。像這類因祠主生前有功德可稱而百姓自發建立的祠廟，本不該屬於淫祠。但是這類祠廟遍佈各地，時間長了也就成為民眾的負擔，加上又不在典籍，又沒有國家的正式認可，因而也歸於淫祠。漢桓帝延熹中「悉毀諸房祀，唯特詔密縣存故太傅卓茂廟，洛陽留王渙祠焉」。此時唯有特詔，也就是國家認可的祠廟被留下，而其它的祠廟都俱屬於淫祠。

〔註8〕《漢書》卷71《于定國傳》，第3041頁。

〔註9〕《後漢書》卷31《王堂傳》，第1105頁。

〔註10〕《後漢書》卷76《循吏列傳・許荊》，第2472頁。

〔註11〕《三國志》卷58《吳書・陸遜傳》裴注引《機雲別傳》，第1360頁。

〔註12〕《晉書》卷39《荀勖傳》，第1152頁。

〔註13〕《南齊書》卷45《安陸昭王緬傳》，第795頁。

〔註14〕孫開萍：《六朝時期的民間信仰》，《揚州大學學報（人文社會科學版）》1997年第4期。

（三）對英雄的敬仰心理

英雄人物是歷史上有重要影響的人物，民眾緬懷他們，迷戀他們的魅力，對他們表現出敬仰心理並予以神化，這也是立祠的主要原因，兩漢南北朝也是這樣。城陽景王即朱虛侯劉章，他是西漢齊惠王劉肥的孫子。在消滅呂氏的過程中起到了重要作用。民眾以其定諸呂，安社稷，「有功於漢，故其國為立祠」。〔註15〕城陽景王的信仰逐漸由城陽一地擴展到整個青州，成為青州一地居民主要祠祭之神，在民眾心目中居於重要地位。〔註16〕項羽死後埋在今山東境內。雖然他最後失敗，但其故鄉江東吳興依然對這位曾經馳騁疆場的英雄懷有崇敬之情。吳興郡烏程縣西北卞山有項籍祠，「土民名為憤王，甚有靈驗，遂於郡廳事安施床幕為神座，公私請禱，前後二千石皆於廳拜祠，而避居他室」。〔註17〕范增因為項羽的剛愎自用而無法施展抱負，抑鬱而死。「亞父冢在廬江縣居巢郭東。……吏民皆祭亞父於居巢廷上，……後更造祠於郭東，至今祠之」。〔註18〕這些人雖然立祠有因，但是因其為民間自發行為，亦屬於立於不當立之處，因此屬於淫祠一類。

（四）對神仙的崇拜心理

在中國古代，普通民眾的生命是很短的，平均壽命遠遠沒有現在長。所以人們總在幻想著長生不老。是故秦始皇和漢武帝等帝王追求長生，以及道教在這段時間內形成，就不足為奇了。這是一股社會思潮。伴隨著這種觀念，廣大民眾對能夠得道成仙的凡人就極為崇拜。八公山上建有淮安王劉安廟。酈道元說：「余登其山上，人馬之跡無聞矣，唯廟像存焉。廟中圖安及八士像，皆坐床帳如平生，被服纖麗，咸羽扇裙帔，巾壺枕物，一如常居」。〔註19〕西漢淮南王劉安雖然被殺，但是民間傳說他已經成仙，「一人得道，雞犬昇天」的典故盡人皆知。我們先不管他是不是真的成仙，單就民間對他的信仰就可以看出對神仙的崇拜心理。蘇耽，郴縣人，少孤，養母至孝，言已成仙，後有人「見耽乘白馬還此山（即馬嶺山）中，百姓為立壇祠」。〔註20〕更為荒誕

〔註15〕《三國志》卷1《魏書·武帝紀》裴注引《魏書》，第4頁。
〔註16〕但是城陽景王祠依然屬於淫祠。曹操任職濟南，就毀壞他的祠廟，「止絕吏民不得祠祭」（《三國志》卷1《魏書·武帝紀》裴注引《魏書》）。
〔註17〕《梁書》卷26《蕭琛傳》，第397頁。項羽祠亦為淫祠，唐代狄仁傑毀淫祠，就有它在內。
〔註18〕《史記》卷7《項羽本紀》《集解》引《皇覽》，第326頁。
〔註19〕陳橋驛：《水經注校釋》卷32《淝水》，第563頁。
〔註20〕陳橋驛：《水經注校釋》卷39《耒水》，第678頁。

的是關於晉朝會稽山陰人孔愉之事，吳國滅亡他遷到洛陽。晉惠帝末年，歸鄉里，東還會稽，入新安山中，改姓孫氏，「以稼穡讀書爲務，信著鄉里。後忽捨去，皆謂爲神人，而爲之立祠」。〔註21〕孔愉後復出爲丞相掾，官至鎮軍將軍、會稽內史。他的突然失蹤被鄉鄰認爲是神人，不知他復出後做何感想。這是出現崇拜成仙凡人的淫祠的比較多的情況。由於有仙術的凡人可以輕易辦到常人所不能辦成的事情，這就使人們對有仙術的凡人也很崇拜。東漢趙炳有神術，起先到章安，百姓還不知道他。後來他表現自己的法術，於是百姓「敬服，從者如歸。章安令惡其惑衆，收殺之。民爲立祠於永康，至今蚊蚋不能入」。〔註22〕女子杜姜「左道通神，縣以爲妖，閉獄桎梏，卒變形莫知所極。以狀上，因以其處爲廟祠，號曰東陵聖母。」〔註23〕這些人因爲生前有威信或有道術，死後就被民衆認爲成了神仙，這反映了當時民衆對具有神術之人的崇拜。在民間百姓心目中，神仙能做到他們想做而無力去做的事，能幫助他們擺脫困難、帶來幸福，所以爭相傳誦他們的事跡，並立祠奉祭，渴求他們的降臨。〔註24〕這是淫祠中比較多的一種，反映了普通民衆的精神嚮往。

（五）對惡霸的敬畏心理

對於一些危害民衆生活的事物，爲了避免損害也只好立祠，以求神靈減少災害。吳時衡陽「郡境有大槎橫水，能爲妖怪。百姓爲立廟，行旅禱祀，槎乃沉沒，不者槎浮，則船爲之破壞。」〔註25〕但是立祠也有被迫者，百姓爲了避害，也只好爲之立祠。如六朝最大的淫神蔣子文，生前爲秣陵尉，抓賊負傷而死。「及吳先主之初，其故吏見子文道，乘白馬，執白羽，侍從如平生。見者驚走。文追之，謂曰：『我當爲此土地神，以福爾下民。爾可宣告百姓，爲我立祠。不爾將有大咎。』是歲夏，大疫，百姓竊相恐動，頗有竊祠之者矣。文又下巫祝：『吾將大啓祐孫氏，宜爲我立祠。不爾，將使蟲入人耳爲災。』俄而小蟲如塵虻，入耳皆死，醫不能治。百姓愈恐。孫主未之信也。又下巫祝：『若不祀我，將又以大火爲災。』是歲，火災大發，一日數十處。

〔註21〕《晉書》卷78《孔愉傳》，第2051頁。

〔註22〕汪紹楹校注：《搜神記》卷2《趙炳》，中華書局1979年版，第21頁。

〔註23〕《後漢書》志21《郡國三》注引《博物記》，第3461頁。

〔註24〕鄭土有：《曉望洞天福地·中國的神仙和神仙信仰》，陝西人民教育出版社1991年版，第122頁。

〔註25〕《太平廣記》卷293《萬祚》引《幽明錄》，第2331頁。

火及公宮。議者以爲鬼有所歸，乃不爲厲，宜有以撫之。於是使使者封子文爲中都侯，次弟子緒爲長水校尉，皆加印綬。爲立廟堂。轉號鍾山爲蔣山，今建康東北蔣山是也。自是火厲止息，百姓遂大事之。」〔註26〕在這裏，蔣子文的代言人巫祝霸道自是不用多言。民眾爲避其害，只好私下爲其立祠，直到孫權相信，並承認其合法性爲止。這與現實社會中惡霸的做法如出一轍。做法上可以與其爲匹的是東晉的袁雙。「晉丹陽縣有袁雙廟，眞第四子也。眞爲桓宣武誅，（雙）便失所在。靈在太元中，形見于丹陽，求立廟。未既就功，大有虎災，被害之家，輒夢雙至，催功甚急。百姓立祠堂，於是猛暴用息。今道俗常以二月晦，鼓舞祈祠爾。」〔註27〕袁雙死後要立廟，工程未就，就用虎災來要挾民眾加快修建速度。蔣子文、袁雙的表現如何不可得知，但作爲其代表的巫祝之態度眞是蠻橫到了極點。這固然巫祝借機聚斂錢財，爲自己提供活動場所，而民眾爲了避免神靈的危害，只好祭祀他。

實際上，這種敬畏的心理普遍存在於民眾心中。比如大家熟悉的關羽，他一直是以忠義兩全的完美形象存在於民眾心中。但是在唐朝之前的時候卻是以可怖的形象存在著。「荊州玉泉祠，天下謂四絕之境。或言此祠鬼助土木之功而成。祠曰三郎神，三郎即關三郎也。允敬者，則彷彿似睹之。緇侶居者，外戶不閉，財帛縱橫，莫敢盜者。廚中或先嘗食者，頃刻大掌痕出其面，歷旬愈明。侮慢者，則長蛇毒獸隨其後。所以懼神之靈，如履冰谷。非齋戒護淨，莫得居之。」〔註28〕這段材料典型反映了直到唐朝荊州民間關羽形象依然陰森可畏和荊州人對關羽的敬畏。這種兇惡形象直至宋代的關羽祠廟中尚未完全消失。〔註29〕有的學者認爲荊州人最初對關羽的敬畏即屬於所謂「祀厲」。〔註30〕關羽在大功垂成之際爲呂蒙所殺，臨死自然是滿腔怨怒。荊州民間惟恐關羽靈魂將其憤怒發泄於人間，危害一方，遂小心供奉，不求福祥，但願免災避禍。因此漢魏六朝以來民眾對惡霸的敬畏心理也造就了一大批淫祠。

〔註26〕 汪紹楹校注：《搜神記》卷5《蔣山祠（一）》，第157頁。
〔註27〕 （宋）劉敬叔：《異苑》卷5，文淵閣《四庫全書》，第1042冊，第501頁。另見《太平廣記》卷294《袁雙》引《異苑》，第2338頁。
〔註28〕 范攄：《雲溪友議》卷3，中華書局1985年版，第15頁。
〔註29〕 蔡東洲、文廷海：《關羽崇拜研究》，巴蜀書社2001年版，第55頁。
〔註30〕 趙杏根：《中國百神全書》，海南出版公司1993年版。轉自上引蔡東洲書之54頁。

（六）盲目的從眾迷信心理

由於普通民眾的愚昧，他們對一些無法作出合理的解釋的自然現象和人為現象，就歸因於神靈的存在，而其它人也會隨聲附和。所以盲目的從眾心理也造就了一大批基層民眾信仰的神靈，這也是淫祠產生的重要途徑。《風俗通義》〔註31〕中有幾個例子很能說明問題。「汝南汝陽彭氏墓路頭立一石人，在石獸後。田家老母到市買數片餌，暑熱行疲，頓息石人下，小瞑，遺一片餌，去，忽不自覺，行道人有見者。時客適會，問因有是餌，客聊調之：『石人能治病，愈者來謝之。』轉語頭痛者摩石人頭，腹痛者摩其腹，亦還自摩，他處於此。凡人病自愈者，因言得其福力，號曰賢士。輻輳轂擊，帷帳絳天，絲竹之音，聞數十里。尉部常往護視」。〔註32〕「汝南南頓張助於田中種禾，見李核，意欲持去，顧見空桑中有土，因殖種，以餘漿溉灌。後人見桑中反覆生李，轉相告語。有病目痛者息陰下，言：『李君令我目愈，謝以一豚。』目痛小疾，亦行自愈。眾犬吠聲，因盲者得視，遠近翕赫，其下車騎常數千百，酒肉滂沱。」〔註33〕「汝南鮦陽有於田得麇者，其主未往取也。商車十餘乘經澤中行，望見此麇著繩，因持去。念其不事，持一鮑魚置其處。有頃，其主往，不見所得麇，反見鮑魚，澤中非人道路，怪其如是，大以為神，轉相告語，治病求福，多有效驗。因為起祀舍，眾巫數十，帷帳鐘鼓，方數百里皆來禱祀，號鮑君神」。〔註34〕我們看以上的三個神靈的形成方式，可以說是啼笑皆非。石賢士神的產生純粹是一個過客的玩笑話引起的。說者無心，聽者有意。李君神是常人對桑中反覆生李樹的自然現象無法解釋，而恰有一病目者在樹陰下的許願得到滿足，這二者結合，再加上「眾犬吠聲」，互相轉告，只因「盲者得視」，造就一個李君神。同樣，對由麇變成鮑魚的轉變也無法解釋，就以為是神。但是這些神靈經不起當事人的戳穿。石賢士神在「數年亦自歇沫，復其故矣」。〔註35〕李君神造就「間一歲餘，張助遠出來還，見之，驚云：『此何有神，乃我所種耳。』因就斫之」。〔註36〕鮑君神造成「其後數年，鮑魚主來歷祠下，尋問其故，曰：『此我魚也，當有何神。』上堂取

〔註31〕　吳樹平：《風俗通義校釋》，天津人民出版社1980年版。
〔註32〕　《風俗通義校釋》第9《怪神·石賢士神》，第343頁。
〔註33〕　《風俗通義校釋》第9《怪神·李君神》，第342頁。
〔註34〕　《風俗通義校釋》第9《怪神·鮑君神》，第341頁。
〔註35〕　《風俗通義校釋》第9《怪神·石賢士神》，第343頁。
〔註36〕　《風俗通義校釋》第9《怪神·李君神》，第342頁。

之，遂從此壞。」〔註37〕三國時，邴原「嘗行而得遺錢，拾以繫樹枝，此錢即不見取，而繫錢者愈多。問其故，答者謂爲神樹」。〔註38〕也是這樣的事情。所以應劭說：「傳曰：『物之所聚斯有神。』言人共獎成之耳。」〔註39〕本來沒有的神靈，由於以訛傳訛而成爲一個大家都來信仰的神靈，這是民眾立祠獲得中最荒誕不經者。

　　以上所述幾個民眾建立祠廟的心理動機，只是立祠的出發點，由此也可看出民眾建立祠廟的價值取向。萬物有靈觀是民眾立祠的最深遠的意識形態方面的因素；巫是神靈與人對話的媒介，而先秦以來巫信仰的廣泛盛行是漢魏六朝祠神信仰能夠綿延久遠的重要條件；〔註40〕「生則封侯，死則廟食」是漢魏六朝時期很多人的生命追求，客觀上也進一步推動了民眾建立祠廟的浪潮。但是祠廟既然建立，就會逐漸脫離原來建立的初衷，這些祠廟神靈就成爲民眾現實生活需求的訴求對象。民眾不論什麼神靈，只要是神靈就去祈禱以期實現自己的願望。很明顯，祠神信仰的延續是建立在靈驗的基礎上，持續不斷的靈驗才是其不斷受到崇拜的重要因素，而這往往與建立祠廟時民眾的心理動機已經大相徑庭了。

第二節　漢魏六朝民間神祠的特點

一、信仰對象的多元性

　　淫祠信仰的多元性主要指的是指信仰的對象種類很多，並且層不出窮。對於當時的民間祭祀，梁滿倉先生認爲祭祀的對象可以分爲被神化的先人，被神化了的當時的官吏，被神化的民間普通人，山（包括岩石和岩穴），植物等類別。〔註41〕其中包括各種淫祠神靈。更進一步的分，筆者認爲神化的先人可以分爲帝王聖賢、清官、有功將領等，這反映出信仰對象的多元化，或者說中國古代就是多神信仰、多神崇拜。其實這就是民間信仰的實用性或者說功利性的具體體現。只要是實現自己願望的神靈就去祭祀，不問來歷，不問神力大小，

〔註37〕　《風俗通義校釋》第9《怪神・鮑君神》，第341頁。
〔註38〕　《三國志》卷11《魏書・邴原傳》注引《原別傳》，第352頁。
〔註39〕　《風俗通義校釋》第9《怪神・鮑君神》，第341頁。
〔註40〕　關於漢魏六朝的巫信仰，可參看林富士：《漢代的巫者》，臺灣稻鄉出版社1988年版；《中國六朝時期的巫覡與醫療》，《中央研究院歷史語言研究所集刊》第70本第1分，1999年，第1～48頁。等。
〔註41〕　梁滿倉：《六朝時期的民間祭祀》，《中國史研究》1991年第3期。

只要可以滿足自己願望的就去祭祀。這也就是中國古代淫祠廣泛存在的心理基礎。也就是淫祠信仰對象多元性的產生原因。所以淫祠信仰對象的多元性就成爲淫祠的最明顯的特點。這點大家比較熟悉，只重點探討後兩個特點。

二、信仰分佈的地域性

在古代交通不便的情況下，除了讀書、經商、做官、探親之外，普通民眾的活動範圍是很小的。他們生活在一個相對封閉的地域環境裏，這是形成地域心理的前提條件。同時，淫祠的不移動性，也適應了民眾的一般不流動性。所以說，地域性是淫祠分佈的最大特點。

1、自然山川崇拜是主要的信仰

各個階層都有強烈的信仰。大大小小的山川都被賦予神靈的特徵。所以說「見山就有廟，見水就有祠」是一點也不過分的。在群山峻嶺，人們靠山吃山，多供奉山神；在江河湖泊，人們靠水吃水，多奉水神。比如虎候山祠，藍田縣「山出美玉，有虎候山祠，秦孝公置也」。〔註42〕亭亭山祠，泰山郡鉅平縣「有亭亭山祠」。〔註43〕女郎祠，菅縣「城南有女郎山，山上有神祠，俗謂之女郎祠，左右民祀焉」。〔註44〕旱山祠，「漢水左合池水，水出旱山，山下有祠……百姓四時祈禱焉」。〔註45〕清泠水祠，「清泠水在西鄂縣山上，神來時水赤光耀，今有屋祠也。」〔註46〕淮源廟，「桐柏大復山南有淮源廟」。〔註47〕青陂廟，「陂水……又東爲青陂……側陂南有青陂廟」。〔註48〕青溪廟，在建康青溪旁邊。〔註49〕這些其實是古代萬物有靈觀念的具體表現而已。

〔註42〕　《漢書》28 上《地理志上》，第 1543 頁。，此雖爲秦孝公所置，但漢「高祖初興，改秦淫祀」。(《漢碑集釋・華山碑》，河南大學出版社 1985 年版，第 277頁。) 秦代設置的許多祠廟都成爲淫祠。這個虎候山當不例外。

〔註43〕　《漢書》28 上《地理志上》，第 1582 頁。

〔註44〕　《水經注校釋》卷 8《濟水》，第 140 頁。

〔註45〕　《水經注校釋》卷 27《沔水》，第 489 頁。

〔註46〕　《後漢書》志 22《地理志四》劉昭注引郭璞說，第 3477 頁。

〔註47〕　《水經注校釋》卷 30《淮水》，第 527 頁。

〔註48〕　《水經注校釋》卷 21《汝水》，第 382 頁。

〔註49〕　見《搜神后記》卷 5《清溪廟神》，第 31 頁。云：「晉太康（公元 280～289年；注釋引《太平廣記》卷 294 引《後搜神記》作」太元〔公元 376～396年〕，注釋者認爲該作「太元」爲是）中，謝家沙門竺曇遂，年二十餘……長行經清溪廟前過」。由此可知，青亦作「清」。孫吳赤烏四年（公元 241 年）在建業東南開鑿東渠，稱爲青溪。發源於今南京鍾山西南，彎曲穿過今南京市區入今天的秦淮河，長十餘里。《搜神后記》所記載的事情發生在西晉太康年間，距離挖掘才約一百多年。從這也可見民間信仰的泛濫。

而山川由於被崇拜對象的不可移動性，所以祭祀他們的祠廟也很固定，這就使得居住在他們周圍的民眾對其產生固定的信仰。隨著山川名氣的大小，信仰的輻射範圍也有大小。不難想像，一般的山川崇拜的信仰範圍也就只是方圓百里而已，並不會有太大的輻射。實際上，就是一些名人被奉爲神靈后，也往往僅是地方小神。〔註50〕但這是地域共同心理或者說是鄉土觀念的重要組成部分。

2、為與當地有關的人立祠也是地域性的顯著的表現。下面略舉數例可見一斑

（1）為清官在任職地立祠

西漢胡建爲渭城令，抓殺害故京兆尹樊福的蓋主奴，上官氏反而「下吏捕建，建自殺。吏民稱冤，至今渭城立其祠」。〔註51〕祖逖擔任豫州刺史，連續擊敗石勒的軍隊，將東晉的版圖向北擴展，人皆感悅。逖卒，「豫州士女如喪考妣，譙梁百姓爲之立祠。」〔註52〕當然清明官吏任職非一地，亦有多處立祠者。荀淑爲當塗長，後又出補朗陵侯相，死後「二縣皆爲立祠」。〔註53〕

（2）為清官在安葬地立祠

漢代朱邑曾經任職桐鄉，「初，邑病且死，屬其子曰：『我故爲桐鄉吏，其民愛我，必葬我桐鄉，後世子孫奉嘗我，不如桐鄉民。』及死，其子葬之桐鄉西郭外，民果共爲邑起冢立祠，歲時祀饗焉」。〔註54〕

（3）為清官在出生地或家鄉立祠

武陽縣之戶牖鄉，「漢丞相陳平家焉。平少爲社宰，以善均肉稱，今民祠其社」。〔註55〕魯肅廟在臨淮縣東南一里。「肅，臨淮人，後人爲之立廟」。〔註56〕

（4）為與本地有關的人立祠

民眾不僅對生在、長在本地的人立祠，爲在本地任職的的人立祠，而且也爲與本地有關係的人立祠。秦始皇東巡曾經到過會稽，會稽人就用木頭刻

〔註50〕 馬新：《兩漢鄉村社會史》，齊魯書社1997年版，第347頁。
〔註51〕 《漢書》卷67《胡建傳》，第2912頁。
〔註52〕 《晉書》卷62《祖逖傳》，第1697頁。
〔註53〕 《後漢書》卷62《荀淑傳》，第2049頁。
〔註54〕 《漢書》卷89《循吏傳·朱邑》，第3637頁。
〔註55〕 《水經注校釋》卷7《濟水》，第127頁。
〔註56〕 《元和郡縣圖志》卷9《河南道五》，中華書局1983年版，第231頁。

成他的像放到大禹的廟中來祭祀。〔註57〕正是因其到過會稽，當地民眾才會有如此舉動。

上面所列僅僅是其中的幾個例子，還有許多與本地有關係的而被建立了祠廟，它們都在各地被民眾祭祀著。

3、祭祀對象也反映了當地的風俗、物產以及氣候條件

在兩漢魏晉南北朝時期，海外交往日漸頻繁。隨著海外交往的增加，人們對海洋的認識也逐漸增多。這也和這個時期的海外貿易的增加是分不開的。並且由於在東漢以後和西域的陸地交往大幅度下滑，甚至北方有的時候和西域的陸地交往已經完全斷絕。這個時候與外部的海上交往則相比有很大的增加，尤其當時南方更是仰賴於海洋和外界交往。所以對海洋的信仰也是沿海地區很重要的信仰。這在祠廟的設立也可看出。在西漢東萊郡的臨朐縣有「海水祠」。〔註58〕掖縣有海神祠，「在縣西北十七里」。〔註59〕黃縣有海瀆祠，「在縣北二十四里大人城上」。〔註60〕這三處俱在今山東北部沿海地帶。〔註61〕廣州南海縣有海廟，「在縣東八十一里」。〔註62〕山東北部是北方去日本和朝鮮半島的捷徑，這從很早就開始了。而廣州則一直就是南方對外貿易和交往的主要口岸。這一地自漢至唐，為外國使節與商人所必經之地。雖然這是對海神崇拜的體現，但也是為使其保佑沿海居民的出海安全所設立的。這幾處對海神的信仰恰恰反映了這一歷史事實。

青衣神即是蠶神，在眉州青神縣有「青神祠，即青衣神」。〔註63〕巴蜀地區自古就是絲織業的繁盛之地，信仰青衣神也正反映出這一地區桑蠶業的歷史的悠久，以及在人民心目中的重要地位。在江原縣還有馬元祠，「寧州有馬元河，河邊牧馬產駿駒，一日千里，至此斃於岸，南人為立祠」。〔註64〕對馬

〔註57〕《三國志》卷13《魏書·王朗傳》注引《朗家傳》：「會稽舊祀秦始皇，刻木為像，與夏禹同廟。朗到官，以為無德之君，不應見祀，於是除之」，第407頁。

〔註58〕《漢書》卷28上《地理志上》，第1585頁。

〔註59〕《元和郡縣圖志》卷11《河南道七》，第308頁。

〔註60〕《元和郡縣圖志》卷11《河南道七》，第314頁。

〔註61〕其中臨朐縣現在在山東濰坊市西南，現在距離海岸線比較遠，筆者以為是在兩漢魏晉南北朝時期臨朐縣面臨的海岸線是內縮的，後來的海岸沿線的變遷使得臨朐縣距離渤海越來越遠。

〔註62〕《元和郡縣圖志》卷34《嶺南道一》，第888頁。上面引用了三條唐代時期有關祠廟的材料，其實它們都是從南北朝時期就已經存在的。

〔註63〕《元和郡縣圖志》卷32《劍南道中》，第809頁。

〔註64〕《太平寰宇記》卷75《劍南道四·蜀州晉源縣》引李膺《益州記》。

的崇拜恰好反映了這個地區產馬的事實。這兩條材料也反映了行業神崇拜的地域特點與地域局限。〔註65〕

還有一些特殊的祠廟能反映出當時的社會生活。「蘭啟之家在南鄉，有樗蒲婁廟。啟之有女名僧因，忽譫氣而瘥，云：『樗蒲君遣婢迎僧坐斗帳中，仍陳盛筵，以金銀爲俎案，五色玉爲杯碗，與僧共食，一宿而醒也』。〔註66〕「樗蒲」是古代一种競技博戲，盛行於漢魏南北朝時期。〔註67〕當時對「樗蒲」的信仰，反映出這樣類似的賭博活動在建康地區的盛行，以至於爲其立廟祭祀。

我們再看《水經注》中另外兩條材料，第一個是，「應水又東南流逕有鼻墟南，……山下有象廟，言甚有靈，能興雲雨」。〔註68〕第二個是，建德「縣北有烏山，山下有廟，廟在縣東七里。廟渚有大石，高十丈，圍五尺，水瀨濬激而能致雲雨」。〔註69〕象廟在今湖南境內，建德縣在今浙江境內。這兩條材料都把能致雲雨作爲法力的重點來敘述。筆者以爲這恰恰說明這兩處地方的「雲雨」不是很多，或者是雲雨不調。正因爲這樣，才會有對祠廟興雲雨法力的重視。在黃河以北，也有把調節水旱當作祠廟的主要職責。平輿縣（今屬河南）「城南里餘有神廟，世謂之張明府祠，水旱之不節則禱之」。〔註70〕可以想見水旱不調對人們的影響有多大。

《水經注》又云：「（河水）亂流出峽，南逕長寧亭東，……長寧水又東南與一水合，水出西山，東南流，水南山上，有風伯祠，春秋祭之」。〔註71〕在這裏出現風伯祠，筆者以爲由於這裏的風特別大，對人們的日長生活有嚴重影響。人們較早崇拜的是那些對本地區社會生產和生活影響重大並且有嚴重危害性的自然現象或自然力。〔註72〕風伯祠的出現就說明這一問題。「玉門之西南，羌之東，有一國，五六百戶，無他事役。國中有山，山上有祠廟。

〔註65〕 李喬：《行業神崇拜──中國民眾造神運動研究》，中國文聯出版社2000年版，第90頁。

〔註66〕 《太平廣記》卷294《蘭啟之》引《述異記》，第2344頁。

〔註67〕 朱大渭等：《魏晉南北朝社會生活史》，中國社會科學出版社1998年版，第391～396頁。

〔註68〕 《水經注校釋》卷38《湘水》，第662頁。

〔註69〕 《水經注校釋》卷40《漸江水》，第693頁。

〔註70〕 《水經注校釋》卷21《汝水》，第381頁。

〔註71〕 《水經注校釋》卷2《河水》，第31頁。

〔註72〕 何星亮：《中國自然神和自然崇拜》，上海三聯書店1992年版，第12頁。

國人每歲出石尖數千枚，輸於廟中，名霹靂尖，以給霹靂所用。從春雷出而尖日減，至秋尖盡」。〔註73〕霹靂意味著下雨，對霹靂的信仰說明玉門西南之地當時雨水稀少，輸霹靂尖表明民眾普遍希望多下雨。在不同的農村經濟形式模式中出現不同的地域神信仰，都是爲了保護勞動成果和發展生產的實用需要而產生的。〔註74〕所以越是影響農業生產的自然現象越會產生相應的信仰。

通過以上的分析我們可以清楚，不同的地理環境，不同的地區造就不同的神靈，同一地區的人們，由於共同的自然環境，產生共識、擁有共同的神靈。這些地方性的神靈，實際上是當地民眾生存、認識、活動方式的反映，是歷史與現實的曲折反映，是當地精神狀態和風土人情的集中體現。這種宗教性情感與鄉土情感融爲一體，構成了當地的基本面貌，也成爲地域共同心理的重要組成部分。

三、祠廟神靈的變化性

信仰的神靈不是一成不變的，在歷史的長河中漸漸也會發生一些變化。這是由於中國古代普通民眾缺少文化，無法辨別歷史的眞實與傳說，在長期的口耳相傳的過程中往往會造成一些誤會，甚至是附會，有時都到令人啼笑皆非的地步。人們總是在以自己的意志對神靈進行著改造。民眾的遷徙過程中，也帶著固有的信仰。這些情形有以下幾種：

1、已不知來歷的神靈

「(河水又東，千崤之水注焉) 五戶，灘名也，有神祠，通謂之五戶將軍，亦不知所以也」。〔註75〕「蒲水又東南流，水側有古神祠，世謂之爲百祠，亦曰蒲上祠，所未詳也」。〔註76〕這兩個例子表明一些神祠在建立後的漫長時代變遷中已經被人們忘記來歷，僅存在著實實在在的祠廟被人們祈請。可是人們已不清楚祈請的到底是誰了。

2、被代替的神靈

神靈被代替，主要指的是民眾在用其它的神靈取代了原有的神靈來祭

〔註73〕　《太平御覽》卷 797《四夷部・石尖》引晉《玄中記》，上海書店 1984 年 5 月，《四部叢刊》三編子部，據商務印書館 1934 年版重印。
〔註74〕　方百壽：《論民間信仰的世俗化》，《青海師範大學學報 (社會科學版)》，1995 年第 2 期。
〔註75〕　《水經注校釋》卷 4《河水》，第 66 頁。
〔註76〕　《水經注校釋》卷 11《滱水》，第 209 頁。

祀。下面介紹一個典型的例子。在北朝時鄭縣城南有五部神廟。〔註 77〕那麼這個五部神是誰呢？《水經注》中沒有說明。《太平寰宇記》說華州鄭縣有五部祠，並云：「今按：碑文有石隄、樹谷、御史大夫、將軍、牧伯。其廟中題署有五部者，謂石隄西戌、樹谷明神、五婁先生、東臺御史、王翦。」〔註 78〕歐陽修《集古錄》云：「漢郁阮君神祠碑，在鄭縣……郁阮君祠，今謂之五部神廟，其像有石隄西戌、樹谷、五樓先生、東臺御史、王翦將軍，皆莫曉其義。」〔註 79〕這個五部神廟碑在洪邁《隸釋》中有著錄：「郁阮君神祠之碑銘……夫中條山之山者，蓋華嶽之體也。石堤樹谷，南通商洛。」洪邁認為：郁有二陵，古稱地險，蓋小阜高深，雨盛水集，有阮以儲之，則可以疏泄溉注，而無溢溢之患。自晉魏以來，謂之五部神廟。碑云：『石堤樹谷，南通商洛』當是有石為堤，有木為谷，後人因以名其神。碑云：『前世通利，吏民興貴，有御史大夫、將軍、牧伯，故為立祠』。考其文意，蓋謂前世阮不堙塞，水泉通利，地產人物，有至御史、將軍、牧伯者。後人不考，亦以名其神耳。」〔註 80〕洪邁解釋的已經很明白。我們可知五部神者，即郁阮之神。郁阮不過是中條山的一座水庫罷了。五部神的稱號，為石堤西戌、樹谷明神、五樓先生、東臺御史、王翦將軍，皆後人誤解其文，附會而成者。類似的例子還有。「洞過水出沾縣北山……水西阜上有原過祠。」〔註 81〕單看此文還以為就是祭祀原過的廟，其實不是這樣。「趙北有代，南並知氏，強於韓、魏，遂祠三神於百邑，使原過主霍泰山祠祀」。〔註 82〕「三神祠今名原過祠，今在霍山側。」〔註 83〕只因為原過主持祭祀三神，就被民眾用之代替原有神靈的稱呼。不過神靈都是無知的，他們只是呆呆的接受著人們的崇拜，以錯誤的身份享受錯誤的祭祀。

〔註 77〕 《水經注校釋》卷 19《渭水》，第 345～346 頁。，「（鄭縣）城南有五部神廟……廟前有碑」。

〔註 78〕 《太平寰宇記》卷 29《關西道五·華州鄭縣》。

〔註 79〕 歐陽修：《集古錄》卷 1《後漢郁阮君神祠碑》，臺灣商務印書館《景印文淵閣四庫全書》，第 681 冊，第 21 頁。

〔註 80〕 洪邁：《隸釋》卷 2《郁阮君神祠之碑銘》，《四部叢刊》三編史部，上海書店 1985 年據商務印書館 1935 年版重印。

〔註 81〕 《水經注校釋》卷 6《洞過水》，第 111 頁。

〔註 82〕 《史記》卷 43《趙世家》，第 1795 頁。

〔註 83〕 《史記》卷 43《趙世家》《集解》引《括地志》，第 1796 頁。

3、民眾俗稱取代原有稱呼的神靈

「（淮陰）縣有江水祠，俗謂之伍相廟也。子胥但配食耳」。〔註84〕漢時就流傳子胥死後爲江水神。後漢張禹「建初中，拜揚州刺史。當過江行部，中土人皆以江有子胥之神，難於濟涉」。〔註85〕從這裏可知道子胥是江水神，那麼伍相廟的稱呼當由伍子胥而來。可是當時的江水祠卻是以子胥配食，不知道《水經注》裏這個伍相又指的是誰了。「湘水又北逕黃陵亭西，右合黃陵水口，其水上承大湖，湖水西流，逕二妃廟南，世謂之黃陵廟也……（二妃溺於湘水）故民爲立祠於水側焉」。〔註86〕乍一看不知道二妃和黃陵有什麼關係。其實就是由黃陵水口而來。下文有「黃水又西流，入於湘，謂之黃陵口」，那黃陵亭也就由此而得名，黃陵廟之名也就順理而來。「（陶渠）水出西北梁山，東南流逕漢陽太守殷濟精廬南，俗謂之子夏廟」。〔註87〕子夏爲孔子弟子，不曉得和殷濟在今山西境內的精廬有什麼關係？民間稱呼也具有慣性，不輕易隨著政府命令而轉變。「（漳水）又逕銅馬祠東，漢光武廟也。更始三年秋，光武追銅馬於館陶，大破之，遂降之。賊不自安……遂將降人分配諸將，眾數十萬人，故關西號世祖曰銅馬帝也。祠取名焉。廟側有碑，述河內修武縣張導，字景明，以建和三年爲鉅鹿太守，漳津泛濫，土不稼穡，導披按地圖，與丞彭參、掾馬道嵩等，原其逆順，揆其表裏，修防排通，以正水路，功績有成，民用嘉賴，題云漳河神壇碑。而俗老耆儒，猶揭斯廟爲銅馬劉神寺」。〔註88〕是銅馬祠所奉神靈已經改爲漳河神，而民眾依舊按照習俗稱之，是習俗慣性的表現。

4、消失的神靈

祠廟一旦建立起來，由於某種原因也會逐漸消失。筆者以爲淫祠建立起來後，就會有其相對穩定的信仰群體。不管政府如何毀禁淫祠，在人民頭腦中的信仰卻一般不會輕易停止存在。所以除非信仰群體突然消失或是從這裏遷徙出去，否則這些祠廟一般不會消失的。成陽城「堯陵北，仲山甫墓南，二冢間有伍員祠，晉大安中立，一碑是永興中建，今碑祠並無處所」。〔註89〕

〔註84〕　《水經注校釋》卷30《淮水》，第537頁。
〔註85〕　《後漢書》卷44《張禹傳》，第1497頁。
〔註86〕　《水經注校釋》卷38《湘水》，第665頁。
〔註87〕　《水經注校釋》卷 4《河水》，第 55頁。
〔註88〕　《水經注校釋》卷10《濁漳水》，第184頁。
〔註89〕　《水經注校釋》卷24《瓠子河》，第432頁。

伍員即伍子胥。伍員祠建立在晉大安年間（當爲太安，晉惠帝年號，公元 302
～303 年），可能由於隨後的永嘉戰亂，當地居民遷徙外地，祠廟當地無信奉
者。今陝西境內「又有鳳臺鳳女祠。秦穆公時，有蕭史者，善吹蕭，能致鵠
鳥、孔雀，穆公女弄玉好之，公爲作鳳臺以居之。積數十年，一旦隨鳳去。……
今臺傾祠毀，不復然矣。」〔註 90〕關中亦是戰亂頻仍之地，居民經歷過許多
次反覆遷徙。故鳳臺鳳女祠失去信仰基礎也就不奇怪了。所以說淫祠神靈的
存在依賴於信仰他的當地居民。

5、信仰地域變化的神靈

神靈信仰地域的變化其實就是信仰神靈的民眾的遷徙所造成。民眾的遷
徙相應造成了神靈信仰地域的變化。蔣子文神在最初僅僅是秣陵地方的土地
神，其職責則在於使一方平安。〔註91〕以後他的信仰範圍有所擴大。《晉書》
淝水之戰云：「堅與苻融登城而望王師，見步陣齊整，將士精銳，又北望八公
山上草木，皆類人形。……初，朝廷聞堅入寇，會稽王道子以威儀鼓吹求助
於鍾山之神，奉以相國之號。及堅之見草木狀人，若有力焉。」〔註 92〕可見
蔣子文神的崇拜已經擴展到了淮河流域。這一點可以從北魏任城王元澄擔任
揚州刺史，剛上任就毀壞蔣子文的祠廟可以知道。〔註 93〕以後蔣子文的信仰
地域又有所擴大。蕭衍起兵圍攻郢城，城中文武「無他經略，惟迎蔣子文及
蘇侯神於州廳上祀以求福，鈴鐸聲晝夜不止。又使子文導從登陴巡行，旦日
輒復如之」。〔註94〕張邵屬於吳郡張氏，處於建康周圍地區，信仰蔣子文神在
情理之中。加之荊、郢諸州又有不少長江下游來的士兵，故長江中游地區由
於信仰者的遷入而信仰蔣子文神也無可厚非。故史家呂思勉先生認爲：蔣子
文崇拜，流播所及，西至長江中游荊郢矣。〔註 95〕再舉一個例子。蘇侯神，
爲東晉的蘇峻。在東晉立後，在南朝起信仰範圍亦由建康地區逐漸擴展。崔

〔註90〕《水經注校釋》卷18《渭水》，第 326 頁。
〔註91〕《搜神記》卷 5《蔣子文（一）》，第 57 頁。蔣子文說：「我當爲此土地神，以
　　　　福爾下民」。
〔註92〕《晉書》卷 114《苻堅載記》，第 2918 頁。
〔註93〕《魏書》卷 19 中《景穆十二王傳中‧任城王雲附子澄》，第 470 頁。文云：「除
　　　　揚州刺史。下車封孫叔敖之墓，毀蔣子文之廟。」《北史》卷 18 本傳同。北
　　　　魏時期揚州刺史治所在今河南省項城縣東北，恰好位於淮河流域。
〔註94〕《南史》卷 32《張邵傳附張沖傳》，第 828 頁。
〔註95〕呂思勉：《兩晉南北朝史》，第 1466 頁。

祖思爲青州主簿，與刺史到堯廟祠神，見廟有蘇侯像。〔註96〕劉宋的青州在今山東境內。可見蘇侯神的信仰地域北在今山東境內。其南到今浙江境內。「會稽鄮縣東野有女子，姓吳，字望子，……其鄉里有解鼓舞神者，要之便往。（半路遇見一貴人乘船，即蘇侯神）望子既拜神座，見向船中貴人儼然端坐，即〔蔣〕〔蘇〕侯像也。」〔註97〕向西蘇侯神也已經到長江中游，見上引《南史》之文。其實這些變化的神靈是在當時有戰功者，或是能保護民眾的武將。這在當時的戰亂情況下是民眾缺乏自我保護能力的反映。

　　經過以上的分析我們可以知道，民間祠廟的存在方式決定了其特點。多元性表現了其信仰來源的多樣化。地域性體現了其信仰客觀載體——信眾的穩定性。變化性則是其動態存在的主要方式。所以民間祠廟就在多元性和變化性的動態過程與地域性的相對靜態的相互作用中存在著。

第三節　中古鄴下的西門豹信仰

　　西門豹「投巫漳河」的故事千古流傳，在長時期內，人們都將西門豹作爲正義的化身來看待。眾所週知，西門豹在擔任鄴令的時候，除了「投巫漳河」以絕河伯娶婦之外，還濬通漳河灌溉農田，成爲造福一方的清官。在鬼魂信仰觀念濃厚的先秦時代，爲了表示對西門豹的崇敬，鄴地的百姓爲西門豹立祠，歲時祭祀。在中古時期，西門豹信仰成爲鄴下居民的一個生活中心。

〔註96〕　《南齊書》卷28《崔祖思傳》，第517頁。文曰：「（崔祖思）初闢州主簿，與刺史（劉）懷珍於堯廟祠神，廟有蘇侯像。懷珍曰：『堯聖人而與雜神爲列，欲去之，何如？』祖思曰：『蘇峻今日可謂凶之五也。』懷珍遂令除諸雜神。」《南史》卷47《崔祖思傳》云：「（崔祖思）年十八，爲都昌令，隨青州刺史垣護之入堯廟，廟有蘇侯神偶坐。護之曰：『唐堯聖人而與蘇侯神共坐，今欲正之何如？』祖思曰：『使君若清蕩此坐，則是堯廟重去四凶。』由是諸雜神並除。」這兩處引文有明顯的不同。我們先不管兩處刺史何不同，而看兩文所除的蘇侯與蘇峻的不同。筆者認爲蘇侯是民眾對蘇峻的尊稱。而這兩條材料結合，更可看出蘇峻成神后影響之大，竟然可以與堯共廟受祭祀。

〔註97〕　《搜神記》卷5《蔣山祠（四）》，第60頁。《北堂書鈔》卷145《酒食部四·膾篇十九》（中國書店1989年版）文爲：會稽鄮縣有女子，姓吳，字望子，「爲蘇侯神所愛」。《太平御覽》卷936《鱗介部八·鯉魚》引《續搜神記》同。則這裏應該爲「蘇侯」，而非「蔣侯」。胡阿祥據此以爲蔣侯信仰已經到今浙江，似誤。

一、中古時期的西門豹信仰

在戰國兩漢，西門豹的信仰範圍也僅僅限於鄴地漳河兩岸，並沒有在更大的範圍內產生影響。筆者認爲這是《史記》、《漢書》中沒有西門豹祠廟記載的原因。四百年間，西門豹祠默默無聞。進入三國初期，西門豹祠突然在史書上出現。這和鄴成爲北方實際的政治中心有關。曹操死前遺令：「古之葬者，必居瘠薄之地。其規西門豹祠西原上爲壽陵，因高爲基，不封不樹。」〔註98〕因曹操死後墳墓不明，後世人們看到這條材料時多以西門豹祠爲參照物來尋找曹操墓地。不過我們可以斷定，在東漢以前西門豹祠就已經存在了。

從十六國開始，鄴多次成爲割據政權的統治中心，西門豹信仰與西門豹祠的地位也逐漸提高。

後趙時期。在十六國的戰亂中，應該說西門豹祠不可避免遭到戰火的破壞。石虎篡奪政權後，從襄國遷都鄴，「於鄴造東西宮，……又起靈風臺九殿於顯陽殿後」，同時他沒忘記修繕西門豹祠。「祠堂東頭石柱勒銘曰：趙建武中所修也。」〔註99〕這是西門豹祠第一次得到政府的公開肯定。《金石錄》載趙《西門豹祠殿基記》，趙建武六年，歲在庚子，秋八月庚寅，造西門豹祠殿基。「巧工司馬臣張由、監作吏臣杜波、馬孫、殿中司馬臣王基、殿中都尉臣潘倪、侍御史騎都尉臣劉東、左校令臣趙升、殿中校尉臣顏零等監。」〔註100〕從這些監督建造的人的官銜來看，這是一次政府行爲。不過對此時西門豹神在後趙的地位還不可估計過高。《高僧傳·佛圖澄》遍記佛圖澄的法力，但是並未記載他曾和西門豹神交鋒。按照中古時期佛教故事編寫的範式，很多高僧都曾和地方神交手，結局是高僧勝利，以證佛教僧侶法力高於地方神靈。那些地方神靈在當地一般都是最大的神靈，而西門豹如果在後趙是鄴城最大的神靈，佛圖澄爲了顯示佛法的威力，必然要和西門豹過招，或者是西門豹神無法辦到的事情而佛圖澄辦到了，這樣比較才會使佛法的優勢展現出來。所以說後趙時期西門豹神地位上升，但未到很高的層次。

北魏時期。可以說石虎遷都鄴，使鄴在曹魏之後再次成爲眞正意義上的一個政治中心。隨著北魏統一北方，鄴城依然保持著山東地區政治經濟中心的位置。原因在於北魏時期以鄴爲中心的山東地區，經濟富庶，又是北魏的

〔註98〕《三國志》卷1《武帝紀》，中華書局1959年版，第51頁。
〔註99〕陳橋驛：《水經注校釋》卷10《清漳水》，杭州大學出版社1996年版，第179頁。
〔註100〕趙明誠：《金石錄·西門豹祠殿基記》，《四部叢刊》本。

文化中心。故以鄴爲治所的相州刺史就成爲在政權舉足輕重的地方官職。任職相州刺史者多是北魏皇族或是重臣。當時官吏任職之初，必定拜見所在地崇敬之神靈，西門豹因行爲正派，加之造福一方，故而成爲相州主要的祠廟。李安世爲相州刺史「敦促農桑，禁斷淫祀。西門豹、史起，有功於民，爲之修飾廟堂」。〔註101〕在中古時代，各級官員幾乎不可能是無神論者，只不過他們反對的是那些成神原因不正的神靈。地方長官的重視代表著政府行爲，西門豹祠在相州的地位進一步被鞏固。更爲重要的是，連北魏皇帝也親自來祭祀。如孝文帝於太和二十三年（499年）春正月「壬午，幸西門豹祠，遂歷漳水而還。」〔註102〕孝文帝在位期間，多次出巡，並且到各地的祠廟去祭祀。綜觀其生平所幸祠廟，如漢高祖廟、孔子廟，以及派遣使者致祭的如比干之墓，唐堯、虞舜、夏禹等廟，都是所謂「聖人」，西門豹能夠和這些人比肩，表明西門豹祠廟的合法性和合理性已經被各級政權所承認。

　　東魏北齊時期。由於政治中心轉移到鄴，在北齊西門豹祠的地位到達頂峰。在國家祭祀中也有西門豹的一席之地。北齊時在祭祀五帝之後，「又祈禱者有九焉，一曰雩，二曰南郊，三曰堯廟，四曰孔、顏廟，五曰社稷，六曰五嶽，七曰四瀆，八曰滏口，九曰豹祠。水旱癘疫，皆有事焉。」〔註103〕這個「豹祠」即是西門豹的祠廟。西門豹祠在北齊時代達到一個比較高的地位，已經脫離一個地方小神的形象。《金石萃編》有《西門豹祠堂碑》，碑立於天保年間〔註104〕。給西門豹祠立碑的是當時的清河王高岳。碑文已經脫落漫滅很多。碑文稱「生致尸祝之禮，歿貽棠棣之思」，這是指西門豹死後人們對他的懷念之情。「壟路荒蕪，祠堂凋敝」，說明經過北魏末年的戰亂，到北齊初年西門豹的祠堂已經破敗。當地的長官給祠廟立碑，表面上看是爲了紀念廟宇的神靈，但實際上有留名千古的目的，客觀上還起到進一步肯定神靈的作用。正因如此，後世才有不斷地爲同一個神靈立碑的各級官員。不過對於西門豹祠來說，清河王高岳確實可以說是比較高級的官吏了。

　　隨著北周、隋朝先後進行統一活動，全國的政治中心也轉移到了關中，河北地區相對成爲邊疆地區。西門豹信仰的文字記載也在之後瞬間消失，在

〔註101〕《魏書》卷53《李孝伯傳附祥子安世傳》，第1176頁。
〔註102〕《魏書》卷7下《高祖孝文帝紀》，第184頁。
〔註103〕《隋書》卷7《禮儀志二》，第127頁。
〔註104〕《金石萃編》卷33《北齊》，北京：中國書店，1985年。

唐代中期編纂的《元和郡縣圖志》中有西門豹祠，卻僅有寥寥數語。相州鄴縣條「故鄴城，縣東五十步。……西門豹祠，在縣西十五步。」〔註105〕這時西門豹祠的影響已經不可與北齊時同日而語了。西門豹祠漸漸淡出了人們的視野，但並未消失，宋代以後經過地方權力的改造，〔註106〕直至今日在河南河北省界漳河附近還有西門豹祠，但影響已經很小了。

二、鄴下居民有關西門豹祠的活動

1、民眾訴求

作爲鄴下著名的祠廟，當地各個階層不可避免對西門豹神有所訴求。文字記載上主要有下面兩種：

求雨。自古以來求雨是地方基層長官最重要的事情，因爲久旱不雨被認爲是官吏任職不力，或是暴政，從而引起上天的懲罰。西門豹祠作爲當地最著名的祠廟，就必然成爲求雨的對象。北魏時奚康生爲相州刺史，「在州以天旱，令人鞭石季龍畫像，復就西門豹祠祈雨不獲，令吏取豹舌。未幾，二兒暴喪，身亦遇疾，巫以爲季龍、豹之祟。」〔註107〕這就是一個求雨的實例，當然要求沒有被滿足。而一旦所求得不到滿足，西門豹的祠廟也可能被毀壞，如北齊文宣帝天保九年（558 年），「是夏，大旱。帝以祈雨不應，毀西門豹祠，掘其冢。」〔註108〕這是西門豹祠被毀壞的唯一一次記載，原因是所求沒有靈驗而被毀，但是又被恢復。〔註109〕一次不靈驗並不是信仰消失的決定性因素。只要有一次成功，信仰的神靈就會被任意誇大神力而被更大範圍的人群崇拜。值得玩味的是，西門豹的塑像能被當地的小吏割掉舌頭，說明塑像上舌頭是露在外面的，筆者猜測是不是類似後世的黑白無常的舌頭呢？那這個時期西門豹並非後世的儒生模樣，應該是以屬神的形象出現，否則也就不會出現不響應刺史的求雨要求，反而作祟了。

〔註105〕《元和郡縣圖志》卷 16《河北道一》，第 453 頁。
〔註106〕《魏西門大夫廟記》，載《安陽縣志·安陽金石錄》卷 5，臺北：成文出版社，1976 年。該碑爲宋代鄴縣令馬益之兄馬需撰文，馬益立碑。現豎立在安陽縣安豐鄉豐樂鎮村，筆者 2005 年 7 月曾親自查看，地點距今天所謂曹操墓只有數里之遙。
〔註107〕《北史》卷 37《奚康生傳》，第 1631 頁。
〔註108〕《北齊書》卷 4《文宣帝紀》，第 64 頁。
〔註109〕《周書》卷 31《韋孝寬傳》言其攻打尉遲迥時曾「軍次於鄴西門豹祠之南」，表明西門豹祠在北齊滅亡後的北周依然存在。

求子。十六國時，苻堅的母親苟氏隨苻洪居住於鄴，「嘗遊於漳水，祈子於西門豹祠。其夜夢與神交，因而有孕，十二月而生堅。」〔註110〕西門豹居然可以賜子。耐人尋味的是，在這個傳說中，苻堅的母親到西門豹祠中祈子，並且是夢中與西門豹結合而生苻堅。西門豹是中原華夏族，苻堅是氐族，十六國時期胡漢之分甚重，筆者猜測這個傳說是爲證明苻堅的華夏族血統與神力而編出來的，苻堅以此來給自己統治北中國尋找合理性。不管這個傳說是否眞實，卻也能反映一般民眾日常生活的訴求。儘管文字記載很少，可以想見的，民眾還會對西門豹有其它方面的訴求。

2、娛樂

西門豹祠建在鄴城之外，漳河之邊。六世紀時祠廟的建築與綠化應該都屬上乘。鄴城民眾在閒暇之餘多來此地遊玩。遺憾的是記載甚少，只能通過文字的蛛絲馬蹟來尋覓他們的足跡。西門豹祠到底是什麼樣的？史書記載沒有留下，倒是文學家庾信作爲北周使者出使北齊時，曾經過此地，寫下一首《西門豹廟詩》，給我們想像西門豹祠帶來一點線索，全詩曰：

> 君子爲利博。達人樹德深。蘋藻由斯薦。樵蘇幸未侵。恭聞正臣
> 祀。良識佩韋心。容範雖年代。徽猷若可尋。菊花隨酒馥。槐影向窗
> 臨。鶴飛疑逐舞。魚驚似聽琴。漳流鳴磴石。銅爵影秋林。〔註111〕

該詩前八句表述作者對西門豹的認識和評價。從後六句我們可以大致還原一下當時的景色。庾信經過這裏的時候應該是秋天，「菊花」、「秋林」構成一個基本的季節特徵。祠廟裏有不少槐樹，槐樹的樹影在不知不覺中已逼近窗櫺。如果站在這裏，能看到「鶴飛」，能看到池塘裏的「魚驚」；漳河湍急的流水沖刷磴石的聲音響徹耳邊，透過秋林，銅爵臺的影子若隱若現。不難想像，西門豹祠的景色還是不錯的。遊人前來不僅是表達對西門豹的景仰，也是順便遊玩。所以上面引用苻堅的母親苟氏去西門豹祠，車頻《秦書》曰：「苻堅母苟氏，浴漳水，經西門豹祠。歸。夜夢若有龍蛇感己，遂懷孕而生堅。」〔註112〕

〔註110〕《晉書》卷113《苻堅載記》，中華書局1974年版，第2883頁。

〔註111〕逯欽立：《先秦漢魏晉南北朝詩·北周詩》卷3，第2382～2383頁。

〔註112〕《太平御覽》卷360。有學者認爲苻堅感生神話是十六國時期少數民族政治神話的一個典型代表。這則神話不是當時落後民族自身的產物，而是熟諳儒家文化的前秦統治者爲達到「自神其祖，以取威於人」的政治目的，將眾多傳統漢文化因素加以整合的結果。十六國時期包括苻堅神話在內的眾多政治神話的出現，不僅揭示出古代神話產生的一條獨特途徑，也表明少數民族在

前引文說是「遊漳水」，此處云「浴漳水」，而後遊西門豹祠，由此可以想見漳河水之清和西門豹祠的風景了。武定四年，「神武於西門豹祠宴集」，〔註113〕連東魏的最高統治者也到此宴集，更何況普通民眾了。除了景色秀麗外，這裏還出產赤杏，晉朝王廙《洛都賦》：「豹祠赤杏，胡並丹柿，甘液滋脆，不經牙齒。」〔註114〕可見這裏的赤杏曾經在很長時間內為北方人多熟知。

3、與西門豹同在：葬在西門豹祠附近

曹魏時，田豫「罷官歸，居魏縣……會病亡，戒其妻子曰：『葬我必於西門豹祠邊。』妻之難之，言：『西門豹古之神人，那可葬於其邊乎？』豫言：『豹所履行與我敵等耳，使死而有靈，必與我善。』妻子從之。」這是第一個明確表明埋葬在西門豹祠旁邊的例子。西門豹祠的東南和西南是相對比較高的地方，從曹操開始，就不斷記載有人安葬在那裏。下面筆者臚列所見埋在西門豹祠附近的墓誌銘，在這些墓誌裏，我們可以發現都將西門豹祠作為一個參照物：

「（正光）六年五月乙巳朔廿二日丙寅窆於豹祠之南，先公神道之左。」〔註115〕

「興和三年歲次辛酉十二月廿三日葬於鄴城之西南七里豹祠之東南二里半。」〔註116〕

「（武定）八年歲次庚午五月己酉朔十三日辛酉卜窆於鄴都之西門豹祠之曲。」〔註117〕

「大齊河清三年三月二十四日遷措於豹祠西南五里。」〔註118〕

「（武平五年）歲次甲午十月戊子朔廿二日己酉薨於清風裏。……粵以其年十一月丁巳朔廿九日乙酉窆於鄴漳之陰西門豹祠之西南。」〔註119〕

胡漢文化交流的過程中吸收了漢文化中的一些非理性因素。參看胡祥琴《苻堅感生神話探源》，《貴州民族研究》2006年第1期。

〔註113〕《北齊書》卷1《神武紀》。

〔註114〕《太平御覽》卷968、971。

〔註115〕《魏故龍驤將軍洛州刺史涇陽縣開國子李使君墓誌》，趙超：《漢魏南北朝墓誌彙編》，第165頁。

〔註116〕《李挺墓誌》，趙超：《漢魏南北朝墓誌彙編》，第351頁。

〔註117〕《魏故太原太守穆公墓誌》，趙超：《漢魏南北朝墓誌彙編》，第382頁。

〔註118〕《齊御史中丞赫連公故夫人閭氏墓誌銘》，趙超：《漢魏南北朝墓誌彙編》，第421頁。

〔註119〕《大齊魏翊軍墓誌銘》，趙超：《漢魏南北朝墓誌彙編》，第468頁。

「（武平六年）四月廿日薨於鄴都之天官坊，……以五月一日遷厝於豹祠之西南十有五里。」〔註120〕

「粵景明三年歲次壬午十二月乙酉朔十二日丙申，遷窆於鄴城西南豹寺東原吉遷里。」〔註121〕

「（開皇九年歲次丁酉十月）以其月十三日癸酉，窆於清德鄉豹祠西北一里」。〔註122〕

「元象元年歲次戊午三月庚/申朔十四日癸酉在於鄴京大覺寺□□□世……十七日丙子道俗更送遷窆於豹祠之西南。」〔註123〕

「天保二年歲次辛未三月十日楊都丹陽郡建康縣西鄉平都里宣猛將軍齊安太守富平縣開國伯許道寵薨於鄴都窆於豹祠記道士銘。」〔註124〕

從上述可見，西門豹祠附近是中古時期鄴下居民墓地的主要選擇之一，這當也和鄴下居民的西門豹崇拜有一定關係。

三、中古時期西門豹信仰的背景分析

經過上面的闡述，我們可以發現，作為相州地區民間信仰一部分，西門豹信仰地位經歷了一個「低潮——高潮——低潮」的變化。是何因素促成西門豹神地位的變化？西門豹信仰持續的原因是什麼？

首先，民俗學理論認為，民間信仰的產生是人死有靈觀念的產物。信仰的長期流行，和信仰人群的長期存在密切相關。在自然經濟條件下，人們對自然災害無法克服，只好把生產和生活的希望寄託在那些生前曾經造福的清官身上。如果沒有人信仰，神靈就將不復存在。西門豹神信仰和漳河兩岸民眾是分不開的。西門豹作為治理漳河的功臣，為後世造福，理應受到後世的祭祀，這是古代祭祀血食的表現。同時這也是為清官立祠的民眾心理。在普通民眾的觀念中，西門豹在死後也會為一方百姓謀福利的。但是立祠之後，西門豹的神力就逐漸擴張。這和民眾觀念中對其法力的逐漸增加有關。

〔註120〕《齊故驃騎大將軍開府儀同三司涼州刺史范公墓誌》，趙超：《漢魏南北朝墓誌彙編》，第470頁。

〔註121〕《魏故國子學生李伯欽墓誌銘》，羅新、葉煒編：《新出魏晉南北朝墓誌疏證》，第58頁。，臨漳出土。

〔註122〕《隋故驃騎將軍遂州使君宋君墓誌銘》，羅新、葉煒編：《新出魏晉南北朝墓誌疏證》，第402頁。

〔註123〕《魏故昭玄沙門大統墓誌銘》，載《鄴城地區新發現的慧光法師資料》，《中原文物》2006年第1期。

〔註124〕誌文錄自「往復論壇」網絡圖片，筆者未見有雜誌刊載。

　　某一信仰之盛衰很大程度上取決於信仰對象是否靈驗有效，有效則信之，無效則否。〔註125〕由於文獻記載的散失，十六國以前西門豹的法力有多大，我們無法得知。但是根據猜測，西門豹的法力似乎在其後逐漸擴大著。一次不靈驗並不是信仰消失的決定性因素。只要有一次成功，信仰的神靈就會被任意誇大神力而被更大範圍的人群崇拜。信仰一旦形成就會在當地民眾頭腦中造成強大的思維慣性，而西門豹信仰就在這樣的不斷被驗證的過程中傳襲著。

　　其次，信仰神靈地位是在不斷的變化中，起決定因素的不是民眾信仰的群體範圍，而是政權對其的態度。作為民間自發的信仰，在後世會不斷受到儒家倫理的規範。

　　在中國古代，如王充、范縝那樣的無神論者是極其少見的。各級官員幾乎都是有神論者，從上到下只有少數的官員會規範各地民間信仰的神靈。如東漢欒巴任豫章太守，對待淫祠的態度是「悉毀壞房祀，翦理奸巫，於是妖異自消。」〔註126〕梁時王神念「性剛正，所更州郡必禁止淫祠」。〔註127〕正因為對民間信仰神靈進行甄別的官員是少數，所以史書才會將其作為重要事跡記載下來。反過來看，絕大部分則是如下例地方官員，是信仰的。北周於翼出為安州總管，「時大旱，溳水絕流。舊俗每逢亢旱，禱白兆山祈雨。帝先禁群祀，山廟已除。翼遣主簿祭之，即日澍雨，歲遂有年。百姓感之，聚會歌舞頌之」。〔註128〕對於這件事，史學家呂思勉先生認為：「除之而民猶信之，則有其廢之，必有其舉之者矣。故破除迷信，實非政令所能為也」。〔註129〕政權所毀壞的是實在的塑像和祠廟，而民眾心目中的神的形象依然存在。故政權只能規範，而不能消除民間的神靈信仰。在對民間信仰神靈進行篩別的過程中，標準則是那些對民眾有益，來路正派的神靈可以保留，對這些神靈的崇拜，不僅在必要時候可以有所求，更重要的是可以藉此宣揚儒家的倫理道德。西門豹正好符合這樣的標準。

　　在三國到唐朝西門豹神地位的變遷中，十六國北朝是其信仰的高峰期，這和鄴城地位的上升緊密相關。在北周末年尉遲迥被消滅後，作為關東地區

〔註125〕侯旭東：《五—六世紀北方民眾佛教信仰》，中國社會科學出版社1998年版，第58頁。
〔註126〕《後漢書》卷57《欒巴傳》，第1841頁。
〔註127〕《梁書》卷39《王神念傳》，第556頁。
〔註128〕《北史》卷23《于栗磾傳于翼附傳》，第858頁。
〔註129〕呂思勉：《兩晉南北朝史》，第1468頁。

政治軍事中心的鄴城被當時掌權者楊堅所疑忌，城市被平毀，居民外遷，相州刺史治所也南遷到今天的安陽市。信仰人群的大量減少必然使信仰的力度迅速減弱，政治中心的轉移必然使地方官員的重視程度迅速降低，西門豹信仰隨之迅速衰落。政權是否不間斷提倡成為民間神靈地位變動的決定性因素。後世武聖關羽、海神媽祖即是成功代表。而西門豹信仰則是在政權力量的支持下曾經成功過的一個例子。

附　錄

孫吳分交州置廣州緣由之我見〔註1〕

　　孫吳分交州置廣州的措施有兩次。一次在孫權黃武五年（226 年），一次在孫休永安七年（264 年），第二次才最後固定下來。分交州置廣州不僅僅是一次簡單的政區劃分，同時對嶺南的歷史也產生了重大影響。但是對於分交州置廣州的原因，史書沒有直說，迄今也未見有人專文論述，故試就兩次析置的原因提出自己的一些看法。

　　第一次分交州置廣州在公元 226 元，即孫權稱吳王的第五年。這一次分交州置廣州的原因，筆者以爲是孫權欲趁士燮之死，收回交州的實權，實際上是要加強對嶺南的統治。士燮此人在東漢末年已是交阯太守。他「體器寬厚，謙虛下士，中國士人往依避難者以百數」。並且「處人亂之中，保全一郡，二十餘年疆場無事，民不失業，羈旅之徒，皆蒙其慶」。〔註2〕士燮作交阯太守，能夠使交阯多年沒有戰事，與當時的中原相比形成巨大的反差，很多人爲避戰禍就逃到這一片「靜土」。他本人曾在洛陽學習多年，並且「耽玩《春秋》，爲之注解」，〔註3〕說明他精通儒學，對於來奔的士大夫，雙方在文化上有共同語言。從「羈旅之徒，皆蒙其慶」來看，士燮對中原士大夫是照顧有加，得到他們的支持也是必然的。他能夠使「民不失業」，無疑也得到普通民眾的支持。所有這些，使得士燮在交州的地位穩固。在交州刺史朱符被殺後，

〔註 1〕與馮磊合作。
〔註 2〕陳壽：《三國志》卷 49《士燮傳》，中華書局 1982 年版，第 1191 頁。
〔註 3〕同上。

士燮表請他的三個兄弟分領合浦郡、九眞郡、南海郡的太守。後曹操控制的漢政府任命他爲綏南中朗將、董督七郡，又拜安遠將軍，封龍度亭侯。這樣士燮在事實上控制了嶺南地區後，又取得名義中央的認可，地位更加牢固。

在同曹操鬥爭的過程中，孫權不願有一個聽命於曹操的人在他背後作梗。同時也爲取得嶺南的資源，於是在建安十五年（210 年）派步騭爲使持節、征南中郎將、交州刺史，經略嶺南。「燮率兄弟奉承節度」，〔註 4〕也僅是受「節度」，聽命於步騭，「相率供命」〔註 5〕而已，並未交出實權。在士燮當政時，權力一直都牢牢控制在士家手中，這從交州的治所變動就可以看出。交趾刺史原治交趾郡龍編縣今越南河內東。建安八年（203 年）改交趾刺史爲交州，治所由龍編遷到蒼梧郡廣信縣今廣西梧州市。到建安十六年（211 年）步騭爲刺史時，又遷南海郡番禺縣，即今廣州市。對於交州這幾次治所變動，著名史學家呂思勉先生認爲：「甫立而治所內移，可見中朝威柄之失墜矣……是時交土實權，乃入於士燮之手。」〔註 6〕這一論斷是非常正確的。士燮兄弟「並爲列郡，雄長一州，偏在萬里，威尊無上。出入鳴鐘磬，備具威儀，笳簫鼓吹，車騎滿道，胡人夾轂燒香者常有數十」。〔註 7〕儼然就是一個「土皇帝」，故陳壽說「尉他不足踰也」，孫權並不滿意於這種僅時時進貢的藩屬式上下級關係。爲了對付曹操，他必須有個穩固的後方，而且士燮兄弟的「威尊無上」必然使孫權大爲不滿。但礙於士燮在交州的威望，一時不敢下手，只好不時對其籠絡。只有等士燮死了，孫權才敢做出行動。黃武五年公元年，士燮以九十高齡去世。孫權抓住機會，馬上打著「交阯懸遠」的旗號，宣佈：「分合浦以北爲廣州，呂岱爲刺史；交阯以南爲交州，戴良爲刺史。」〔註 8〕同時，「以燮子徽爲安遠將軍領九眞太守，以校尉陳時代燮。」〔註 9〕這在實際上就是要剝奪士家在嶺南的傳統權力。

但是在平定士徽的抵抗後，爲什麼「俄復舊」呢這個問題史書也沒有給出明確的答案，只有在當時的鬥爭形勢方面尋找答案。士徽雖然失敗，但他「藉累世之恩，爲一州所附」，呂岱平定他的抵抗，也頗費周折，並害怕「七

〔註 4〕陳壽：《三國志》卷 49《士燮傳》，第 1192 頁。
〔註 5〕陳壽：《三國志》卷 52《步騭傳》，第 1237 頁。
〔註 6〕呂思勉：《兩晉南北朝史》，第 808 頁。
〔註 7〕陳壽：《三國志》卷 49《士燮傳》，第 1192 頁。
〔註 8〕同上書，第 1193 頁。
〔註 9〕陳壽：《三國志》卷 60《呂岱傳》，第 1384 頁。

郡百蠻，雲合響應」。士徽雖死，仍有其大將「甘澧、桓治等率吏民攻岱」。
〔註10〕可見士家在交州的影響力是巨大的。呂岱雖然討平交州，但交州本土
的反對力量依然存在，不宜馬上加強統治，以免激起更大的反抗，所以沒多
久就撤銷了廣州，而且恢復後的交州依然治番禺，沒有回到龍編。另一方面，
這時孫權欲趁魏國皇位交替、政權不穩之際，進攻魏國，以期討些便宜。魏
國黃初七年（226 年）五月，文帝剛死，八月「孫權攻江夏郡」，又「吳將諸
葛瑾、張霸等寇襄陽」。〔註11〕孫權的注意力已轉向北邊，對嶺南之事暫且放
在一邊，這是交州「俄復舊」的原因之一。

　　第二次分交州置廣州在景帝孫休永安七年（264 年）。原因陳壽沒有直
說，裴松之也似視而不見。以後的各種史書僅《通典》、《元和郡縣志》及
以後的幾部地理書認為是「土壤太遠」。臺灣中央研究院歷史語言研究所的
劉淑芬博士認為是：「永安七年分交州置廣州，是孫吳重視海外貿易又一行
動的表現，同時也顯示了孫吳在海外貿易方面積極的一面。因吳時交州境
域遼闊……而交州刺史治所在番禺，對於廣西及越南中北部的控制力便薄
弱了」。同時分交州置廣州「主要目的是希望更有效地控制原交州的西部」。
〔註12〕已故哈佛大學著名歷史學家楊聯陞先生認為：「廣西、廣東、東京和
安南的物產與勞工顯然對吳國有很大的助益，魏國支持這些區域的抗吳叛
亂，可能不只是為了政治上與軍事上的目的；而晉朝更在他們攻擊長江流
域下游以前就先征服了這些地方。」〔註13〕這兩種看法都是值得商榷的。
其實，筆者仔細地考察《三國志》，發現陳壽在前後文的字裏行間已經提供
了一些線索。孫休分交州置廣州的主要原因是：此時交阯、九真、日南三
郡已屬魏後屬晉所有，為奪回交阯三郡，穩住後方，有必要將交阯三郡劃出，
重新劃定政區疆界，但並不承認三郡已喪失，這樣就可以在新的邊界上組織
進攻，收復失地。魏國已於前一年，即公元 263 年滅蜀漢。同年，交阯郡吏
呂興等，以太守孫 貪暴，加以中央派察戰「調孔爵、大豬」，〔註14〕因此「扇

〔註10〕同上。
〔註11〕陳壽：《三國志》卷 3《明帝紀》，第 92 頁。
〔註12〕劉淑芬：《六朝南海貿易的開展》，載氏著《六朝的城市與社會》，臺灣學生書
　　　　局 1992 年版。
〔註13〕楊聯陞：《晉代經濟釋論》，載氏著《國史探微》，新星出版社 2005 年版，第 216
　　　　頁。
〔註14〕陳壽：《三國志》卷 84《三嗣主傳・孫休傳》，第 1160 頁。

動兵民，招誘諸夷」〔註 15〕而反。呂興以郡歸附魏國，被任爲交阯太守，後被殺。魏晉先後派三人爲交阯太守，同吳爭奪交阯。交阯降魏，加上蜀初亡，使吳國內部大爲恐懼。當時吳國有人說：「今胸背有嫌，首尾多難，乃國朝之厄會也。」〔註 16〕害怕魏晉會從北部和西南部夾擊吳國。對於收復過程，《華陽圖志・南中志》和《晉書・陶璜傳》都有詳細記載。結果在吳建衡三年，即公元 271 年，吳將虞汜、陶璜破交阯，「禽殺晉所置守將，九眞、日南皆還屬」。〔註 17〕這次分交州置廣州，給領兵的人以交州刺史的虛官，意味著攻佔交阯後，他就是眞正的交州刺史，這也算是激勵將領的一種手段。回過頭看前述兩種看法。此時交州已不在孫吳統治下，如何加強海外貿易此時又何來「更有效」控制原交州的西部交州的物產對吳國確實有助益，對於魏國除了政治和軍事上的目的以外，是否還有經濟目的，因爲連年作戰顯而易見是沒有的。而且楊先生還忘記了在晉滅吳前，吳已將交州收復。所以這兩種說法都是錯誤的。

基於以上的看法，我覺得應當明確這樣一個認識：在公元 264 年孫權分交州置廣州之前，嶺南幾乎一直是交州一個行政單位，僅公元 226 年很短時期內有廣州的設置。所以在公元 210 年步騭爲交州刺史到公元 264 年之間，孫吳在嶺南的統治不宜交、廣二州或廣、交二州並稱，在公元 264 年以後才適合。故胡三省在《通鑒》咸熙三年（264 年）「吳分交州置廣州」條下注時才說「至是分爲二州」。

綜上所述，第一次分交州置廣州在公元 226 年，是孫權欲趁士燮之死，以收回交州實權，是加強統治的需要。但因本土的反抗力量強大及孫權的注意力已轉向北邊，故不久就撤廣州入交州。第二次是公元 264 年，原因是此時交三郡已屬魏後爲晉所有，爲穩住後方，有必要將三郡劃出，重新劃定政區疆界，但並不承認三郡已喪失，這樣就可以在新的邊界上組織進攻，收復失地。由於在嶺南加強統治符合歷史發展的趨勢，此後廣州便固定下來。

〔註 15〕同上書，第 1161 頁。
〔註 16〕陳壽：《三國志》卷 65《華核傳》，第 1465 頁。
〔註 17〕陳壽：《三國志》卷 84《三嗣主傳・孫皓傳》，第 1168 頁。

《宋書》封爵、食邑、戶數勘誤七則

眾所週知，研究南朝劉宋一朝主要依據沈約的《宋書》。在現存的《宋書》主要版本中，由著名歷史學家王仲犖先生點校的中華書局 1974 年版標點本是最好的版本。筆者在閱讀該版本《宋書》時，發現幾處封爵、食邑、戶數前後不一之處，就筆者所見，多數未有人糾正，故試辨於下，以就教於方家。

1、第 1333 頁

卷四十二《徐羨之傳》：「上初即位，思佐命之功，詔曰：『……（徐）羨之可封南昌縣公，（幹）弘可華容縣公，（檀）道濟可改封永修縣公，（傅）亮可建城縣公，（謝）晦可武昌縣公，食邑各二千戶；（檀）韶可更增邑立千五百戶，（王）仲德可增色二千二百戶。』」此處「（檀）韶可更增邑二千五百戶」誤，當為「可更增邑為千五百戶」，「（王）仲德可增邑二千二百戶」誤，當為「可更增邑為千二百戶」。

按：丁福林先生在《〈宋書〉校議》（上海古籍出版社 2002 年版）中已經注意到這段敘述中的兩處錯誤，他僅從前後文的邏輯關係上來推斷，頗覺不盡意，試進一步從封爵食邑戶口數的等級來說明。同書卷四十五《檀韶傳》：「以平桓玄功，封巴丘縣侯，食邑五百戶……從討盧循於左里，又有戰功，並論廣固功，更封宜陽縣侯，食邑七百戶」，「高祖受命，以佐命功，增八百戶，並前千五百戶。」據此可知檀韶先已有七百戶，增加八百戶為一千五百戶。《徐羨之傳》云增二千五百戶，加前有七百戶即為三千二百戶。查《宋書》所記，縣侯最高的封戶數為二千，達到這個數的僅有顏竣、宗愨、劉延孫、柳世隆、張敬兒五人而已，更無縣侯過三千戶者。按照劉宋制度，如縣侯再有功勳，食邑數已經到二千戶者，食邑數不再增加，僅增高爵位為縣公。故可認定《徐羨之傳》所云為誤。王仲德即為王懿，《宋書》卷四十六有《王懿傳》，但文字慣例與別卷不同，前人已經指出疑非沈約原文。該卷僅云王懿在東晉義熙中封為新淦縣侯，不言封邑。以王懿之功勳，達到二千戶為不可能。故認定《徐羨之傳》所云為誤。順便說的是，楊光輝先生在《漢唐封爵制度》（學苑出版社 2002 年版）裏沒有注意到此處的錯訛，從而影響了他對劉宋封爵食邑戶數上下限的推斷結果。

2、第 1808 頁

卷六十八《南郡王義宣傳附徐遺寶傳》：「封益陽縣侯，食邑二千五百戶。」此處『」二千五百戶」誤，應為「千五百戶」。

按：同書卷七十七《沈慶之傳》：「上伐逆定亂，思將帥之功，下詔曰：『（沈）慶之可封南昌縣公，（柳）元景曲江縣公，並食邑三千戶。（宗）愨洮陽縣侯，食邑二千戶。（徐）遺寶益陽縣侯，食邑一千五百戶。』」詔書按照功勳大小先後排列，從上述各封爵戶來看，徐遺寶不可能超過二千戶，且劉宋一朝無超過二千戶之縣侯，故認定《沈慶之傳》所述正確，應爲「千五百戶」。

3、第1927頁

卷七十四《沈攸之傳》：「前廢帝景和元年……與宗越、譚金等並爲廢帝所寵，誅戮群公，攸之等皆爲之用命。封東興縣侯，食邑五百戶。」此處」東興縣侯，食邑五百戶」誤，應爲「東興縣男，食邑三百戶」。

4、第1934頁

卷七十四《沈攸之傳》：「時齊王輔政，造眾軍西討討。尚書符征西府曰：『……新除持節督廣交越寧湘州之廣興諸軍事領平越中郎將征虜將軍廣州刺史統馬軍主沌陽縣開國子周盤龍……。』」此處「沌陽縣開國子」誤，應爲「晉安縣開國子」。

按：卷八十四《鄧琬傳》：「（鄧琬平）有司奏：『……假輔國將軍左軍吳興沈懷明、龍驤將軍積射將軍東平周盤龍、司徒參軍南彭城李安民等三人……今封懷明建安郡吳興縣，盤龍封晉安郡晉安縣，安民封建安郡邵武縣，並開國子，食邑各四百戶。』」平鄧琬是在泰始二年，可知周盤龍被封晉安縣開國子只能在此年。此即《南齊書》卷二十九《周盤龍傳》所云「泰始初，隨軍討赭圻賊，躬自鬥戰，陷陣先登。累至龍驤將軍、積射將軍，封晉安縣子，邑四百戶」。周盤龍封沌陽縣，事見《南齊書》同卷云「（昇明）二年，沈攸之平，司州刺史姚道和懷貳被徵，以盤龍督司州軍事、司州刺史、假節，將軍如故。改封沌陽縣」。據此可知周盤龍封沌陽縣開國子在沈攸之平定之後。在《宋書》卷七十四《沈攸之傳》中平定沈攸之之前將其稱爲沌陽縣開國子是錯誤的，故認定應爲「晉安縣開國子」。

5、第2113頁

卷八十二《宗越傳蔡那附傳》：「以功封平陽縣侯，食邑五百戶。「平陽縣侯」誤，應爲「平陽縣伯」。

按：卷八十四《鄧琬傳》中，在平定鄧琬後，太宗大封有功之人，長長的封賞名單按照功勞敘述，其中：「……假輔國將軍驃騎司馬劉靈遺、寧朔將

軍蔡那、寧朔將軍屯騎校尉段佛榮等三人，統治攻道，並經苦戰，靈遣今封新野郡新野縣，那封始平郡平陽縣，佛榮封湘東郡臨蒸縣，並開國伯，食邑各五百戶。」蔡那以其所謂功勞並不能得到縣侯之賞，故而認定本傳誤，從卷八十四應爲「平陽縣伯」。

6、第 1089 頁

卷三十六《州郡志・江州》：「巴丘男相，吳立。」此處「巴丘男相」誤，應爲「巴丘伯相」。

按：胡阿祥先生在《〈宋書・州郡志〉彙釋》（安徽教育出版社 2006 年版，第 1 頁）中沒有注意到這個問題。卷四十五《檀韶傳》：「以平桓玄功，封巴丘縣侯，食邑五百戶……從討盧循於左里，又有戰功，並論廣固功，更封宜陽縣侯，食邑七百戶。降先封一等爲伯，減戶之半二百五十戶，賜祇子臻。」「先封」即巴丘縣侯，降一等爲巴丘縣伯。「臻卒，子遐嗣，齊受禪，國除。」據此可知巴丘伯國一直到南齊建立前是存在的。《宋書・州郡志》封國是以南齊建立前的昇明三年爲準。故可認定《州郡志》所記爲誤。

7、第 1113 頁

卷三十七《州郡志三・湘州》：「寧新令，二漢無，當是吳所立，屬蒼梧，晉武帝太康元年更名。」此處』」寧新令」誤，應爲「寧新男相」。

按：胡阿樣先生在《〈宋書・州郡志〉彙釋》（第 201 頁）亦沒有注意到這個問題。卷六十三《沈演之傳》：「（父叔任）以平蜀全涪之功，封寧新縣男，食邑四百四十戶……長子融之，蚤卒。」「演之兄融之子暢之，襲寧新縣男。大明中，爲海陵王休茂北中郎諮議參軍，爲休茂所殺，追贈黃門郎。子曄嗣，齊受禪，國除。」這個「寧新男國」一直到南齊建立方撤銷，由此可知「寧新縣男」在異明三年是存在的，故可認定《州郡志》所記爲誤。

東魏北齊冀州刺史繫年考〔註18〕

　　眾所週知，由於史料缺乏，魏晉南北朝時代很多史實都似霧裏看花，對於地方刺史的任職情況更是如此。清代考據大師吳廷燮曾對此用力甚深，他著有《元魏方鎮年表》，對北魏刺史作了比較清晰的繫年。對於東魏北齊的方鎮年表，他並沒有成果。另一位考據大師萬斯同作了《東魏將相大臣年表》、《北齊將相大臣年表》（以上並見《二十五史補編》），對於東魏北齊的方鎮年表，他也是付諸闕如。筆者不揣淺陋，試著對東魏北齊時期的冀州刺史做一些梳理，為研究東魏北齊地方政治提供一些參考，且有助於《東魏北齊方鎮年表》的完成，以略微彌補前人的一點缺憾。

　　天平元年（534 年）～太平三年（537 年）　　元湛

　　按：《魏書》卷十八《廣陽王建傳附淵子湛傳》：「子湛，字士淵，少有風尚，莊帝初襲封。孝靜初，累遷冀州刺史，所在聚斂，風政不立。入為侍中，後行司州牧。」孝靜帝在位十七年，其初年應該是天平年間（534～537 年）。我們可以看其墓誌銘，即《魏故使持節假黃鉞侍中太傅大司馬尚書令定州刺史廣陽文獻王銘》：「乃襲爵為廣陽王，除通直散騎常侍，轉給事黃門侍郎，而王如故。……又為持節、督膠州軍事、左將軍、膠州刺史。……又兼侍中、行河南尹，尋除使持節、都督冀州諸軍事、中軍將軍、冀州刺史。……又除侍中，軍號仍本。……又以本官行洛州事。……又除太常卿，王如故。未幾，還為侍中。又以本官行司州牧。」此處比《魏書》本傳所述履歷要詳細很多。但墓誌只是依據先後順序敘述，並無具體年份。另據《北史》卷五《東魏孝靜帝紀》：天平四年冬十月，「西魏又遣其大行臺元季海、大都督獨孤信逼洛州，刺史廣陽王湛棄城歸闕」，在四年的時候，元湛已經是洛州刺史。可見，元湛擔任冀州刺史，定為天平元年～四年之間，具體時間待考。萬斯同《東魏將相年表》將元湛任侍中繫於興和三年～四年四月。元湛擔任冀州刺史與侍中之間，還曾任洛州刺史。考慮到万俟受洛干於天平三年擔任冀州刺史，故將元湛任職的截止日期定於三年。

　　天平三年（536 年）～太平四年（537 年）　　万俟受洛干

　　按：《北齊書》卷二十七《万俟普傳附子洛傳》不言其任冀州刺史。倒是其它的記載透露了他曾任此職的信息。《北史》卷五三《破六韓常傳》：「天平

〔註18〕與馮磊合作。

中，與冀州刺史万俟受洛干等東歸，神武上爲武衛將軍。」此事在《北齊書》卷二《神武紀下》：天平三年「二月，神武令阿至羅逼西魏秦州刺史建忠王万俟普撥，神武以眾應之。六月甲午，普撥與其子太宰受洛干、豳州刺史叱干寶樂、右衛將軍破六韓常及督將三百餘人擁部來降。」由此可知万俟受洛干歸順東魏是在天平三年六月，其任冀州刺史最早只能是此時。《北齊書》卷二十一《高乾傳附弟昂傳》：「會寶泰失利，召昂班師。……昂還，復爲軍司大都督。統七十六都督，與行臺侯景治兵於武牢。御史中尉劉貴時亦率眾在北豫州，與昂小有忿爭，昂怒，鳴鼓會兵而攻之，侯景與冀州刺史万俟受洛干救解乃止。」寶泰失利一事在天平四年。《北齊書》卷二《神武下》：「四年正月癸丑，寶泰軍敗自殺。」班師之後，高昂與侯景治兵於武牢，即是準備圍攻當時西魏佔領下的金墉城，圍攻是在四年七月，「壬午，行臺侯景、司徒高昂圍西魏將獨孤信於金墉」。那侯景與万俟受洛干救解劉貴當在天平四年正月～七月間。此時万俟受洛干尚任冀州刺史。考慮到元象元年封隆之就任冀州刺史，那万俟受洛干任職截止日期也就應在天平四年，暫繫於此。

元象元年（538 年）～興和元年（539 年）　封隆之

按：《北齊書》卷二一《封隆之傳》：「元象初，除冀州刺史，尋加開府。……興和元年，復徵爲侍中。」元象年號只有一年，即 538 年，封隆之原任吏部尚書，萬斯同《東魏將相大臣年表》即將其外任冀州刺史繫於此年。《北史》卷二十四《封懿傳附回子隆之傳》：「元象初，除冀州刺史，加開府，累遷尚書右僕射。……凡四爲侍中，再爲吏部尚書，一爲僕射，四爲冀州刺史。」據此可知隆之前後曾四次擔任冀州刺史，但由於史料的局限，現在只能知道他擔任其中一次的具體時間。

興和元年（539 年）～興和三年（541 年）　高岳

按：《北齊書》卷一三《清河王岳傳》：「興和初，世宗入總朝政，岳出爲使持節、都督、冀州刺史，侍中、驃騎、開府儀同如故。三年，轉青州刺史。」興和年號有四年，「興和初」當爲元年，萬斯同《東魏將相大臣年表》即將其任冀州刺史繫於此年，姑從之。據此可知其任職時間在興和元年～三年。

興和四年（542 年）～武定三年（545 年）　楊鳳翔

按：《魏故鎮國大將軍冀州刺史楊公墓誌銘》：「公諱鳳翔，……興和四年出授冀州刺史，又詔歸朝，授尚書令、侍中、前軍兵馬使、鎮國大將軍……

以武定五年三月廿九遘疾薨於招賢里」云云。據此可知楊鳳翔在興和四年出任冀州刺史。興和四年次年即爲武定元年，考慮到斛律金在武定三年～四月之間任冀州刺史，故而將楊鳳翔的任職時間暫定爲武定三年之前。

武定三年（545年）～武定四年（546年）八月　斛律金

按：《北齊書》卷一七《斛律金傳》：武定「三年，高祖出軍襲山胡，分爲二道。以金爲南道軍司，由黃櫨嶺出。高祖自出北道，度赤餅嶺，會金於烏突戍，合擊破之。軍還，出爲冀州刺史。四年，詔金率眾從烏蘇道會高祖於晉州，仍從攻玉壁。軍還，高祖使金總督大眾，從歸晉陽。」據此可知斛律金出任冀州刺史是在武定三年。「四年，詔金率眾從烏蘇道會高祖於晉州，仍從攻玉壁。」據《北齊書》卷二《神武紀下》：武定「四年八月癸巳，神武將西伐，自鄴會兵於晉陽。」當時斛律金即從冀州刺史奔赴晉陽。戰爭結束，他就沒有再回冀州。故而其任冀州刺史的時間在武定三年～四年八月。

武定四年（546年？）～武定七年（568年）十月　元坦

按：《北齊書》卷二十八《元坦傳》：「爲御史劾奏免官，以王歸第。尋起爲特進，出爲冀州刺史，專復聚斂。每百姓納賦，除正稅外，別先責絹五疋，然後爲受。性好畋漁，無日不出，秋多獵雉兔，春夏捕魚蟹，鷹犬常數百頭。自言寧三日不食，不能一日不獵。入爲太傅。」據《北史》卷五《東魏孝靜帝紀》：武定二年九月「太師、咸陽王坦坐事免，以王還第。」可知其被御史「劾奏免官，以王歸第」的時間是武定二年九月。《魏書》卷十二《孝靜帝紀》：武平七年「十月癸未，以開府儀同三司、咸陽王坦爲太傅」，可知其任冀州刺史的時間在武定二年九月～七年十月間。但是斛律金在武定三年～四年八月間曾任此職，故元坦擔任冀州刺史的時間只能武定四年之後。上黨王高渙曾在「武定末」出任冀州刺史，故而元坦擔任的時間最後可以大概確定在武定四年八月～武定七年十月之間。

武定七年（549年）十月～天保三年（552年）　高渙

按：《北齊書》卷四《文宣紀》：天保元年六月「癸未，詔封諸弟……冀州刺史渙爲上黨王」。《北齊書》卷十《上黨王渙傳》「武定末，除冀州刺史，在州有美政。」武定年號有八年，「末年」當爲「七年～八年」，前述元坦離任在武定七年十月，故將其就職時間定爲該時。考慮到段韶於天保三年就任，所以截止日期暫繫此年。

天保三年（552年）～天保九年（558年）十二月　段韶

按：《北齊書》卷十六《段榮傳附子韶傳》：「天保三年，爲冀州刺史，六州大都督。」由此可知其開始任冀州刺史是在天保三年。《北史》卷七《顯祖文宣帝紀》：天保五年八月「封冀州刺史段韶爲平原王。」天保五年時還是冀州刺史。《北齊書》卷四《文宣紀》：天保九年十二月「戊寅，以太傅可朱渾道元爲太師，司徒尉粲爲太尉，冀州刺史段韶爲司空，錄尚書事、常山王演爲大司馬，錄尚書事、長廣王湛爲司徒。」在天保九年十二月之前依然是冀州刺史。故將其任職時間繫於天保三年～九年十二月。

？～大寧二年（561年）十一月　高濟

按：《北齊書》卷七《武成紀》：大寧元年十一月「乙卯，……以冀州刺史、博陵王濟爲太尉」。據此可知其離任具體時間。但其就任時間無考，只好暫時付諸闕如。

大寧二年（562年）二月～大寧七月（或十月）　高歸彥

按：《北齊書》卷七《武成帝紀》：河清元年「二月丁未，……以領軍大將軍、宗師、平秦王歸彥爲太宰、冀州刺史。」據此可知高歸彥擔任冀州刺史是在河清元年二月。《北史》卷八《世祖武成帝紀》：河清元年「秋七月，太宰、冀州刺史、平秦王歸彥據州反，詔大司馬段韶、司空婁睿討禽之。」據此可知其造反被擒在當年七月。但據《隋書》卷二十一《天文志下》「其年十月壬申，冀州刺史平秦王高歸彥反，段孝先討擒，斬之於都市」。這一記載卻是在十月造反。或許《隋書》所敘爲斬高歸彥的時間。故高歸彥擔任冀州刺史的確切時間應是大寧二年二月，同年四月改元河清，此年七月（或十月）爲河清年號。

河清元年（562年）十月～河清二年（563年）　封子繪

按：《北史》卷二十四《封懿傳封隆之子子繪附傳》：「大寧二年，爲都官尚書。高歸彥作逆，命子繪參贊軍事。賊平，敕子繪權行州事。徵拜儀同三司、尚書右僕射。」《齊故尚書右僕射冀州使君封公墓誌銘》：「大寧二年，除都官尚書，尋行冀州事。先日，司空太保二公並臨冀部。至是公復行焉。……河清二年，除儀同三司。」高歸彥造反是在河清元年七月，高歸彥被滅後，封子繪暫時代理冀州刺史職權。直到次年徵拜儀同三司、尚書右僕射。

天統四年（568 年）～天統五年（569 年）　　高綽

按：《北齊書》卷十二《南陽王綽傳》：「後爲司徒、冀州刺史，好裸人，使踞爲獸狀，縱犬噬而食之。左轉定州」。依照《北齊書》的敘述原則，高綽先爲司徒，然後爲冀州刺史。

《北齊書》卷八《後主》天統四年「三月乙巳，太上皇帝詔以司徒、東平王儼爲大將軍，南陽王綽爲司徒」。可知高綽任司徒是在天統四年，萬斯同《北齊將相大臣年表》將高綽外任冀州刺史繫於此年，姑從之。「左轉定州」的時間是什麼時候呢？在武平四年「夏四月戊午，以大司馬、蘭陵王長恭爲太保，大將軍、定州刺史、南陽王綽爲大司馬」。萬斯同《北齊將相大臣年表》將其高綽擔任大將軍繫於武平四年，頗爲疏忽，緣於四年是其由大將軍轉爲大司馬之時，而非擔任大將軍。《北齊將相大臣年表》中武平元年、二年沒有大將軍，直至三年八月才有廣寧王高孝珩擔任。《北齊將相大臣年表》將廣寧王高孝珩遷大司馬繫於武平四年，據《北齊書》卷八《後主紀》武平四年所記無廣寧王高孝珩任大司馬之事，故可知萬斯同誤將高綽之事附於高孝珩身上。故其擔任冀州刺史的時間在天統四年～五年之間。

天統五年（569 年）～武平元年（570 年）二月　　高湝

按：《北齊書》卷十《任城王湝傳》：「武平初，遷太師、司州牧，出爲冀州刺史，加太宰，遷右丞相、都督、青州刺史。」按照《北齊書》本傳的敘述順序，太師爲先，冀州刺史爲後。但據《北齊書》卷八《後主紀》：武平元年二月「己巳，以太傅、咸陽王斛律光爲右丞相，并州刺史、右丞相、安定王賀拔仁爲錄尙書事，冀州刺史、任城王湝爲太師。」則在任太師之前，高湝已經擔任冀州刺史。本傳敘述應有誤。故其開始擔任冀州刺史的時間當在武平元年之前，姑繫於天統五年，止於武平元年二月。

邢邵《廣平王碑文》中的自然意象與人生思考〔註19〕

　　作爲著名的「北地三才」之一，邢邵在北朝文學史上有其重要的地位。但因其文集在宋代以後散佚，故而其對後世文學的影響就比較小。爲深入研究北朝文學，有必要對其作品作細緻的探討。作爲一種文體，碑文承載了作者對逝者的哀思，也寄予了作者的思想。邢邵現存碑文有二，其一爲現存《藝文類聚》卷四十五《職官部一》的《廣平王碑文》，內容豐富，相對完整，迻錄如下：

　　　　公分氣氤氳，稟靈昭晉，基構輪奐，源流濬遠，積石莫之方，
　　委水不能喻，山瀆效神，辰昴降德，自天攸縱，鬱爲時宗，牆宇淹
　　曠，標格秀遠，道亞生知，德均殆庶，日月在躬，水鏡被物，望青
　　松而比秀，干白雲而上征，侍講金華，參遊銅雀，出陪芝蓋，入奉
　　桂室，充會友之選，當拾遺之舉，發言爲論，受詔成文，碧雞自口，
　　靈蛇在握，方見建安之體，復聞正始之音，公年方弱冠，而位居僚
　　右，道被生民，惠漸萬物，鬱爲雅俗之表，瓘成社稷之鎮，公孫聲
　　動天下，已非其倫，管子光照鄰國，孰云能擬，方謂膺茲多福，降
　　此永年，奪摶風之逸羽，窮送日之遠路，同歧山之嘉會，陪岱宗之
　　盛禮，而群飛在辰，橫流具及，山崩川鬥，星實日銷，昆嶽既毀，
　　玉石俱燼，蘭挺則芬，玉生則潤，決決萬源，落落千仞，我有徽猷，
　　金聲玉振，志猶學海，業比登山，踟躕緹衰，絳帳韋編，尋微啓奧，
　　數理入玄，天地或終，山河匪壽，昔日先民，誰堪長久，立言立事，
　　貴之身後，式銘景行，是爲不朽。

下面試著對其中的自然意象和人生思考作一些分析，以就教於方家。

一、《廣平王碑文》中的自然意象

　　我們知道「意象是由不同的意和象結合而成的，意象形成的關鍵是意識的作用」〔註20〕。所以，古代文人偏愛這種將意識和感情滲透附著於意象的含蓄的寫作手法，讀者便可在這有限的畫面中體味出無盡的情趣。正如朱光潛先生所總結的「景是個人性格和情趣的返照，情趣不同則景象雖似同而實不同」〔註21〕。從文學角度來看此碑文，裏面充滿了詩情畫意，雖實爲哀悼

〔註19〕 本文與高敏合作。
〔註20〕 蔣寅：《物象‧意象‧意境》，《文學評論》2002 年第 3 期。
〔註21〕 朱光潛：《詩論》，江蘇文藝出版社 2008 年版，第 96 頁。

亡者，述己之悲情，但作者寄情於景，體現在對山水自然的重視上。正如文中所寫「方見建安之體，復聞正始之音」，我們得知當時創作之風受南朝華麗之風的影響，雖到北齊朝代漸減，但依舊很多方面繼承前朝之風，正如重現正始之音一樣，寄情山水，曲折爲文，文章表現尖銳的人生悲哀，生命的覺醒意識得以重現。宗白華說：「晉人向外發現了自然，向內發現了自己的深情。」〔註22〕北朝文人在學習東晉南朝文學的時候，順便連此一併囊括。所以文章中，有多處自然意象。

首先，自然景物自有其美，或雄奇，或秀麗，各不相同。但作為一個有生命的物體，其最突出的特徵是具有生生不息的無可遏止的勃勃生機，顧愷之對何爲「山川之美」的回答：「千岩競秀，萬壑爭流，草木蒙籠其上，若雲興霞蔚」〔註23〕，即是著眼於大自然這一旺盛的生命力，「競」、「爭」、「其上」、「興」、「蔚」等詞語正是山水自然神韻的典型寫照。在《廣平王碑文》中對自然意象的重視和大量運用，爲此文章注入一種生命激情，從而形成詩意風格。碑文云：「日月在躬，水鏡被物，望青松而比秀，干白雲而上征」，日月、水鏡、青松、白雲、等等，這些美好的事物都可以讓讀者感受到清新舒暢。只不過用在墓碑文創作中，作者有的稍加詞彙，讓我們感受的確是另一番生命稍瞬即逝的悲哀之情。正如「山崩川鬥，星霣日銷，昆嶽既毀，玉石俱爐，蘭挺則芬，玉生則潤，決決萬源，落落千仞」這種將自然意象的衰敗跡象轉嫁到生命的感悟之上，何其深刻的一種哀痛！

其次，與傳統儒家「知者樂水，仁者樂山」的比德觀念不同，南北朝人對自然的態度不再是把自然景物比擬爲人的倫理道德，而是「以玄對山水」，不僅借山水自然來自娛，而且還借山水自然來體性悟道，他們已由崇尚自然變成了欣賞自然。《廣平王碑文》中的自然意象都不是單獨的客觀意象，而是注入了主觀感情的意象。如形容碑主的時候，用「源流濬遠，積石莫之方，委水不能喻」，用「積石」和「委水」來作比喻。「積石」和「委水」本來是沒有生命力的，卻突然增添了幾許色彩。以玄對山水，又借山水以體性悟道。而玄學的核心思想是「貴無」，故對山水的心是空靈的，宗白華云「以虛靈的胸襟，玄學的意味體會自然」〔註24〕即爲此意。由於以虛靈的胸襟來體會山

〔註22〕宗白華：《美學散步》，上海人民出版社1981年版，第179頁。
〔註23〕劉義慶：《世說新語》，上海古籍出版社1982年版，第88頁。
〔註24〕宗白華：《美學散步》，上海人民出版社1981年版，第179頁。

水，所以發現的山水自然多爲光潔鮮明、晶瑩發亮的「光亮意象」，碑文云：「蘭挺則芬，玉生則潤，泱泱萬源，落落千仞」，普通的自然事物在作者的筆下就充滿了生氣。這種意境是最高的美的境界，這也是一種詩的境界，此乃引山水入文字最大的收穫。

二、《廣平王碑文》對生命的思考

　　由於國內民族大融合，中西交流頻繁，魏晉南北朝文化呈現開放型特徵，正如前人所揭示的當時百家爭鳴中出現的所謂儒玄合流，佛道互補，儒、佛、道相互對抗而又互相滲透，以及唯物論和唯心論的鮮明對立，這種文化學術思想領域的對抗、交融和繁榮，本身既促進了人們文化心態自覺趨向的發展，也標誌著我國古代哲學和宗教走向成熟的階段。特別是魏晉玄學以對儒家名教質疑而興起後，給人們的思想境界帶來了一系列新變化。正如湯用彤先生在《理學・佛學・玄學》一書中所說：「魏晉人生觀之新型，其期望在超世之理想，其嚮往爲精神之境界，其追求者爲玄遠之絕對，而遺資生之相對。從哲理上說，所在意欲探求玄遠之世界，脫離塵世之苦海，探得生存之奧秘。」〔註25〕這種魏晉人的新型人生觀，正是兩漢儒家齊家治國平天下理想在現實中破產後，面對亂世苦海所表現出來的一種超凡脫俗的理性追求，可以說是人生覺醒的一種曲折反映。儘管在魏晉南北朝中的北齊時代，談玄已成爲一種衰微之勢，但在邢邵文中依舊清晰可見。而且玄學也影響了佛學，導致佛學玄學化。但玄學與佛學在生命感悟上有所不同，佛教講求的是生死輪迴，善惡報應，更注重來生，所以有愚民安定政局之作用。在受佛教思想影響的南朝後，玄學歸於沉寂，儒學呈現復興之景象，邢邵宣揚無神論思想，具有樸素唯物主義思想〔註26〕，與佛法教義背道而馳。有《北史》卷五十五記載「邢以爲人死還生，恐是爲蛇畫足」，邢邵此人思想恰與佛教理論相悖，典型的唯物樸素主義者，正如邢云「神之在人，猶光之在燭，燭盡則光窮，人死則神滅」，文中不乏諸如「蘭挺則芬，玉生則潤」「天地或終，山河匪壽」此類的語句。有些文章中往往彰顯天人合一的境界，即「玄覽」，這是天人合一的一種表述，這種表述是道家的，同時也是玄學的。〔註27〕所以談玄對於作者來說比講求佛道更具意義。

〔註25〕湯用彤：《理學・佛學・玄學》，北京大學出版社 1991 年版，第 317 頁。
〔註26〕尚志邁：《北朝無神論思想家邢邵》，《冀東學刊》1997 年第 1 期。
〔註27〕李件健：《魏晉南北朝的感物美學》，中國社會科學出版社 2007 年版，第 124 頁。

首先，談玄在作者看來，是一種對生命的深刻思考，一改前人在碑文寫作中的個人抒憤，只是從客觀角度闡釋生命亡逝的淒涼。在北朝，面對墳墓，人們感受到得，更多的是生命無可依託。〔註28〕少了那份讓人寒心的悲號，同時也不會因受佛教生死輪迴，生命有所依託思想的影響，而缺少那份生命意識的覺醒，而是更多的將佛教宣揚的靈魂有所依界定爲注重現實世界，更強調生命自身的消失、不復存在。因此，邢邵碑文讓人感到的更多的是質實，多在使用之中講求文采。

其次，魏晉南北朝時期，封建統治者和民間非常盛行信鬼神之俗，崇拜之神紛繁複雜，不下數百種之多。在所崇敬的人神中，有先人也有當時的人，其中有皇帝、聖賢、文臣、武將、縣令、平民、婦女、道士、沙門，幾乎包括社會各個階層的人物。在崇拜的自然神中，有動植物、山、河、湖、海、井、泉、石、山洞、岩穴等等。此外，當時仰觀（察天文、言人事）、占卜看相，圓夢、相宅、相冢、聽鈴聲知吉凶、書符念呪、或盲人聽聲知禍福等各類方伎甚行，用以預測吉凶、禍福、災異，實際上也是一種鬼視崇拜現象。當時人許多愚昧荒謬的祈神問卜活動，都是從現實生活出發的一種理想追求，因爲他們無力克服現實中的種種困苦，想借神靈和占卜吉凶來安慰和補償痛苦的心靈。雖然這種安慰和補償是虛幻的觀念，而他卻是虔誠信仰者，這是一種典型的鬼神崇拜型的文化心態。那麼，談玄對於士子文人來說，「越名教而任自然」、則無異於在朝不保夕的日子裏，是一種慰藉精神的良藥。也所以由於玄學的內涵被不斷擴充，不斷被後世方術家所充實。產生了包括山、醫、命、卜、相在內的五種體系。後漢蔡邕《荆州刺史庾侯碑》曰：「君資天地之正氣，含太極之純精」這在邢邵《廣平王碑文》中亦有體現，「公分氣氤氳，稟靈昭晉，基構輪奐，源流濬遠，積石莫之方，委水不能喻，山瀆效神，辰昴降德」。因此，玄學在碑文應用中，尤其是在面對生命的亡逝，悲情得到排解，人們關注的焦點已經從生命至爲短暫的存在的個體認識轉移到該如何存在的思考中。

〔註28〕黃金明：《漢魏晉南北朝誄碑文研究》，人民文學出版社 2005 年版，第 375 頁。

隋初文士的籍貫分佈與地理流動

　　有隋一代，南北文士因種種原因而發生接觸，文學風氣和技巧在這種接觸中也逐漸得到融合。隋朝吸收了南北朝各家政治、文化之精髓，彙爲一體。政治上北周滅掉北齊，隋取代北周，隨即取消後梁，進而滅陳。政治版圖的大一統，造成文士向政治中心的轉移。對於隋朝文士的類型，王鍾陵先生從詩人的角度歸納爲三種類型：第一種類型是北周滅北齊以後入周及隋的人，第二種類型是由北周入隋的人，第三種是後梁廢、陳平入隋的人。〔註29〕此類分法從政治上的變化考慮，儘管是從詩人的角度來論，亦可以推延到文士上。該分法基本上可以探求出文學變遷的軌跡。但由於文士的流動頻繁，三種類型內部還有文士內在的組成和變化，泛泛而論並不能眞正展示出隋初文士的變動。筆者著意於考察隋朝滅陳之前的文士，因此時北方文士初步聚集到一起，故本書的「隋初」以開皇元年～開皇九年（公元581～589年）爲時間斷限。文章從兩個層面考察隋初的文士，一個是從文士的籍貫考察文士的本土文學，這是「靜態」的一面；另一方面是從文士的流動來勾勒相關地域的文學局面，這是「動態」的一面。〔註30〕略述拙見於後，以就教於方家。

一、隋初文士的籍貫分佈

　　衆所週知，南北朝後期一級政區的數量龐大，更改頻繁，加之資料散失嚴重，南北各朝州的數目至今已經無法完全統計清楚，這對以州一級政區統計隋初文士的籍貫分佈帶來很大的困難。幸虧正史記載文士的籍貫，多未採

〔註29〕　王鍾陵：《中國中古詩歌史》第12編《融合南北之長的北朝及隋代詩》，人民
　　　　　出版社2005年版，第563頁。爲隋初文士進行分類的還有周建江，他在《北
　　　　　朝文學史》第七章《隋初文學》中認爲，隋朝文學家可分成來自五個不同的歷
　　　　　史區域。一類是仕魏的文學家，包括東魏與西魏，有陽休之、李詢等人；一類
　　　　　是仕梁的文學家，有顏之推、庾季方等人；一類是由陳入隋者，有庾世基、許
　　　　　善心、王胄等人；一類是經由北齊入隋者，有盧思道、李德林、薛道衡、辛德
　　　　　源、魏澹等人；最後是來自北周的文學家，有楊素、牛弘、柳䚮等人。該類分
　　　　　法沒有注意到東魏與北齊、西魏與北周的前後繼承關係，相對混亂（詳見中國
　　　　　社會科學出版社1997年版，第163頁。）。本書以已出仕的文士爲主要研究對
　　　　　象。由於北朝時期文士的眾多作品多已散失，所以文士的確定依據是史書中在
　　　　　敘述本傳時有諸如「善屬文」、「有文才」、「有文筆」之類的評價，或是有詩歌
　　　　　或者文賦等記載，抑或是有文集記錄，將之作爲判定是否文士的標準。）
〔註30〕　參見胡阿祥：《魏晉本土文學地理研究》，南京大學出版社2001年第1版，第
　　　　　161頁。

用所屬州籍，而用其郡望，故筆者不採用所屬州來統計，爲了更爲直觀，以現代政區來統計文士的籍貫地域分佈。

筆者對正史中記載的文士進行了一個統計，總共有 104 人，其中有一人籍貫無法確定，[註31] 故將之排除在外，所幸僅此一人，對最後的數據分析不會產生太大的影響。所以數據的產生以 103 人爲依據。從少到多列表如下：

表1：隋初文士籍貫地區分佈表

地　　區	人　　數	％
內蒙	1	0.97%
遼寧	1	0.97%
甘肅	7	6.8%
山東	7	6.8%
江蘇	9	8.74%
陝西	10	9.71%
河南	18	17.48%
山西	18	17.48%
河北 [註32]	32	31.07%

由該表可以發現，隋初文士籍貫的分佈地域基本上覆蓋了北方所有地區，但是分佈嚴重不均衡。河北以 32 人高居榜首，獨佔 31.07%；其次，河南、山西各有 18 人，各占 17.48%；陝西以 10 人排第四位，占 9.71%；第五是江蘇以 9 人，占 8.74%；第六、第七是山東、甘肅，以 7 人，各占 6.8%；遼寧、內蒙以各 1 人排在最後。河北、河南、山西、陝西四地的文士數量，加起來 78 人，占總數的 75.73%，可以說是隋初文士的主力軍。其它甘肅、山東、江蘇三地加起來，也僅占總數的 22.33%。

地區之間文士的分佈已不均衡，在地區內部文士的分佈也不均衡，有一些集中分佈區，如山西地區有文士 18 人，其中河東郡就有 14 人，剩下 4 人籍貫爲太原郡，其餘郡未見有文士出現。河南地區亦有文士 18 人，而 14 人就籍貫洛陽。懸殊之大可見。

[註31] 此人爲何妥，《北史》卷 82 本傳云其爲西城人，該卷「校勘記」〔一八〕：「西城人也 《隋書》卷 75《何妥傳》同。《通志》卷 174《何妥傳》『城』作『域』。按何妥先世當爲西域何國人，疑《通志》是。」
[註32] 此處的「河北」，包括現在的北京和天津地區。

　　從上面我們可以得出結論：第一，隋初文士籍貫的地域分佈極不均衡，並存在一些集中分佈點；第二，文士籍貫分佈地域的不平衡，反映了當地文學發展的地區差異。隋初文士的籍貫分佈極其不均衡，有其歷史必然性。筆者分地區略述如下：

（一）河北地區

　　河北地區是北朝山東士族的聚居地。著名的北朝漢族士族五姓中之「（博陵、清河）崔、（范陽）盧、（趙郡）李」的聚居地就在這個區域內，另外範陽祖氏、渤海高氏等士族籍貫也在其內。眾所週知，北朝的漢族士族多是禮法傳家，文化上都有很深的造詣，勢必在文學上也體現出數量上的優勢。正因爲這個地區是漢族士族的大規模的聚居，故而河北地區在文士數量上也必然居於北方的頭名。

　　隋初有一些西魏即已到關中的山東文士保持著這種文化的傳承。如盧賁，其父盧光，北周燕郡公，「性溫謹，博覽群書，精於《三禮》，善陰陽，解鍾律，又好玄言。……撰《道德經章句》，行於世。」〔註33〕賁本人「略涉書記，頗解音律」，高祖受禪，「命賁清宮，因典宿衛。賁於是奏改周代旗幟，更爲嘉名。其青龍、騶虞、硃雀、玄武、千秋、萬歲之旗，皆賁所創也。」〔註34〕盧愷，其父盧柔「性聰敏，好學，未弱冠，解屬文。……所作詩頌碑銘檄表啓行於世者數十篇」，〔註35〕愷亦「略涉書記，頗解屬文。」〔註36〕

　　盧思道、李德林的文學才能自不用贅敘。其餘河北地區文士在文學上也多有造詣。如趙郡李孝貞，「世爲著姓。孝貞少好學，能屬文。」「所著文集二十卷，行於世。」〔註37〕他才華出眾，詩歌不以力度見長，而以小巧見著，他留有詩歌七首，如《酬蕭侍中春園聽妓詩》：「微雨散芳菲。中園照落暉。紅樹搖歌扇。綠珠飄舞衣。繁絃調對酒。雜引動思歸。愁人當此夕。羞見落花飛。」〔註38〕該詩淡淡地寫出士人的窘態，風格細麗。〔註39〕《園中雜詠橘樹》：「嘉樹出巫陰。分根徙上林。白華如散雪。朱實似懸金。布影臨丹地。

〔註33〕　《周書》卷45《儒林・盧光傳》，中華書局1971年版，第807頁。
〔註34〕　《隋書》卷38《盧賁傳》，中華書局1973年版，第1141，1142頁。
〔註35〕　《周書》卷32《盧柔傳》，第562頁。
〔註36〕　《隋書》卷56《盧愷傳》，第1383頁。
〔註37〕　《隋書》卷57《李孝貞傳》，第1404，1405頁。
〔註38〕　逯欽立：《先秦漢魏晉南北朝詩・隋詩》卷2，第2653頁。
〔註39〕　周建江：《北朝文學史》，第171頁。

飛香度玉岑。自有淩冬質。能守歲寒心。」〔註40〕該詩以橘樹自喻，對仗工穩、平仄協調，結構嚴謹，是託物言志的佳作。孫萬壽也是比較突出的一位。其父孫靈暉爲北齊著名學者。「萬壽年十四，就阜城熊安生受五經，略通大義，兼博涉子史。善屬文，美談笑。」「有集十卷，行於世。」〔註41〕他現存的詩歌情緒低沉，格調悲婉，如《行經舊國詩》：「蕭條金闕遠。悵望羈心愁。舊邸成三逕。故園餘一丘。庭引田家客。池泛野人舟。日斜山氣冷。風近樹聲秋。弱年陪宴喜。方茲更獻酬。脩竹慚詞賦。業桂且淹留。自忝無員職。空貽不調羞。武騎非吾好。還思江漢遊。」〔註42〕在作品中，詩人故國之思表達鮮明，尤其是面對荒涼、衰敗的景象時，聯想故國的消失、人生的悲劇，頓感生命毫無意義。他的詩歌多是這類風格的顯露，在藝術上已經臻於成熟。

（二）山西地區

山西地區文士集中在兩個地方，一個是河東郡，另一個是太原郡。河東是裴氏、柳氏、薛氏的聚居地。三大士族在北朝各自走文武雙途的路數，在政治和文化上頗爲活躍。史稱「河東魏晉以降，文學盛興，閭井之間，習於程法」，〔註43〕在文化上成爲北朝士族的典型代表之一。太原是北朝王氏的籍貫，也有四位文士活躍在隋初的文壇上。

（三）河南地區

河南文士 14 人籍貫洛陽，其實這是孝文帝遷都洛陽所帶來的後果。代北士族遷到洛陽後，在孝文帝的命令下改籍洛陽。這些漢化少數族文士祖上在孝文帝改革的後期多數已經完成漢化，成爲北朝後期文士的重要組成部分。一部分隨著孝武帝進關中，一部分隨著東魏建立遷徙到了鄴城，北周滅北齊，隨即進入隋朝，這部分漢化的少數族文士就成爲隋初文士的重要組成部分了。元氏皇族之學業自不用詳述，代北少數族如陸氏，在北魏時期已經漢化成功，進入隋初的文士有陸爽「少聰明，年九歲就學，日誦二千餘言。」〔註44〕陸彥師「長而好學，解屬文。」〔註45〕其餘漢化少數族亦多有學業。

〔註40〕 逯欽立：《先秦漢魏晉南北朝詩·隋詩》卷2，第2653頁。
〔註41〕 《隋書》卷76《文學·孫萬壽傳》，第1735，1736頁。
〔註42〕 逯欽立：《先秦漢魏晉南北朝詩·隋詩》卷1，第2641頁。
〔註43〕 《通典》卷179《州郡九·風俗》，中華書局1988年版，第4745頁。
〔註44〕 《北史》卷28《陸俟傳陸麗弟麒麟附傳》，第1022頁。
〔註45〕 《隋書》卷72《陸彥師傳》，第1662頁。

（四）陝西地區

陝西地區有 10 人，主要集中於弘農華陰和京兆。華陰楊氏的文才是比較出眾的。如楊素的文才就很高。他在隋朝的詩歌格調健康向上，雄壯與幽美並存，語句時而鏗鏘，時而淒婉，變化多端，撩人耳目，是隋朝詩歌的代表之一。他作有《贈薛播州詩》十四章，其第八章云：「滔滔彼江漢。實爲南國紀。作牧求明德。若人應斯美。高臥未褰帷。飛聲已千里。還望白雲天。日暮秋風起。峴山君倘遊。淚落應無已。」〔註46〕首句化用了《詩經·四月》：「滔滔江漢，南國之紀」，隨後幾句也都寫得氣深韻秀。史稱此詩「詞氣宏拔，風韻秀上，亦爲一時盛作」。〔註47〕確爲的論。

（五）江蘇地區

江蘇地區有文士 9 人，主要在兩個地區附近，長江以北爲以沛郡爲中心，有 3 人。長江南以建康城爲中心，有 6 人，其中 5 人爲南蘭陵蕭氏。這些南來文士勤於著述，並多有文集行世。蕭氏是南朝皇族，在文學上的造詣自不必說。隋初江蘇地區文士留下詩文的僅有沛國劉臻。劉臻「有集十卷行於世」，〔註48〕他現存有《河邊枯樹詩》一首：「奇樹臨芳渚。半死若龍門。疾風摧勁葉。沙岸毀盤根。將軍猶未坐。匠石不曾論。無復凌雲勢。空餘激浪痕。可嗟摧折盡。詎得上河源。」〔註49〕作者借河邊枯樹，寄寓其遲暮之感，頗有氣勢。

（六）山東地區

山東地區有 7 人，多是從南朝到北朝者。這部分文士祖上因戰爭從山東遷徙到江南，並保持著文化傳承。明克讓，「少好儒雅，善談論，博涉書史，所覽將萬卷。《三禮》禮論，尤所研精，龜策曆象，咸得其妙。……梁滅，歸於長安。……著《孝經義疏》一部，《古今帝代記》一卷，《文類》四卷，《續名僧記》一卷，集二十卷。」〔註50〕鮑宏，「年十二，能屬文，嘗和湘東王繹詩，繹嗟賞不已……江陵既平，歸于周。」「有集十卷，行於世。」〔註51〕

〔註46〕逯欽立：《先秦漢魏晉南北朝詩·隋詩》卷 4，中華書局 1983 年版，第 2678 頁。
〔註47〕《隋書》卷 48《楊素傳》，第 1292 頁。
〔註48〕《隋書》卷 76《劉臻傳》，第 1732 頁。
〔註49〕逯欽立：《先秦漢魏晉南北朝詩·隋詩》卷 2，第 2656 頁。
〔註50〕《隋書》卷 58《明克讓傳》，第 1415，1416 頁。
〔註51〕《隋書》卷 66《鮑宏傳》，第 1547，1548 頁。

（七）甘肅地區

甘肅地區有文士 7 人，其中 3 人爲安定人。西魏北周時期甘肅地區的文士佔有一席之地，這主要和西魏北周政治中心在長安有關。在人才選拔上，必然顯示出地域性的特點。如梁毗爲安定烏氏人，「性剛謇，頗有學涉。」史書未明言其有文才，但是他見楊素擅權，便上表揭舉，表中有如下文字：「……忤意者嚴霜夏零，阿旨者膏雨冬澍，榮枯由其唇吻，廢興候其指麾。所私皆非忠讜，所進咸是親戚，子弟布列，兼州連縣。……」〔註52〕文字對仗工整，頗有氣勢。安定鶉觚人牛弘「性寬裕，好學博聞」，「有文集十三卷行於世。」〔註53〕其文章的成就在當時可以和李德林、盧思道相媲美的。

（八）遼、蒙地區

二地區長期處於邊境，北魏後期漢化的進程對這裏的影響不大。因此隋初文士中這部分地區的本土文學就顯得格外荒蕪，此處不再贅述。

二、隋初文士的地理流動

由於南北、東西政治分裂，文士往往距離自己的籍貫很遠，甚至一生中未曾回去，士人籍貫與實際所處地域事實上相對分離。這種客觀上的分離往往是軍事活動，尤其是戰亂所促成的。〔註54〕政治變化促進了文士的流動，而這種流動爲文學局面的形成與變動有重大的影響。

（一）隋初文士的來源

隋初文士來自於三部分，一部分是北周入隋的文士；一部分是北齊入北周，旋即入隋的文士；一小部分是後梁入隋的文士。原來北周與北齊的文士，也可以劃分爲不同的地域集團。

1、隋初文士之北周文士

北魏末年東西分裂時，不少洛陽文士隨著孝武帝西遷轉移到了長安。只是由於上層對軍功的重視，社會上的文學風氣被人爲減弱。在西魏北周，貴族子弟的學校教育依然進行著，文學的潮流依然暗自湧動。隋初文士中有不少原來就是北周文士的重要組成部分。

綜觀西魏北周文士的來源，主要是四個部分：

〔註52〕《隋書》卷 62《梁毗傳》，中華書局 1973 年版，第 1480 頁。
〔註53〕《隋書》卷 49《牛弘傳》，第 1297，1310 頁。
〔註54〕葛劍雄主編：《中國移民史》，第 2 卷，上海人民出版社 1997 年版。

　　關中文士有 14 人。西魏北周時期關中文士佔有一席之地，這主要和西魏北周政治中心在長安有關。在人才選拔上，必然顯示出地域性的特點。

　　漢化少數族文士有 15 人。在孝文帝改革後，代北鮮卑貴族在漢化的大潮中多數都沾染上文學風氣，成爲洛陽文壇的一大亮點。漢化少數族文士在北魏末年河陰之亂中不少被殺，但還有不少保存了下來。孝武帝西遷長安時，很多都跟隨過去，成爲西魏北周文士的重要組成部分。北周取代西魏以後，並未對元氏皇族採取大肆屠殺政策，也使得元氏成員在北周以及隋朝初年的文士中都佔有一定比例。

　　山東文士 19 人。在孝武帝西遷中，也有不少山東文士跟隨到了長安。這些山東文士在北周選擇了兩種發展途徑。一種是對儒家經典有獨到的研究，成爲儒家學說的代表，或沿著傳統的文化傳承，保持著士族的文化底蘊。隋初有一些西魏即已到關中的山東文士保持著這種文化的傳承。另一部分山東士族在關中尚武的社會風氣的影響下，和留在關東的山東士族成員相比更像武將，但這些人並未失去文化傳承。

　　南來文士 15 人。在西魏攻下江陵和成都後，不少梁朝文士被遷到長安，成爲北魏後期之後南來文士的又一次集中北上。其中一些文士在隋朝建立前已經去世，但留下一些文士成爲隋初文士的重要組成部分。

表 2：隋初文士之北周文士內部分析

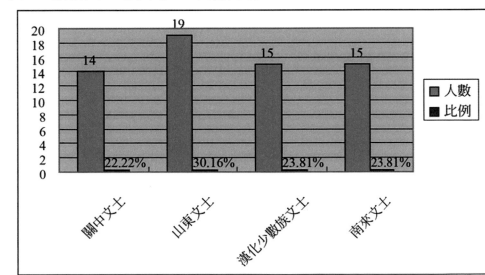

2、隋初文士之北齊文士

隋初文士中有不少是原來北齊滅亡後進入北周的文士，這些文士沿著北魏後期文學發展的軌跡，帶著北齊文學發展的成就進入北周和隋朝，成爲隋初文士中的重要的組成部分。北周武帝滅北齊後，「（陽休之）與史部尙書袁聿修、衛尉卿李祖欽、度支尙書元脩伯、大理卿司馬幼之、司農卿崔達拏、秘書監源文宗、散騎常侍兼中書侍郎李若、散騎常侍給事黃門侍郎李孝貞、給事黃門侍郎盧思道、給事黃門侍郎顏之推、通直散騎常侍兼中書侍郎李德林、通直散騎常侍兼中書舍人陸乂、中書侍郎薛道衡、中書舍人高行恭、辛德源、王劭、陸開明十八人同徵，令隨駕後赴長安。」〔註 55〕這次十八文士入長安，預示著北齊文士開始成爲長安文士重要的組成部分。與北周文士多關中文士和漢化少數族文士相對應的是，隋初文士中的北齊文士主要是以山東文士爲主，有 29 人；剩下小部分爲關中文士、漢化少數族文士和南來文士，各有 3 人。

山東文士 29 人。北齊政權的統治範圍在山東地區，作爲統治基礎的六鎮鮮卑和山東士族有千絲萬縷的聯繫。北齊政權是高歡在鎮壓北魏末年農民起義，以及消滅尒朱氏的過程中，廣泛吸納山東士族參加到其政權中而建立的。如果沒有山東士族的積極參與，高歡也難以取得勝利。山東士族作爲統治基礎，在文壇上必然也顯示出佔據多數的特徵。筆者曾經考察北齊後期的「待詔文林館」文士的籍貫，發現山東士族文士占北齊文士的多數，達到 52.94%。〔註 56〕而在隋初文士中，北齊文士中的山東文士更是佔了更大比例，達 78.38%。

關中文士 3 人。在北魏末年東西分裂中，關中文士多數選擇了西魏，這是和他們籍貫多在關中有關。只有少數的關中士族選擇追隨了高歡。因西魏北周奉行鮮卑化的民族政策，使純粹的文學在當時不被人所重視。故在北朝文壇上，在西魏北周的關中士族並不占主流地位。而在關東的關中士族儘管人數不多，卻在文學上有比較高的聲譽。

漢化少數族 3 人。在北魏孝文帝改革後的幾十年中，不少鮮卑族上層漢化的很徹底。但是漢化的士族多數在北魏末年尒朱榮製造的的河陰之變中被

〔註 55〕《北齊書》卷 42《陽休之傳》，中華書局 1973 年版，第 563～564 頁。

〔註 56〕 宋燕鵬、高楠：《論北齊文士的地理分佈——以「待詔文林館」籍貫爲考察中心》，《中國歷史地理論叢》2006 年第 4 期，第 62 頁。

殺，使得孝文帝改革的成果受到打擊鮮卑族的漢化過程遭到損失。但遺留下
來的轉移鄴城的鮮卑士族卻已經徹底漢化。東魏皇族元氏，漢化程度很高，
但由於北齊文宣帝大肆屠殺元氏皇族，只有少數留下，故在文林館中只有元
行恭一人。進入隋朝的北齊元氏文士他也是碩果僅存。

　　南來士族 2 人。在南北朝對峙的形勢下，很多持不同政見或是被打擊的
將領和士族都相繼逃到敵對方。北魏後期南方士族開始以各種原因到北方，
在東魏和北齊時數目依然很可觀，除了南朝士族外也有南朝皇族。因北齊多
繼承北魏制度，故成為南朝士族主要投奔之地。在隋初，那些南來蕭氏皇族
多去世，只剩下顏之推和諸葛漢等少數幾個人。

表 3：隋初文士之北齊文士內部分析

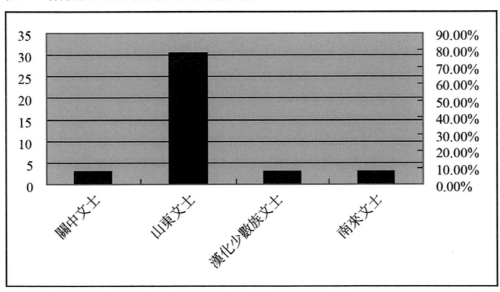

　　3、隋初文士之後梁文士

　　後梁雖長期作為北周和隋朝的附庸而存在，但是在文學風氣上卻延續著
南朝齊梁時期的傳統，小朝廷多文士，在隋朝初年，那些文士多去世，進入
隋朝的僅有 4 人而已，殊為可惜。由於人數極少，此不詳述。

　　4、隋初三方文士的比例

　　隋初文士中，由北周進入隋朝的有 63 人，占總數的 60.58%；由北齊進入
北周，隨即入隋朝的有 27 人，占總數的 25.96%；後梁入隋的有 4 人，占總數
的 3.85%。從比例上看，北周入隋的文士占隋初文士的主體。見下表：

表 4：隋初北周文士、北齊文士、後梁文士比例

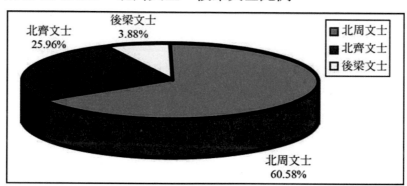

（二）隋初文士的地理流動

　　而在社會動盪的環境下，人口流動加速，文士廁身其間。在隋初，文士流動的原因複雜，或行政命令，或思想觀念，或文化背景等，因時因地因人而各異，有的文士流動原因已不可知，然則文學家的個體尤其是群體的流動，既直接影響到一些地區文學局面的興盛與冷寂。〔註 57〕但文士首先是政客，幾乎所有的活動都是圍繞著政治中心進行。正如文學史家袁行霈先生所說「在某個時期，文學家們集中活動於某一地區，使這裏成爲文學的中心」。〔註 58〕從北周滅北齊後，長安就成爲文士流動的中心。

　　筆者對隋初文士的流動作了一下統計，見下表：

表 5：隋初文士地理轉移表

流動方向	人　數	比　例
有長安經歷者	87	83.65%
長期在長安者	54	51.92%
先在長安，後到地方者	25	24.04%
先在地方，後到長安者	7	6.73%
長期在地方者	15	14.42%

　　從上表發現，隋初有 87 位文士曾在長安留下活動的痕跡，占隋初文士總數的 83.65%，反映出文士的流向是以長安爲主要目標。其中有 54 人長期在長安生活，占隋初文士的一半，這部分文士就成爲隋初長安文士的主體。

〔註57〕 胡阿祥：《魏晉本土文學地理研究》，第 162 頁。
〔註58〕 袁行霈：《中國文學概論·總論》第 3 章《中國文學的地域性與文學家的地理分佈》，高等教育出版社 1990 年第 1 版，第 40 頁。

　　長期在長安的 54 位文士，源於北周文士的有 29 人，北齊文士有 21 人，後梁文士 4 人。

表 6：隋初長安文士來源

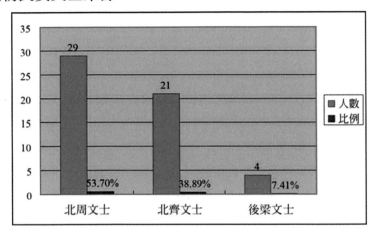

　　北周文士占其中一半以上，這和周隋政權的「關中本位」政策緊密相連的。相比之下，北齊文士也有一定數量。史稱，「齊亡後衣冠士族多遷關內」。〔註 59〕山東大姓豪強素以聚族而居、族大人眾著稱，顯然，將文學藝術之士和擁有雄厚宗族鄉里基礎的衣冠士族——在多數情況下他們是一身而二任焉，遷往關內，並將其頭面人物吸受到統治集團中來，關係到周隋政權在山東的統治，因而成為周隋政權在舊齊地區長期推行的一項重要政策。〔註 60〕但由於北齊文士對故國的懷念，以及楊堅對其疑忌，在隋初有部分文士並未到長安。從中我們可以發現，政治形勢以及思想感情是影響文士流動的重要因素。

　　長期在長安的隋初文士，按籍貫分佈統計，見下表：

表 7：隋初長安文士籍貫分佈表

地　區	人　數	％
甘肅	2	3.7%
山東	5	9.26%
河南	5	9.26%
江蘇	6	11.11%
陝西	7	12.96%

〔註 59〕《隋書》卷 73《循吏傳・梁彥光》，1675 頁。
〔註 60〕牟發松：《舊齊士人與周隋政權》，《文史》2003 年第 1 輯（總 62 輯）。

山西	10	18.52%
河北	18	33.33%

　　從上表可以看出，隋初長安文士中河北地區文士所佔比例正好是 1/3，和隋初文士中河北文士的 31.07%比例大體相當，顯示出隋初文士基本的地區分佈格局。

三、結論

　　綜上所述，隋初文士中河北、山西和河南籍的文士占 75.73%，可以說是隋初文士的主力軍，而河北籍貫的文士獨佔 1/3，常住長安的文士中，河北籍的文士也大體是這個比例。隋初文士主要由北齊、北周以及後梁文士組成，其中北周文士占文士總數的五分之三。政治形勢以及思想感情是影響文士流動的重要因素。這是本書的主要結論。

　　隋初文士繼承了北周和北齊的絕大多數文士。北周繼承了北魏後期文士中的一部分，但是在尚武風氣之下，文學風氣被人為抑制，但是上層對文學的喜愛卻隨著庾信和王褒等南方文士的到來趨於興盛，各種文學活動在北周後期得到一定程度的普及，這是需要注意的。北齊在繼承北魏後期大部分文士的同時，也繼承了文學風氣，使得北齊文學達到北朝文學的頂點。東西兩個王朝都在公元 555 年前後有南朝文士到來，這就為南北文學的融合帶來契機。不同的是，北周是社會全方位向庾信等南朝文士學習，而北齊則是本土文士與南朝文士互相切磋，逐漸形成有別於南朝、但是又融合南朝文學的北方特有的氣質。可以說，隋初繼承北周與北齊文士，在文學上表現出北方文士之間的交流與融合，也逐漸形成一種相對南方而言的風格。在隋初的數年內，正是北方東西文學真正開始合併的時期，在加入後梁文士的因素之後，就做好了迎接南方陳朝文士的準備，真正的文學意義上的南北大融合就在 589 年開始了。

隋初文士中之北周文士的籍貫分佈與地理流動

地理來源	籍　貫	姓　名	流動方向	地理來源	籍　貫	姓　名	流動方向
關中文士	京兆武功（陝）	蘇威	1	山東文士	博陵安平（冀）	崔彭	1
		蘇夔	1		河間鄚縣（冀）	張煚	1、2
	安定朝那（甘）	皇甫績	1、2		河東解縣（晉）	柳機	1、2

類別	籍貫	姓名	資料
	安定烏氏（甘）	梁毗	1、2
	天水西人（甘）	趙芬	1、2
	弘農（陝）	楊尚希	1、2
	京兆杜陵（陝）	韋師	1、2
	安定鶉觚（甘）	牛弘	1
	隴西狄道（甘）	李禮成	1
	敦煌（甘）	令狐熙	1、2
	弘農華陰（陝）	楊勇	1
		楊素	1
		楊異	1、2
		楊汪	1
漢化少數族文士	河南洛陽（豫）	元壽	1、2
		元暉	1、2
		元岩	1、2
		元孝矩	2
		長孫覽	2
		長孫平	1
		長孫熾	1
		宇文慶	2
		宇文愷	1
		宇文弼	1
		于義	2
		于宣敏	1
		于仲文	1、2
	朔方（內蒙）	史祥	1、2
	昌黎徒河（遼）	豆盧勣	2
山東文士	趙郡高邑（冀）	李雄	1、2
	北海平壽（魯）	唐令則	1
	博陵安平（冀）	崔仲方	1、2

類別	籍貫	姓名	資料
		柳述	1
		柳旦	1、2
		柳肅	1
	渤海蓨縣（冀）	高熲	1
	涿郡范陽（冀）	盧愷	1
		盧賁	1、2
	河東汾陰（晉）	薛冑	1、2
	河內（豫）	張衡	1、2
	太原晉陽（晉）	王韶	2
	北平無終（冀）	榮毗	1
		榮建緒	2
	滎陽開封（豫）	鄭譯	1、2
	博陵（冀）	李博文	1
南來文士	平原鬲縣（魯）	明克讓	1
	東海郯縣（魯）	鮑宏	1、2
	沛國相縣（蘇）	劉臻	1
	太原祁縣（晉）	王頍	1
	河東解縣（晉）	柳裘	1、2
		柳彧	1
	河東聞喜（晉）	裴政	1、2
		裴蘊	1、2
	沛縣（蘇）	劉行本	1
	琅邪臨沂（魯）	顏之儀	1
	西城人（暫疑）	何妥	1
	南蘭陵（蘇）	蕭圓肅	2、1
		蕭大圜	1
		蕭世怡	1
	南陽淯陽（豫）	樂運	2

隋初文士中之後梁文士的籍貫分佈與地理流動

地理來源	籍　貫	姓　名	流動方向	地理來源	籍　貫	姓　名	流動方向
	南蘭陵（蘇）	蕭琮	1		河東解縣（晉）	柳莊	1
	南蘭陵（蘇）	蕭岑	1		太原晉陽（晉）	王衡	1

隋初文士中之北齊文士的籍貫分佈與地理流動

地理來源	籍　貫	姓　名	流動方向	地理來源	籍　貫	姓　名	流動方向
山東文士	渤海蓨縣（冀）	高勵	2	山東文士	河間景城（冀）	劉炫	1
	涿郡范陽（冀）	盧思道	1		清河武城（冀）	崔儦	1
		盧昌衡	1		信都武強（冀）	孫萬壽	2
	趙郡柏人（冀）	李孝貞	2、1		梁郡陳留（豫）	王貞	2
	河東汾陰（晉）	薛道衡	1		涿郡范陽（冀）	祖君彥	2
		薛孺	2		趙郡平棘（冀）	李士謙	2
		薛德音	1		博陵安平（冀）	崔廓	1
	鉅鹿下曲陽（冀）	魏澹	2、1		北海（魯）	高構	2、1
		魏彥玄	2		魏郡（冀）	侯白	1
	博陵曲陽（冀）	杜臺卿	1	關中文士	隴西狄道（甘）	辛德源	2、1
	趙郡（冀）	李諤	1		京兆（陝）	杜正玄	1
	恒山新市（冀）	郎茂	1			杜正藏	
	清河東武城（冀）	張虔威	2	漢化民族文士	魏郡臨漳（冀）	陸彥師	1、2
	清河（冀）	房彥謙	1			陸爽	1
	博陵安平（冀）	李德林	1		河南洛陽（豫）	源師	2、1
	河東聞喜（晉）	裴矩	1	南來文士	丹陽健康（蘇）	諸葛穎	2、1
	太原晉陽（晉）	王劭	1		琅琊臨沂（魯）	顏之推	1
	彭城叢亭里（蘇）	劉子翊	2				
	信都昌亭（冀）	劉焯	1				
	平原（魯）	王孝籍	1				

轉移類型：1. 轉移到長安；2. 轉移到地方

美國漢學家傅漢思先生的古詩研究〔註61〕

　　2012 年，宇文所安（Stephen Owen）先生的《中國早期古典詩歌的生成》由三聯書店翻譯出版，〔註62〕之前木齋先生的《古詩十九首與建安詩歌研究》也剛剛出版，〔註63〕二者關於漢魏五言古詩的研究令人矚目，引發了學者對於古詩問題的廣泛討論。宇文所安先生大作中多次引用他的老師傅漢斯先生的相關研究，而由於條件所限，有關傅先生的古詩研究大陸學者難窺全豹。因此本書首次嘗試在國內系統介紹傅漢斯先生的研究，以供學界參考。

　　傅漢思（Hans H・Frankel），1916 年出生於德國柏林的一個語言學世家。他的祖父馬科西・弗蘭克爾（Max Fränkel）和父親赫爾曼・弗蘭克爾（Hermann Fränkel）都是知名的的希臘語文學者。1935 年，在傅漢思 19 歲時，全家搬遷至美國加利福尼亞州。由於出身於一個古典語文學世家，傅漢思便很自然地選擇了文藝復興時期西班牙語文學作爲其研究方向，1937 年畢業於斯坦福大學古典語言文學專業，其後又分別在 1938 年和 1942 年於加州大學伯克利分校獲西班牙語碩士學位和哲學博士學位。〔註64〕1947 年下半年，傅漢思來到中國擔任北京大學西班牙語系主任，教授拉丁文、德文和西洋文學。從 1948 年 3 月開始，他與馮至、沈從文等中國文化名人交往。在沈家，他結識了沈從文的妻妹、未來的妻子張充和。1948 年 11 月兩人成婚，一個月後，離開北平經由上海回到美國伯克利。〔註65〕而後開始研究漢學，先後在加州大學伯克利分校任講師、斯坦福大學任助理教授。1961 年，他來到耶魯大學東亞語言文學系任職，直至 1987 年 71 歲時退休。他同時還是德國漢堡大學、波恩大學、慕尼黑大學和哥倫比亞大學的客座教授。2003 年，傅漢思於康涅狄格州紐黑文縣北黑文市去世。

　　傅漢思的研究方向轉入漢學領域完全是因爲來中國結識了沈從文之後，他開始閱讀沈從文著作的英文版，而後讀中文版，從而看到了他以前很少瞭

〔註61〕 本文與馬來亞大學哲學博士王立合作。
〔註62〕 宇文所安（Stephen Owen）著，胡秋蕾、王宇根、田曉菲譯：《中國早期古典詩歌的生成》，生活・讀書・新知三聯書店 2012 年版。
〔註63〕 木齋：《古詩十九首與建安詩歌研究》，人民出版社 2009 年版，2010 年第二版。
〔註64〕 Hans H・Frankel,「*Figurative Language in the Serious Poetry of Quevedo:A Contribution to the Study of Conceptismo.*」Ph.D.Diss.,University of California, Berkeley,1942.
〔註65〕 傅漢思著、沈充和譯：《我和沈從文初次相識》，凌宇編《湘西秀士　名人筆下的沈從文　沈從文筆下的名人》，東方出版中心 1998 年版，第 43～46 頁。

解的中國生活、文化的各個方面。其後，他又和張充和結婚——這位民國著
名的才女，在崑曲和詩畫領域都很有造詣，因此中國傳統文化對他產生了巨
大的吸引力。在 1950 年代政策轉變之後，美國各大學紛紛成立中文系或與中
文有關的專業，開展了大規模的漢學研究，各專業均擁有一批學有專攻的漢
學教授。其中大學的中文系的開創者和中堅力量不少是來自中國的學者，比
如柳無忌、劉若愚等等，美國本土學者還較少。另外，加之政府的鼓勵，最
終促使傅漢思回到美國後全面轉向了漢學研究。很快，傅漢思先生便成爲中
國古詩研究領域的佼佼者。

一、1950～60 年代的漢學研究

傅漢思先生並非是漢學專業出身，因此全面轉向漢學研究，必然經歷一
個全面學習的過程。在中國閱讀沈從文著作時，雖然對中國文化產生濃厚的
興趣，但還未將之作爲終生事業來對待。回到美國後，隨著國內環境的改善，
傅先生的漢學研究才開始著手進行。傅先生的學術成果不多，僅有論文十幾
篇，著作數部，長短書評二十餘篇。〔註66〕謹就其論著中代表性者略述一二，
以期能夠梳理他的學術脈絡。

1952 年，他翻譯出版了《孟浩然傳》〔註67〕注釋本，這是加州大學《中
國正史譯文》（Chinese Dynasty Histories Translations）系列的第一種，僅有 25
頁。那時由於語言的隔閡，學生們對漢學興趣不大。這個系列叢書就是爲了
給學生證明遠東和其它地區的文明一樣是有用的。這個系列的出版，使得中
國歷史傳紀中重要部分首次有了良好的英文譯文，並能夠被公眾閱讀品評。
該書選用的是《新唐書》的傳記，因爲和《舊唐書》相比，有一些有趣的細
節。比如孟浩然與皇帝巧遇的軼事，雖然在譯者看來可能是虛構的。他在 60
年代的一篇論文中，還對唐代正史中的文人傳記作了總結性的認識。〔註68〕

〔註66〕傅漢思先生論著目錄可見 Partial List of the Writings of Hans H. Frankel, *T'ang
Studies* 13（1995）,PP9～11.因條件所限，未能見到全部論著，所幸手頭資料
尚可反映出傅先生的基本學術觀點和特點。

〔註67〕Hans H・Frankel, *Biographies of Meng Hao-Jan.Chinese Dynasty Histories
Translations* No.1.25PP..Berkeley and Los Angeles,University of Califonia Press,
1952.

〔註68〕Arthur F. Wright and Denis Twitchett eds., *Confucian Personalities*. Stanford:
Stanford. University Press.1962.中文譯文《唐代文人：一部綜合傳記》，載（美）
倪豪士編選；黃寶華等譯《美國學者論唐代文學》，上海古籍出版社 1994 年
版，第 1～26 頁。

1957 年他出版了《中國正史譯文目錄：220～960》。〔註69〕在 20 世紀上半葉，
僅有小部分的中國正史被翻譯爲歐洲語言，東亞歷史學家的主要任務之一依
然是將這些汗牛充棟的資料介紹給大眾。該書從 16 種正史（《三國志》到《新
五代史》）中提取目錄翻譯爲英文、法文和德文，目錄設置緊隨著原著的卷數，
是當時漢學研究者的重要工具書，同時還是普通歷史愛好者之書架必備讀
物。該書的出版對推動美國漢學研究起到了重要作用。

　　在進行上述基礎性的工作之外，傅先生還對中國古詩研究小試牛刀，寫
了一篇《中國詩歌中的『我』》。〔註70〕文章篇幅較短，對中國詩歌中人稱代
詞、特別是第一人稱代詞進行了探討。與此同時，傅先生還寫了《詩歌和繪
畫：中西方詩歌和繪畫關係綜述》，〔註71〕對西方文藝復興以來和中國唐代以
來，繪畫和詩文地位的關係進行了綜述。特別對中國繪畫發展的趨勢有較爲
細節的介紹。這篇論文發表在比較文學期刊上，屬於東西方藝術比較範疇，但
不同與一般的「比較」，作者所比較的是文學和繪畫的關係，是比較中的比較。

　　1961 進入耶魯大學任教是傅漢思先生學術的一個重要轉折點，他的興趣
也逐漸由唐詩上溯到漢魏詩歌。1964 年發表的《曹植的十五首詩歌》，〔註72〕
在其漢學研究生涯中具有里程碑的意義。作者的目標是對素來認爲的曹植創
作文思的來源——政治失意和對甄氏愛情失意——的質疑和討論。因此對《門
有萬里客行》、《野田黃雀行》、《贈白馬王彪》（七首）、《五遊詠》、《泰山梁甫
行》、《送應氏》、《雜詩》（高臺多悲風）、《雜詩》（轉蓬離本根）、《吁嗟篇》
逐一進行分析，包括文本翻譯、關鍵字句解析、詩意分析。

　　作者指出《門有萬里客行》中每句的第一或第二個字是動詞這種寫法在
曹植的詩歌創作中是獨特的。而「行行將復行」與《古詩十九首》「行行重行
行」相類。《野田黃雀行》著重分析了詩意，指出飛鳥和飛翔的意象在曹植詩

〔註69〕Hans H・Frankel, *Catalogue of Translations from the Chinese Dynastic Histories for the Period 220～960*. Berkely and Los Angeles:University of Califonia Press, 1957.

〔註70〕Hans H・Frankel,The "I" in Chinese Lyric Poetry. *Oriens*, Vol. 10, No. 1（Jul. 31, 1957）, pp. 128～130.

〔註71〕Hans H・Frankel,Poetry and Painting: Chinese and Western Views of Their Convertibility. *Comparative Literature*, Vol. 9, No. 4 （Autumn, 1957）, pp. 289～307.

〔註72〕Hans H・Frankel,Fifteen Poems by Ts'ao Chih: An Attempt at a New Approach. *Journal of the American Oriental Society*, Vol. 84, No. 1（Jan. - Mar., 1964）, pp. 1～14.

歌中常見。作者認為，中國學者試圖分析出這首或曹植的其它詩作的創作年代的努力往往是徒勞的，因為曹植只是幾首詩歌是寫明了年代的，如《贈白馬王彪》。《五遊詠》的分析中，作者指出，曹植對道家的態度其實是否定的，從其《辯道論》中即一目了然。但曹植在詩歌中又總是假裝喜歡道家，是想利用道家的說法來撫慰自己對生命無常的無奈。

在《送應氏》的分析中，傅漢思再次指出本詩的創作時間分析是個難點。傅漢思主張理解詩文本身的含義——這首詩的主人公先前住在洛陽，長期離開後歸來時，發現洛陽已經是廢墟了。詩中沒說主人公是誰，是曹植還是應氏。詩中也沒有任何線索去幫助做這些分析。而且這些分析鑒定對於歌詩（lyric poem）的理解都是不必要的。全詩可分為兩段，1～6 行是第一段，7～16 是第二段。第一段作者只是觀看遠處的風景，第二段是作者自己的行為描寫。作者雖登高，卻沒有像傳統儒家弟子那樣自省。因為他登的是北邙山，是墓地。從寫作視角而言，第一段是由高處遠眺和俯視的視角，第二段是水平視角。

對《高臺多悲風》的分析也和中國學者的傳統觀點迥異。傅漢思認為主人公和所思念的人都是虛構的，詩歌並未交待他們的關係。豐富的想像力是任何國度的詩歌都具有的。首句和野田黃雀行的第一句幾乎一樣，不過是一字之差。——「高」是曹植詩歌的高頻使用字。大雁的意象在中國詩歌中也非常傳統。詩歌第一段完全是客觀描寫，沒寫詩人自己。第二段只有最後一句才寫了「我」。之前的句子有「我」的意思，但沒有寫出「我」來——這種從客觀到主觀的描寫是曹植詩歌和後來許多詩人作品常用的。

傅漢思將《雜詩》（轉蓬離本根）和《吁嗟篇》一起討論，因為兩首詩歌非常類似。但他認為《吁嗟篇》的創作更精心。《雜詩》（轉蓬）可以分成兩段，第一段是轉蓬，第二段是士兵。兩段的主題不同，但很明顯是用轉蓬比喻戰士。而《吁嗟篇》中沒有這樣的象喻。很多學者認為《吁嗟篇》中的轉蓬是說曹植自己；《雜詩》（轉蓬）表達曹植對士兵的同情。傅漢思認為，兩首詩都沒有體現出「自憐」，《雜詩》（轉蓬）也沒有表現出曹植對士兵的同情。「吹我入雲中」、「吹我入雲間」很像，和前面的「狐兔翔我宇」，都是詩人的自說。這是主觀的體現。就像前面所說，曹植並未同情海邊的窮人，這首也不是對士兵的同情，他也沒有認為自己是士兵中的一員。轉蓬、士兵只是當時的一個現象，如曹操的《卻東西門行》——肯定不能說曹操以為自己是士兵或他同情他們。

　　作者對於本書的結論大致爲：曹植的詩歌明顯和他的現實生活無關。詩人不是自我憐憫。他是位想像力超凡的藝術家。他的詩和他的生活沒有關聯，找不到我們常在中國古代文學中發現的那種寧和平靜。他沒有談到中庸之道，而是表現得很極端：極端的距離，極端的位置，極端的處所。他最喜歡想像的地方是：高大的事物，高聳的地方，高飛的鳥，飛天的馬，行者，道路，河流，船隻，流浪的動物，漂流的植物。他的大多數作品都是憂傷的，但並不表示他在現實生活中也憂傷。在我們現實生活中，爲電視節目撰寫笑話的那些作者的現實生活反而總是悲傷的。在曹植的時代，憂傷的情緒是詩歌中流行的高貴的情緒，而詩人總是試圖讓自己的作品顯得憂傷，和他們當時眞正的環境、情緒無關。〔註73〕

　　1969年發表的《中國民歌〈孔雀東南飛〉中的習語分析》〔註74〕則是傅漢思先生六十年代另一篇古詩力作。西方口頭文學的研究觀點認爲，口頭創作的一個標誌就是多用習語。如《奧德賽》就屬於此列。傅漢思引用此觀點，對《孔雀東南飛》的創作方式進行了論證。習語分爲四種情況：本詩中完全重複的詞語；和其它詩完全重複的詞語；本詩中相類的詞語；和其它詩相類的詞語。四種情況分別用四個表示符號表示，在全詩中標出。如「府吏默無聲」和「阿女默無聲」的「默無聲」屬於第一種情況；「紅羅復斗帳，四角垂香囊」同《長樂佳》中「紅羅復斗帳，四角垂珠璫」（樂府詩集卷45，9b），屬於第二種情況；「君當」和「卿當」相類，屬於第三種情況；「寂寂人定初」的「人定初」與《華山畿》「黃昏人定後」（樂府詩集卷46）的「人定後」相類，屬於第四種情況。又將每句前兩個字標示爲A，後三個字標示爲B，因爲傅漢思發現本詩每句的停頓一般都落在第二個字和第三個字之間。相鄰兩行重複或者相類的詞語未統計，所對比的其它詩作均爲五言詩。最後用用量化的方法分析中習語所佔全文比例，得出本詩爲口頭創作。

〔註73〕這篇論文還有一個值得一提的有趣現象：論文所附中文原詩是張允和女士手書影印。詩末有「右曹植詩十五首錄自黃節曹子建詩注，曹操詩錄自黃節魏武帝詩注。一九六四年四月十六日薄午書爲漢思。」張允和先生書法一流，但錄詩於此恐怕和當日北美印刷排版系統中缺乏中文字有關。1960年代還是鉛字印刷的年代，北美印刷製版方面對中文鉛字準備不足，故學術期刊里中文字難見。而張允和女士的手書可作爲照片整頁。排入，如此便解決了排版的難題。到了1970年代的論文中，用以標明人名、書名的中文字開始普見。

〔註74〕Hans H・Frankel,The Formulaic Language of the Chinese ballad「Southeast Fly the Peacocks. *Bulletin of the Institute of History and Philology*, 39.2（1969）, pp 219〜241.

　　傅漢思指出，口頭創作一般不會注明發生的時間的。這首詩的小序寫了建安——應該是再創作的痕跡。他不相信這個序所寫的是事實，因爲本詩直到「事發」的三個多世紀之後才被記錄。傅漢思認爲，試圖將虛構文學作品和歷史事實相聯繫的做法是值得懷疑的，因爲這些民歌有一套它們自己的方式來處理歷史事件。但也有其它證據表明，這首詩大概寫於三世紀。另外，傅漢思指出，口口相傳中，文本會被改動。而這種年輕人的愛情和長輩之間的衝突，非中國詩歌獨有，乃是世界性範圍的主題，本詩用兄長代替了父親。

　　本書分析細緻入微，所列的重複或者相類的詞語都有具體標明，一目了然，對中國早期五言詩歌的研究很有幫助。傅漢思的早期五言詩歌的口頭創作和口頭傳播中的變動是宇文所安的早期詩歌研究的出發點之一。

二、1970 年代的古詩研究

　　對《孔雀東南飛》的研究還未結束，1974 年傅漢思又發表了《中國敘事民歌〈孔雀東南飛〉》〔註75〕，這篇論文主要內容是對全詩逐句解析，對其它學者的相關研究進行細節討論。傅漢思指出，漢末的中國行政中心其實是在現在的安徽省。〔註76〕假使小序所述如實，則本事發生在建安年間，而詩歌當寫在彼時或者其後，最遲不遲於徐陵編著《玉臺新詠》的時間，即六世紀中期。傅漢思認爲，試圖從當時社會習俗或者語言習慣來分析、判斷詩歌的創作時間都有欠妥當。對李純勝認爲該詩在《玉臺》中被排在繁欽和曹丕之間是有一定道理的觀點，傅漢思比較認可，因爲徐陵編排詩作順序時，當據詩作創作年代不太久遠，應該自有其依據。

　　他還指出詩作的幾個特點——節奏緊湊，如蘭芝離婚、訂貨、再婚時間間隔非常短，在現實中幾乎不可能存在；各段情節直接接續，如縣令說媒以後，接著便是太守說媒，而焦仲卿和太守都在衙門共事，所以焦仲卿能很快得知蘭芝即將再婚的消息；敘事和對話結合，對話佔了全文 57%；第一人稱和第三人稱敘述轉化，這也是世界各地民歌的共同特點，如漢代《孤兒行》和南北朝《木蘭辭》都有，在英語民歌中也常見，作用是便於聽眾接受；詩

〔註75〕 Hans H・Frankel,The Chinese Ballad「Southeast Fly The Peacocks」. *Harvard Journal of Asiatic Studies*, Vol. 34 （1974）, pp. 248～271.

〔註76〕 筆者按：漢末行政中心沒有在安徽，可能傅漢思將曹操籍貫譙郡（治所在今安徽亳州市）當做行政中心。

作中習語多；詩作中也多運用預感和預言，如蘭芝被休時說「何言復來還」，就是知道自己再也回不來了；詩作中對物品和聲音的描寫也值得關注。

傅漢思認爲，《豔歌何嘗行》的創作時間早於本詩，因爲其中的鳥兒也是從西北飛往東南的；而《古豔歌》（孔雀東飛，苦寒無衣，爲君作妻，中心惻悲，夜夜織作，不得下機，三日載匹，尚言吾遲）的創作時間顯然和本詩很接近。另外，本詩開頭兩句和《豔歌何嘗行》、《古豔歌》、錯歸在蘇武名下的「黃鵠一遠別，千里顧徘徊」等都是表示夫妻分離的常用開始套句。傅漢思採納王運熙的研究觀點，認爲「孔雀」也是指織錦花紋。王運熙的例證爲兩首六世紀的詩作，簡文帝蕭綱的《詠中婦織流黃》（翻花滿階砌，愁人獨上機。浮雲西北起，孔雀東南飛）和《樂府詩集》卷七十九近代曲辭一中的《十索》的「丁六娘」（裙裁孔雀羅，紅綠相參對）。他認爲，孔雀不是那類能長途飛行的鳥，但它是美麗的鳥，適合出現在絲綢圖案中——那麼本詩開頭代表蘭芝在紡織，也預示著她的不幸命運。對結尾的梧桐和鴛鴦，傅漢思也指出爲常用象徵手法。梧桐樹象徵「我們在一起」。魏明帝的《野虎行》（雙桐生空井，枝葉自相加。通泉浸其根，玄雨潤其柯。綠葉何荔荔，青條視曲阿。上有雙棲鳥，交頸鳴相和。何意行路者，秉丸彈是窠。）和孟郊的《烈女操》（梧桐相待老，鴛鴦會雙死。貞婦貴殉夫，舍生當如此。波瀾誓不起，妾心古井水）中都有相類用法。

1976 年出版的《梅花與宮闈佳麗：中國詩選譯隨談》〔註77〕則是一本非常有意思、有特色的中國文學研究著作。作者在《前言》表達了自己的寫作意圖：「我的這本書的意向讀者是那些對中國詩歌感興趣的人。它面向從未學過漢語的人，處於學習過程中的人，以及正在爲這項學習是否值得付諸努力而猶豫不決的人。但是那些已經掌握了漢語的讀者，包括中國詩歌方面的專家，我希望也會通過閱讀找到本書更多的意義。」

該書分十三章，選取了從《詩經》到「散曲」的 106 首詩歌，但並非按照朝代來排列敘述，而是按照詩歌表現的主題類別來歸類，分「人與自然」、「擬人化」、「處於和他們關係之中的人」、「回憶與反思」、「愛情詩」、「孤獨的女子」、「敘事歌謠」、「離別」、「對歷史的思考」、「往昔：傳說與諷刺」、「平

〔註77〕Hans H・Frankel,*The Flowering Plum and the Palace Lady: Interpretations of Chinese Poetry.*New Haven and London:Yale University Press,1976. p.276.中文譯本《梅花與宮闈佳麗：中國詩選譯隨談》，生活・讀書・新知三聯書店 2010 年版。

行與對偶」、「特殊的平行現象」、「一篇早期的賦：《七發》」，逐一加以翻譯和分析，以此來說明中國詩歌的特點。傅漢思主要關注的是經常性的結構特點、傳統的意象與中國詩歌的主題，注重詩人如何將動人的圖像體現在個人的詩歌之中。這種做法是特別富有成效的。這也許是他的詮釋爲何都如此有說服力的另一個原因。對他來說，他援引的詩歌不是當作單純的學術文本來作鑒賞練習，而是有明顯的個人意義。特別是在最後一章（13），這是一個詳細和生動的研究，枚乘（卒於公元前 140 年）的賦《七發》。傅漢思用敏銳的眼光投向中國詩歌，書中充滿著對中國詩歌的認識，比如作者談到中國愛情詩：

> 在中國，兩性間的愛情並不像在西方那樣是占絕對優勢地位的詩
> 歌主題，這是由於儒家的衛道士反對在文學中表達和愛欲有關的情
> 感。在他們看來，愛情本來就是私人的事情，所以不適宜作爲文人與
> 讀者大眾進行交流的主題。……文人儘管在儒家道德準則的限制下無
> 法在自己的高雅詩中描寫愛情，但他們常常爲那些民間文體所吸引，
> 從而仿照樂府、詞以及其它通俗詩歌形式創作愛情詩。〔註78〕

毫無疑問，傅漢思這本書是其對傳統的中國詩歌和詩學研究所作出的傑出貢獻，也是其一生所積纍的經驗。該書將比較文學領域的重要性也明白的展現給那些尋求準確和全面理解中國詩歌傳統的非中國學生。此外，本書的譯文流暢優美，讀來讓人不忍釋卷，充分顯示了譯者很好的中西文學功底。

三、1980 年代的古詩研究

經過 60、70 年代的積纍，傅漢思的古詩研究在 1980 年代達到學術頂峰。1983 年發表的《蔡琰及其署名詩作》就是代表作。〔註 79〕該文是就署名蔡琰的兩首《悲憤詩》（五言體的被稱爲詩作 1，九歌體被稱爲詩作 2）和《胡笳十八拍》（被稱爲詩作 3）的作者署名眞實性的論證。傅漢思先敘述蔡琰生平、詩歌版本歷史，然後翻譯了三首作品，綜述前人研究成果，再逐條給出自己的分析。

傅漢思用地理考察和史證結合的方法試圖論證詩作是否爲蔡琰所創。他認爲蔡琰所嫁的南匈奴當時應在現在的山西一帶，故詩作中描述的地理特徵

〔註78〕傅漢思：《梅花與宮闈佳麗》，第 95 頁。
〔註79〕Hans H・Frankel, Cai Yan and the Poems Attributed to Her.*Chinese Literature: Essays, Articles, Reviews （CLEAR）*, Vol. 5, No. 1/2 （Jul., 1983）, pp.133～156.

不符。而且，詩作描寫的匈奴人的生活狀態，如「逐水草而居」和距蔡琰四百年前的司馬遷所寫的《史記》是一樣，這也不符合說實情。﹝註80﹞根據「漢季失權柄」推導出詩作 1 寫於 220 年之後，﹝註81﹞繼而推導出丁廙所提到的《悲憤詩》是其它作品。

對於詩作 1 和 2，傅漢思從多角度對比──講述故事的方式不同；押韻方式不同，並指出詩作 3 的押韻方式更像唐人的方式；平仄排列方式不同；陰陽韻使用不同。又鑒於蔡琰和蔡邕應該有同樣的方言和相類的語言習慣，通過蔡邕的詩作用韻考察這三首詩歌。

傅漢思提出，中國古代文學中常用的一個方式是仿作，古代樂工口口相傳歌辭時往往會導致信息的丟失和變更，而樂工好古，易錯把仿作當原作；古代文學中也很少用第一人稱講述自己的故事，如所謂的蘇李詩歌、劉細君、王昭君等第一人稱敘述自己遭遇的詩作都是後人仿作；蔡琰的故事由於本身的傳奇更歷來被關注和不斷演繹；這三首詩歌不僅詩作 3 是十八段，詩作 1、2 應能被分作十八段。

因此，他最後結論概述是：「對三首詩的創作時間和文學發展史中的定位很難。三首詩都可以算作樂府，但它們和漢、魏、晉及南北朝時的樂府作品的相似處又不多。第一首肯定是三首中最早的，也是藝術性最高的。因此我們發現，蔡琰的三首作品其實來自三位不同的作者，沒有一首是她的。這個結論是郭沫若、Rewi Alley 等已經得出的。有些學者認爲如果蔡琰的作者身份被否認了，那麼三首詩的藝術價值也不存在了；或者相反的觀點是如果這三首詩是一流的，那麼它們的作者也該是名人。但恰好是從蔡琰時代開始，歌詩的價值不再被其作者身份所左右。蔡琰的歷史、她的才華、她的創作水準我們都一無所知。我們也不知道她在匈奴生活的眞實感受。三首詩的寫作時代是第--首作於 220 年到范曄之死的 446 年之間，第二首是從三世紀第一個十年的蔡琰歸漢後到446，第一和第二首詩歌的創作年代距離蔡琰當不遠，第三首大約寫於七或八世紀，更像八世紀作品。這三首詩歌雖然很不尋常，但它們無論從文學演繹的角度或者本事訴說方面都不是特別傑出的。而從三世紀到二十世紀，與蔡琰相關的故事、傳說等等就不斷爲中國的文學、音樂、藝術提供著素材。」

﹝註80﹞　筆者按：「逐水草而居」是中國北方游牧民族自古至今的一個特點。
﹝註81﹞　筆者按：傅漢思先生過於看重 220 年曹丕篡位之事，而事實上在 196 年曹操「挾天子以令諸侯」之時，漢家「權柄」就已經失去了。

這篇論文的結論對現在而言不算新奇，但其中的討論視角比較獨特。對三首詩歌的英文翻譯也是非常有益於後續學者研究和參考。

四、傅漢思古詩研究的特點

傅漢思先生寫作態度非常嚴謹，在具體論述前，他對詩歌都做了工作量巨大的文本翻譯，如翻譯了曹植十五首詩歌、《孔雀東南飛》、署名蔡琰的兩首《悲憤詩》和《胡笳十八拍》。準確的翻譯是他進行研究的最佳保證。另外，他的英文譯文也非常優美，能夠做到準確而傳神，有極高的參考、引用價值。概而言之，傅先生的古詩研究有以下特點：

他者的視角。傅漢思先生轉到漢學以後，他早年接受到的德國羅曼語文學傳統在其漢學論著中依然是可感的。更精確地說，他實際上是把那個德意志傳統帶到中國古典文學的研究中來了。由此他能夠發現中國學者所忽視的現象，並加以解釋。比如對中國讀者司空見慣的「我」的省略，傅先生指出在唐朝形成一種前所未有的寫作習慣——省略第一人稱，這種寫作方法在詩經、楚辭、漢詩中均未見。這種寫作手法的好處是突出詩歌本身，讓讀者更易於置身其中。在韻文中也逐漸使用。但當詩人想突出自己的觀點、和他人進行對比或者希望讓讀者和作品保持一點距離時，第一人稱不會省略。作者特別指出，在唐朝詩人中，李白用「我」比其它詩人都多，而劉長卿的詩作中幾乎從來不使用「我」。〔註82〕

還有對曹植詩歌中從客觀到主觀的描寫的過度注意，也是容易被我們所忽視的，而傅漢思則抓住大作文章。在對曹植《泰山梁父吟》的分析中，作者徹底顛覆了中國大陸學者的傳統解析。首先，傅漢思認為，曹植對「海邊」可以完全是假設、想像，如曹植也沒去過天庭，卻多次描寫天庭事物。如此一來，學者大可不必非要去挖掘曹植是否去過或者經過海邊或邊遠地區等等。另外，當代大陸學者多以為這首詩體現了曹植同情貧困民眾的想法，但作者對此完全否定。他認為，曹植描寫的海邊民眾的困苦生活完全是客觀寫實，不表現他的感情色彩。如同《野田黃雀行》中對黃雀的遭遇也是完全的客觀寫實，不代表曹植同情黃雀。傅漢思認為，這首詩的主旨只是說明了曹植想表達的一個客觀現實——在遙遠的不能再遙遠的地方，人們的生存狀態

〔註82〕Hans H・Frankel,The "I" in Chinese Lyric Poetry. *Oriens*, Vol. 10, No. 1（Jul. 31, 1957）, PP128～130.

也卑微的不能再卑微。詩作以一種狹窄、向下的視角寫作，從八方開始，寫到具體的海邊，然後是在那裏生活的人們，結尾時用「我宇」——這樣的結構是曹植和早期詩歌喜用的主語化的典型。這樣主語化的寫法可追溯到《詩經》。〔註83〕

中西兼通，旁徵博引

傅漢思所引用的文獻不僅包括中國學者的研究文獻，也包括日語、英語寫作的相關文獻。如在論述《孔雀東南飛》習語問題時，參考該詩日文、法文、德文等譯文。並常在世界文學範圍內的搜尋例證，如論述《孔雀東南飛》中年輕人愛情和長輩的衝突是世界範圍的問題時，引入英語文學作品爲例。1974 年他爲白之（Birch, Cyril）主編的《中國各體文學研究》撰寫了《樂府詩》部分〔註84〕。在對漢代無名歌謠的闡述之前，他開宗明義地說：「爲了全面理解中國無名氏所作的民謠，必須根據口頭傳統來估量它們，那種傳統在世界各地創造了相似得驚人的民間歌謠，即使它們沒有淵源上的聯繫。出於比較的目的我找了一些歐洲民間歌謠並對之作了一些現代的研究。」〔註85〕在此觀念指導下，他在古詩的研究中，處處體現出這種中西詩歌比較的關懷。例如在分析《平陵東》使用「頂針體」時，他說：「由於每一詩節首先重複上一節已得到的結論，然後再敘說新的事項，因此每節都揭示了已經隱藏在前一節中新的方面。這可以使我們想起英國及德國民歌謠中的相同的修辭手法，在那裏被稱爲『遞增重複』（Icremental repetition）。英國民歌《蘭德爾爵爺》即是一個眾所週知的例證。」〔註86〕對《陌上桑》進行分析之後，他認爲還未發現任何能與這首傑出的中國民歌相媲美的歐洲同類作品。

在對歐洲歌謠體作品的調查中，發現了這樣一個事實，口頭流傳的歌謠沒有固定的詩文。每次演唱都有新的創造，它們不斷地變化，從未有過確定的詩稿，這對於以書面形式保存下來的民間歌謠的校勘來說是很重要的，如果不止一種唱法流傳至今（例如無名氏

〔註83〕 Hans H・Frankel,Fifteen Poems by Ts'ao Chih: An Attempt at a New Approach. *Journal of the American Oriental Society*, Vol. 84, No. 1（Jan. - Mar., 1964），pp. 1 ～14.

〔註84〕 Cyril Birch,*Studies in Chinese Literary Genres*,Berkeley and Los Angeles, University of Califonia Press,1952.

〔註85〕 傅漢思：《漢代無名氏歌謠》，載周發祥編輯《中外比較文學譯文集》，中國文聯出版公司 1988 年版，第 13 頁。

〔註86〕 傅漢思：《漢代無名氏歌謠》，載周發祥編輯《中外比較文學譯文集》，第 14 頁。

所作的《東門行》），我們就不必去設想一種唱法是正確的，另一種是訛謬的，這兩種唱法可能同樣眞實可信。

從歐洲民歌的研究可以瞭解到的另一基本事實，即那些民歌在口頭流傳的潤色加工過程中趨於縮短，而不是拉長。民歌體具有簡潔的特點，這就有可能缺乏整體的連貫性；許多民間歌謠開篇時情節已在發展，或者已有結局（《平陵東》即是一例），而且常常是故事還未結束便中斷了。民間歌謠的選種片斷性常造成內容上的誤解。雖然這有時可從歷史上去作說明——例如有些西班牙民歌原是長篇史詩中的一些片斷，還有些則被文藝復興時期的編纂者刪改得支離破碎了——但認識到這種片斷性正是民間歌謠的一種特徵是十分重要的。〔註87〕

可見傅漢思在研究中國古詩的過程中，時刻都在進行著中西詩歌傳統的對比，並能作出自己的解釋。

又如他討論有名的《詩經·野有死麕》（總第二十三首）時，在列舉了亞瑟·威利（Arthur Waley）和高本漢（Bernard Karlgren）等西方主要漢學家的解釋之後，他說：「要得到更令人滿意的解釋，我建議引入一個原型模式，即獵人追逐（有時是獵殺）鹿的行爲等同於男人追求（有時是強姦）女子。這一模式在各個國家的民間傳說和文學傳統中頻繁重現。例如，歌德的《浮士德》中的歐福良就把他所追求的姑娘比作『腳步輕盈的小鹿』而把自己稱作『獵人』（第三幕第二場），英國民謠《三隻烏鴉》和德國民謠《夜獵者》是另外兩個例證。到此處爲止，原型等同在這首德國民謠中表現得非常清楚——死亡的因素並沒有參與進來。英國民謠中的原型等同則並不那麼明顯，它擁有優秀民謠作品所具備的含蓄特徵，對騎士的死因並未作解釋，可是雌鹿——騎士的『情婦』——也死去的事實和《詩經》中的死麕形成了有趣的類比。以上作品中只有這首德國民謠明確賦予了詩中男子獵手的身份，但英國民謠中獵犬、鷹和鹿的組合也暗指向打獵行爲，而中國詩歌中也出現了狗的形象，當然也許並不一定是獵犬。像《三隻烏鴉》一樣，《詩經》中的詩篇也沒有講出完整的故事，不過通過兩個主題的並置，詩歌中的強姦被視爲打獵，而失去貞潔則等同於死亡。」〔註88〕

〔註87〕 傅漢思：《漢代無名氏歌謠》，載周發祥編輯《中外比較文學譯文集》，第18頁。
〔註88〕 傅漢思：《梅花與宮闈佳麗》，第7～8頁。

　　由上述可見，傅漢思在對母題概念乃至體裁和形式概念的運用上有多少是得益於他德國古典和羅曼語文學的背景和訓練。〔註89〕這樣的分析無疑非常富有啓發意義，也充分顯示了西方學者在研究中國古代文學時寬闊的比較文學視野，與錢鍾書先生一貫主張並付諸實施的「打通」中西相視而笑。這樣的視野貫徹了傅漢思先生的全書，讀來極有興味，對中文世界的讀者來說尤其是如此。〔註90〕

量化分析

　　這是傅漢思古詩研究中的一大特色。他將《孔雀東南飛》習語分爲四種情況：本詩中完全重複的詞語；和其它詩完全重複的詞語；本詩中相類的詞語；和其它詩相類的詞語。最後的結果是發現同詩中出現重複的詞語共 160 個，和其它詩重複的詞語爲 61 個，全詩中相近的詞語共 112 個，和其它詩相近的詞語爲 50 個。則全詩53%的詞語屬於習語類。和本詩出現相同、相類詞語的詩作包括《豔歌何嘗行》（樂府詩集卷 39，6a-b）；《襄陽樂》（樂府詩集卷 48，6b）；《黃鵠曲》（樂府詩集卷 45，8a）；《相逢行》（樂府詩集卷 34，6a-b）；《塘上行》（樂府詩集卷 35，7a）；《子夜歌》（樂府詩集卷 44，5a）；《華山畿》（樂府詩集卷 46，2b）；《長安有狹斜行》（樂府詩集卷 35，1a）；《陌上桑》（樂府詩集卷 28,3b-4b）；《捉搦歌》（樂府詩集卷 25，6b）；《孤兒行》（樂府詩集卷 38,9a-b）等。

　　在沒有計算機的年代，傅漢思完全憑藉記憶、資料，靠人工統計出這些結論，著實不易。因此他說，這些統計肯定不完善，應該還有遺漏。故本詩所運用的習語的數量更大。由此，傅漢思用量化分析的方法，證實了余冠英等人的關於本詩是口頭創作的說法。

　　此外，在李白詞作的眞僞這一老問題上，傅漢思亦用量化統計方法證明《菩薩蠻》爲僞作。自 1924 年胡適在《詞的起源》中說長短句的詞起源於中唐，舊學相傳，都以爲李白是長短句的創始者，那是不可靠的傳說。此後，肯定論、否定論、眞僞並存論的辯論不絕如縷，直至 80 年代還有學者發文爭論。〔註91〕傅漢思在 80 年代時也對此問題表達了自己的觀點。在

〔註89〕 劉浩明：《從夕土到旦邦——紀念傅漢思教授》，《讀書》2004 年第 9 期。

〔註90〕 顧鈞：《野外的死鹿 蔓草和愛情》，《讀書》2012 年第 2 期。

〔註91〕 杜曉勤：《20 世紀中國文學研究·隋唐五代文學研究》，北京出版社 2001 年版，第 841～846 頁。

《李白十一首詞的眞實性問題》〔註92〕一文中，他爲了尋找更多客觀標準，使用了日本學者花房英樹編的《李白詩歌索引》，〔註93〕將十一首詞的詞彙和他的詩做比較，發現十一首詞中相當比例詞彙在李白詩歌中是看不到的。爲了更細緻的考察，他又檢查了被稱爲早期「詞」的所謂三首絕句《清平調》，發現每首都包含一個在李白著作裏找不到的短句。相對而言，十一首詞中至少九個都有類似的詞和短句。他又利用岩間啓二編的《溫庭筠歌詩索引》，〔註94〕比較了既寫詩又寫詞的溫庭筠的詞彙，二十一首詞中，平均每首詞有 2.5 個詞和短句在他的詩中不存在。以此說明十一首詞中只有不到九個是屬於李白的。

強調文學的藝術性

對《贈白馬王彪》組詩的分析中，作者通過詩句細節分析，認爲其中頗多文學修辭手法，強調文學作品的藝術性高於歷史性。比如認爲曹植《贈白馬王彪》的第一行詩從歷史上來看，時間和地點是「不準確」的。「承明廬」是漢代的機構，公元 223 年時已經不存在。此外，它設在長安，不是洛陽。中國詩人喜歡使用「過時的」，「不合時宜」的地名，他們往往無視精確位置。這些傾嚮往往解釋作爲安全設置，旨在隱瞞詩與時事的相關性。但在此實例隱蔽顯然是出了問題，因爲時間和地點都在序中清楚地說明。相反，詩人的目的是爲了讓我們從單調、平淡的現實世界通向一個更有詩意的幻想世界。第 3 和第 4 行詩顯示了如何在時間和空間就可以注滿詩意的情緒。由於他的兩個時間點，詩人選擇對比時刻「清澈的黎明」和「夕陽」，「清澈的黎明」暗示朝廷的壯麗和與家人團聚的喜悅。空間中的點——日落的時候到達首陽山，位於洛陽東北 20 里的北邙山的最高點，這是西漢和東漢傳統的王室和貴族的墓葬區。因此，對於我們而言，或許是詩人的弟弟任城王曹彰的葬禮暗示。在第一天的旅途中，然後，由壯麗輝煌的帝國首都到達黑暗的邙山，那裏處處洋溢著的死亡的記憶。

〔註92〕 Hans H・Frankel, The Problem of the Authenticity of the Eleven Tz'u Attributed to Li Po」,*Proceedings of the Second Intenational Conference on Sinologies*（Taipei:Academis Simica,June 1989）。《「中央研究院」第二屆國際漢學會議論文集（文學組）》，第 319～334 頁。

〔註93〕 花房英樹（Hanabusa Hideki）編：《李白歌詩索引》，京都大學人文科學研究所，1957 年。上海古籍出版社 1991 年據東京同朋舍 1985 年版翻印出版。

〔註94〕 岩間啓二（Iwama Keiji）編：《溫庭筠歌詩索引》，同朋舍 1977 年東京版。

　　傅漢思認爲，這種的詩周期性，已經被批評家作爲個人悲傷和情感中的眞誠和動人表達所表揚。此判斷並不是完全錯誤的，但它沒有考慮到的事實是，我們正在處理一個富有想像力的工作的藝術，而不是一個事件和經歷的眞實記錄。這是指導學生觀察詩歌實際經歷的要素的入口，他們是如何轉化成詩，以及如何完成的，因爲藝術產品不同於他們知道的歷史事件。〔註95〕

小結

　　傅漢思先生的古詩研究，在現在看起來都是別具一格的。不僅因爲其具有歐洲古典語言文學的學術基礎，還在於其用獨特的視角來關照我們耳熟能詳的古詩。看完他的著作，他的中西兼通，旁徵博引，他運用量化統計的方法，強調文學的藝術性，都留下了深刻的印象。傅漢思把母題原型這一西方古典和羅曼語文學概念引入漢學研究，是他對中國古詩研究的特殊貢獻，曾得到他的學生、現執教哈佛的宇文所安（Stephen Owen）教授的特別承認。〔註96〕他所開闢的這種中西古典文學的溝通研究對當代西方漢學的影響是深刻的，對中國學者也是很有啓發意義的。

〔註95〕 Hans H・Frankel,Fifteen Poems by Ts'ao Chih: An Attempt at a New Approach. *Journal of the American Oriental Society*, Vol. 84, No. 1（Jan. - Mar., 1964）, pp. 1～14.

〔註96〕 宇文所安（Stephen Owen）,Hans Frankel, the GentleRevolutionary, *T'ang Studies*, 13（1995）, PP7～8.

後　記

　　在北京秋風起、秋葉落的時節，整理一本書稿，有很多滄桑感。這種感覺，在以前是沒有的，除了說明開始理解歲月的意義之外，還有一點紀念的味道。

　　整理書稿的過程，就是梳理自己學術成長的過程。面對書稿，似乎是凝視難以返回的十餘年時光。自 1999 年起，經歷了讀研、畢業後工作、再讀博、博士後，這幾個階段似乎已經是如今學界年輕人的必經之路。十餘年來學術界在短時間內已經呈現出一種繁榮景象。北朝史雖然是中國古代史中很短的一個階段，但是無論是研究內容，還是研究方法，都還有很多可以繼續挖掘的部分。

　　自 2001 年參加大同召開的中國魏晉南北朝史學會第七屆年會，到北京香山召開的 2014 年第十一屆年會，學術圈也發生了根本性的變化。以「新材料、新角度、新方法」爲標榜的學術成果層出不窮，應接不暇。學術新人也不斷湧現，自己也有了「前浪」的感覺。

　　由於工作後曾在很長時間內講授魏晉南北朝文學史，也就使得自己還依舊「賴在」這個領域，時不時還寫一兩篇有關論文。從 2000 年在《北朝研究》（第一輯）發表本科畢業論文《北魏在南皇族考》開始，本書的章節就是陸續發表在過去的十餘年中。雖然每個題目尚未達到題無剩意的程度，但都提出了自己的見解，因此才會有結集出版的念頭。本書就是爲北朝史研究增磚添瓦的一點努力。

　　一個人的學術成長，是和很多師長密切相關的。雖然在其它書的後記裏已經感謝過，但感恩之心不是暫時的。進入北朝社會文化史的研究領域，要

感謝本科時周士龍教授的引路。感謝碩士導師邢鐵教授、秦進才教授對我碩士論文選題的「放縱」，否則我就早早離開了北朝史的研究。三年的碩士研究生學習爲我打下堅實的學術基礎，他們在我學術上咿呀學語的階段教給我本領，是一生所難以忘懷的。感謝孫繼民教授的耐心提點，清晰記得十五年前每周三下午和彭文峰、李效傑一起騎自行車去辦公室上課的情形，冬日的午後陽光照進屋內，暖暖的，時間彷彿就此停滯。感謝博士導師劉秋根教授，爲我打開了史學理論的宏觀視野，提醒在埋首古籍的同時，亦需關注海外漢學的研究，「亦師亦友」的關係令我難忘。感謝合作導師王永平教授，不僅提供了做博士後研究的良好條件，更重要的是給了我全球史的眼光，使我在面對不同的史料時心神沉靜，並且他多加提攜，賜序鼓勵。還要感謝趙世瑜教授，兩年內在北大旁聽了他的「區域社會史」、「社會史史料研讀」、「社會史研究方法」等課程，能夠親炙先生教澤，是來北京的另一大收穫。

同時也感謝魏晉南北朝史學會諸多師友的支持，特別是中國社科院歷史所的樓勁會長、戴衛紅秘書長，吉林社科院的尚永琪副會長對我的幫助尤其難忘。十年前就已經熟識的揚州大學孔祥軍博士、東北大學董劭偉博士，一路走來也給予了各種有形的無形的支持。從 2001 年「出道」以來，很多師友也提供了不同形式的幫助，在這裏一併致以誠摯的謝意。

感謝中國社會科學出版社趙劍英社長、郭沂紋副總編輯，他們不僅在工作上多加指點，而且高瞻遠矚的對編輯從事一定的學術研究持鼓勵態度，這也是我繼續從事學術研究的不懈動力。

這本書的主體是十多年來公開發表的成果，其中也有和學生合作的成果，附錄則是與北朝社會文化史有關的一些文字。出版這本書，就是爲自己的北朝史研究做一個總結。

如今在學術道路上「移情別戀」了很久，但北朝史是學術「初戀」，是學術生命的起點，永不會忘懷。

2015 年 10 月 31 日於北京鼓樓西大街